商品期货基本面分析

孙建明　著

地震出版社
Seismological Press

图书在版编目(CIP)数据

商品期货基本面分析 / 孙建明著. — 北京：地震出版社，
2018.11(2023.6重印)

ISBN 978-7-5028-4977-1

Ⅰ.①商… Ⅱ.①孙… Ⅲ.①商品期货 Ⅳ.①F713.35

中国版本图书馆 CIP 数据核字(2018)第 192499 号

地震版 XM5548/F(5680)

商品期货基本面分析

孙建明　著
责任编辑：吴桂洪　王凡娥
责任校对：凌　樱

出版发行：地震出版社

北京市海淀区民族大学南路9号　　　　　　　邮编：100081
发行部：68423031　68467993　　　　　　　传真：88421706
门市部：68467991　　　　　　　　　　　　　传真：68467991
总编室：68462709　68423029　　　　　　　传真：68455221
证券图书事业部：68426052　68470332
http://seismologicalpress.com
E-mail：zqbj68426052@163.com

经销：全国各地新华书店
印刷：北京广达印刷有限公司

版(印)次：2018年11月第一版　2023年6月第4次印刷
开本：787×1092　1/16
字数：398千字
印张：17.25
书号：ISBN 978-7-5028-4977-1
定价：60.00元

序　言

"期货"中文字面上与"现货"相对，指当前达成买卖协议，未来交割的物品。金融市场上"期货"与"期货合约"被认为同义，指在规定时间规定场所买卖的当前达成协议未来交割的标准合约。期货的标的物有铜、螺纹钢、豆油等实物，也有国债、外汇、股票指数等金融产品。以实物作标的物的期货称为商品期货。

期货市场上有两大分析工具，一个是技术分析，另一个是基本分析。技术分析以价格、时间、持仓量和成交量的历史演变为依据对未来价格走势作预测。基本分析研究价格变化背后的经济、政治、军事和政策等影响供求关系及市场参与者对未来预期的因素，以解释过往走势，预测未来。

技术分析假定市场行为包容消化一切，基本分析则认为经济学规律是决定价格变动的根本。技术分析认为历史是会重演的，曾经走过的底部形态以后还会再走。在焦炭走势中出现过的 M 顶在棕榈油走势中亦会出现；基本分析则认为供大于求价格下跌，供不应求价格上涨。技术分析认为价格以趋势运动，基本分析把上升的价格运动解释为需求大于供给，把下跌的价格运动解释为供大于求，把价格横向运动看作是供求基本平衡。

技术分析派认为交易时只需要关注价、时、仓、量的变化，基本分析派则要搜集商品的所有供求信息。技术分析用到的主流工具主要是趋势分析、形态分析、波浪分析、K 线组合分析和指标分析等；基本分析则要用到数学、统计学、计量经济学等复杂的学科知识，很多预测要研究建立模型，需要历史资料作统计回归。研究股票、期货、外汇、债券等走势时，技术分析用到的方法、工具、思路基本一致，基本分析用到的理论、变量、方法则完全不一样。技术分析的数据最容易获得，日、分、秒数据唾手可得，tick 数据应用也很方便。基本分析的数据分散，获得的难度大得多，其数据以年、月数据居多，以周为时间尺度的数据差不多是最新鲜的数据了。技术分析对价格走势预测的即时性很强，基本分析预测以周、月、年为时间单位，滞后很多。技术分析做短期操作优势明显，基本分析则为中长期价格运动方向提供支持。技术分析与基本分析判断价格变动的方法依据差别巨大，各自优势不同，做交易买卖时最好是两者结合，进出场的信号用技术分析，大的方向判断用基本分析。

期货市场投机的力量十分强大，供不应求时价格被上捧，供过于求时价格被下砸。在羊群效应带动下，价格经常被推到偏离均衡位置较远的地方。在经济规律作用下，价格有回到均衡位置的内在要求，这就有了套利的机会。

套利有期现结合套利、跨市场套利、跨期套利和跨商品套利等几种。期货价格与现货价格偏离较大时，由于期货有实物交割制度，买贱卖贵就能套得价差。同一种商品在不同市场中价格不一样，在便宜的地方买进，贵的地方卖出也可套得价差。跨期套利则是利用同一种商品不同交割期的期货合约间涨跌速度不一致，快速上涨时买近卖远，快速下跌时卖近买远来谋得价差。跨商品套利机会需要基本分析研究才能发现。当两种商品价格存在有长期稳定的均衡关系，偏离均衡位置又较远时，可能套得价差。均衡位置通过最近一段时间价格走势的价差或价比统计分析计算得到，均衡位置被上下穿过次数越多，跨商品套利成功的把握就越大。

基本分析主要研究供求关系变化及相关的政治、经济、政策和制度等变量对标的物价格的影响。不同标的物的价格变化影响因素不相同。螺纹钢的价格受国家宏观经济形势、房地产市场变化、国家调控政策、环保政策等影响较大。豆油价格则对大豆价格、供应量、进口成本关税、消费量、消费偏好等因素比较敏感。

基本分析对标的物价格变化背后的原因、自变量如何影响价格、影响程度多大等作研究，再用当前自变量值及变化对标的物未来价格变化方向和可能大小作预测。基本分析的理论基础是经济学中的供求分析，分析的工具是统计学、计量经济学等定量研究的理论、模型和软件。预测的项目包括未来某时间内的均值、标准差、最高价、最低价、涨跌周期长度等。基本分析也可以作价格涨跌的概率、转折点预报。预测应用的模型包括简单线性回归、多元回归、Logit 模型、Probit 模型、虚拟变量模型、AR、ARMA、VAR、ARCH、GARCH 及联立方程组等模型。

基本分析是建立在历史数据基础上的。历史数据包括历史价格、生产、消费、库存、自然气候及过往的政治、经济、政策、历史事件等统计数据。根据数据统计的时间跨度分为年度、月度及周数据等，根据数据统计结构分为总体数据、分项数据。有宏观经济层面的数据，也有行业、企业、地方层面的数据。数据用作分析前要作甄别，对数据的来源、真实性、可靠性、连续性和有效性作考问。通过解释变量与价格的相关分析、逐步回归分析等寻找到解释效果好的变量。

基本分析的优势在于它的经济学根基。基本分析是从因果关系的角度去解释一段时间内价格变化背后的道理。基本分析需要供求两端的数据支撑，需要对可能影响供求预期的政治、政策、制度等因素作追踪研究。数据可得性、及时性的限制使得基本分析在解释历史走势上比较从容，在价格短期预报上只能作些定性判断。用基本分析作价格预报研究需要经济学、统计学、数学、计量经济学等学科知识工具。相对技术分析而言，基本分析难度大得多。本书所论及的商品期货基本分析是基础性的，没有涉及复杂的、高深的数学模型问题。商品价格影响因素众多，本书只能就主要因素作分析。基本分析中牵涉到很多的数据，本书尽可能引用权威可靠的统计数据，但错误难免，欢迎读者批评指正，邮箱：sjmwh@21cn.com。

致　　谢

　　本书是由中国计量大学十八青松成员共同努力下完成的。初稿由刘顺昌、罗伟亮、贾鹏、王晓斌、吴子蕴、陈晓波、黄建、项子翰、蔚晓航、张显、李丹阳、王振飞、吴建龙、陈韬、黄敬宣、沈俊、吴彬杰、曾建、孙炳杰等提供。后期修改过程中，史鑫彪、易冠泓、俞成、单钧、韩远成、王嘉斌、傅凌轩、李培所、徐斌、郑宗豪、朱明灿等做了大量的数据、图表、文本补正工作。在此对十八青松们一并表示感谢！

　　感谢国家自然科学基金项目(71373249，71473235)，浙江省哲学社会科学重点研究基地"产业发展政策研究中心"和浙江省人文社会科学基地"管理科学与工程"项目资助。

　　感谢地震出版社编辑薛广盈先生及友人王广田先生的鼎力相助。

　　感谢儿子孙经纬，夫人任霭农的支持。

目　　录

第一章 铜

第一节 铜概况

一、铜的自然属性

金属铜，元素符号 Cu，原子量为 63.54，比重为 8.92，熔点为 1083℃，纯铜呈浅玫瑰色或淡红色，表面形成氧化铜膜后，外观呈紫红色。

铜具有许多可贵的物理、化学特性。热导率和电导率都很高，仅次于银，高于其他金属；该特性使铜成为电子电气工业中举足轻重的材料。

铜化学稳定性强，具有耐腐蚀性，可用于制造接触腐蚀性介质的各种容器，广泛应用于能源及石化工业、轻工业中。

铜抗张强度大，易熔接，可塑性、延展性好，纯铜可拉成很细的铜丝，制成很薄的铜箔，还能与锌、锡、铅、锰、钴、镍、铝、铁等金属形成合金，用于机械冶金工业中的各种传动件和固定件。

铜结构上刚柔并济，且具多彩的外观，在建筑和装饰领域也有广泛应用。

铜一般按色泽分为紫铜、黄铜、青铜、白铜四大类。

二、铜的生产工艺及流程

以黄铜矿为例，首先把精矿砂、熔剂（石灰石、砂等）和燃料（焦炭、木炭或无烟煤）混合，投入"密闭"鼓风炉中，在 1000℃ 左右进行熔炼。矿石中一部分硫成为 SO_2（用于制硫酸），大部分的砷、锑等杂质成为 As_2O_3、Sb_2O_3 等挥发性物质而被除去：

$$2CuFeS_2 + O_2 = Cu_2S + 2FeS + SO_2 \uparrow$$

一部分铁的硫化物转变为氧化物：

$$2FeS + 3O_2 = 2FeO + 2SO_2 \uparrow$$

Cu_2S 跟剩余的 FeS 等便熔融在一起而形成"冰铜"（主要由 Cu_2S 和 FeS 互相溶解形成的，其含铜率在 20% ~50% 之间，含硫率在 23% ~27% 之间），FeO 跟 SiO_2 形成熔渣：

$$FeO + SiO_2 = FeSiO_3$$

熔渣浮在熔融冰铜的上面，容易分离，借以除去一部分杂质，然后把冰铜移入转炉中，加入熔剂（石英砂）后鼓入空气进行吹炼（1100 ~1300℃）。铁比铜对氧有较大的亲和力，铜比铁对硫有较大的亲和力，冰铜中的 FeS 先转变为 FeO，跟熔剂结合成渣，而后 Cu_2S 才转变为 Cu_2O，Cu_2O 跟 Cu_2S 反应生成粗铜（含铜量约为 98.5%）。

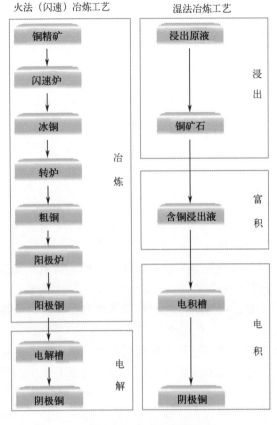

图 1-1 铜的加工过程

$$2Cu_2S + 3O_2 = 2Cu_2O + 2SO_2 \uparrow$$
$$2Cu_2O + Cu_2S = 6Cu + SO_2 \uparrow$$

把粗铜移入反射炉，加入熔剂（石英砂），通入空气，使粗铜中的杂质氧化，跟熔剂形成炉渣而除去。在杂质除到一定程度后，再喷入重油，由重油燃烧产生的一氧化碳等还原性气体使氧化亚铜在高温下还原为铜。得到的精铜约含铜99.7%（图 1-1）。

三、铜的用途

铜是与人类关系密切的有色金属，被广泛地应用于电气、轻工、机械制造、建筑工业、通讯行业、国防工业等领域。铜在电气、电子工业中应用最广，用量最大，占总消费量一半以上；用于各种电缆和导线、电机和变压器的绕组、开关以及印刷线路板等。在机械和运输车辆制造中，用于制造工业阀门和配件、仪表、滑动轴承、模具、热交换器和泵等。在化学工业中广泛应用于制造真空器、蒸馏锅、酿造锅等。

第二节 铜的供给

一、全球铜产量

铜是重要的工业原材料。截至2016年已探明铜矿储量已超过1亿吨（图 1-2）。全球探明铜矿储量最多的国家为智利，其次为秘鲁、墨西哥、美国（图 1-3）。

全球铜矿产量自1990年以来加速上升，2016年全球铜矿产量超过2000万吨（图1-4）。铜矿产量最多的国家是智利，中国、美国、澳大利亚、俄罗斯居后，赞比亚也是铜矿产大国

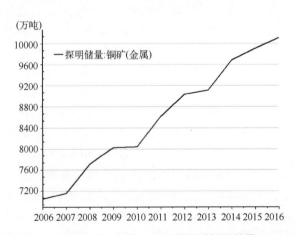

图 1-2 2006—2016 年铜矿探明储量

（图1-5）。

全球精炼铜产近20年间翻了一番。1995年为1183万吨，2016年为2353万吨（图1-6）。

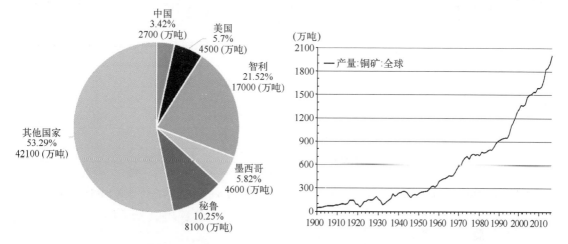

图1-3　2017年铜矿探明储量占比

图1-4　1900—2016年世界铜矿产量

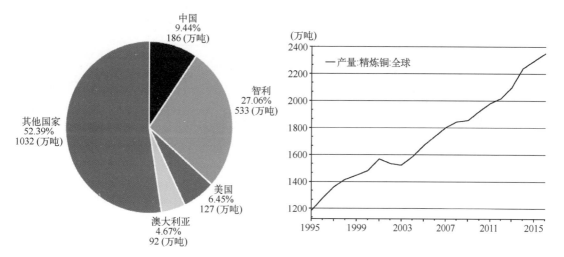

图1-5　2017年铜矿产量

图1-6　1995—2016年世界精炼铜产量

二、中国铜产量

2016年中国探明铜矿储量为10110万吨，储量较为丰富（图1-7）。

中国铜矿产量自1994年以来加速上升，2017年中国铜矿产量为186万吨（图1-8）。

中国精炼铜产量自1995年以来呈上升趋势，2016年中国精炼铜产量为844万吨（图1-9）。

3

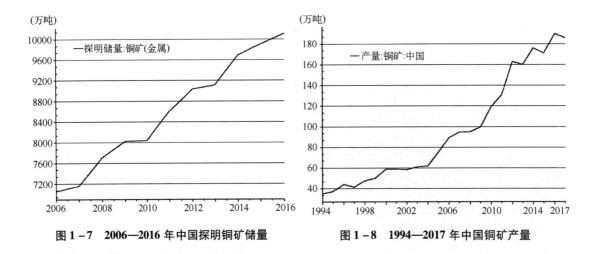

图1-7　2006—2016年中国探明铜矿储量　　　图1-8　1994—2017年中国铜矿产量

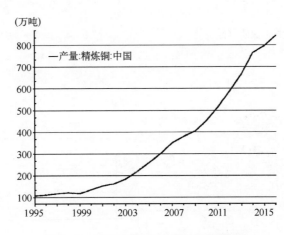

图1-9　1995—2016年中国精炼铜产量

第三节　铜的消费

一、铜消费

西欧曾经是世界上铜消费量最大的地区，中国从2002年起成为最大的铜消费国。2000年后，发展中国家铜消费的增长速度远高于发达国家。西欧、美国铜消费量占全球铜消费量的比例呈递减趋势。目前世界上精铜消费量最大的国家和地区依次是：中国、美国、德国、日本、韩国、俄罗斯、意大利。根据国际铜研究组（ICSG）的统计显示，2014年世界精铜消费量达到2270万吨，比2005年增长36.63%（表1-1）。

表 1-1　2005—2016 年世界及主要国家和地区精铜消费量　　　单位：万吨

年份	中国	美国	德国	日本	韩国	俄罗斯	意大利	小计	全球
2005	365.61	225.68	111.46	122.89	86.85	66.72	68.05	1047.26	1667.95
2006	361.38	209.6	139.76	128.23	82.79	69.33	80.05	1071.14	1699.82
2007	486.34	212.3	139.18	125.19	85.81	68.78	76.36	1193.96	1810.73
2008	514.89	200.68	140.66	118.44	81.51	71.74	63.47	1191.39	1812.33
2009	708.58	163.66	113.36	87.54	93.31	40.97	52.29	1259.71	1813.04
2010	738.54	175.37	131.22	106.03	85.61	45.65	61.88	1344.3	1933.13
2011	788.08	174.47	124.7	100.33	78.41	58.56	60.79	1385.34	1956.56
2012	889.56	175.8	111.03	98.5	72.13	64.1	57	1468.12	2029.06
2013	983.01	182.63	112.28	99.64	72.23	66.35	55.16	1571.3	2115.44
2014	1130.27	176.7	116.22	107.24	75.87	61.13	62.51	1729.94	2270.17
2015	1135.31	179.6	121.89	99.75	70.49	32.95	61.3	1701.29	2282.98
2016	1164.22	177.8	124.31	97.27	75.91	37.97	59.67	1737.15	2333.12

中国自 2001 年加入世贸组织以来，精铜消费占世界消费量的比例不断攀升，从 2000 年的 193 万吨上升至 2016 年的 1164 万吨，约占世界总消费的一半。

中国国内铜消费结构大致如下：电力 53%、电子 6%、交通运输 9%、建筑 2%、空调 10%、冰箱 2%，其他 18%（表 1-2）。

表 1-2　中国精炼铜消费结构　　单位：万吨

	2014 年	2015 年	2016 年
电力	339	363	395
空调制冷	114	116	124
交通运输	77	79	82.5
电子	54.5	57	60
建筑	68	70	72.5
其他	80.5	83	86
总计	733	768	820

二、铜的进出口状况

铜精矿主要出口国：智利、秘鲁、美国、印度尼西亚、葡萄牙、加拿大、澳大利亚等。

铜精矿主要进口国：中国、日本、德国、韩国、印度等。

精铜主要出口国：智利、俄罗斯、日本、哈萨克斯坦、赞比亚、秘鲁、澳大利亚、加拿大等。

精铜主要进口国与地区：中国、美国、日本、欧共体、韩国、中国台湾等。

第四节　铜期货合约

交易品种	阴极铜
交易单位	5 吨/手
报价单位	元(人民币)/吨
最小变动价位	10 元/吨
每日价格最大波动限制	不超过上一交易日结算价±3%
合约交割月份	1—12 月
交易时间	上午 9:00—11:30　下午 1:30—3:00
最后交易日	合约交割月份的 15 日(遇法定假日顺延)
交割日期	最后交易日后连续 5 个工作日
交割品级	标准品:标准阴极铜,符合国标 GB/T467—1997 标准阴极铜规定,其中主成分铜加银含量不小于 99.95%。
	替代品:高纯阴极铜,符合国标 GB/T467—1997 高纯阴极铜规定;或符合 BS EN 1978:1998 高纯阴极铜规定。
交割地点	交易所指定交割仓库
最低交易保证金	合约价值的 5%
交易手续费	不高于成交金额的万分之二(含风险准备金)
交割方式	实物交割
交易代码	CU
上市交易所	上海期货交易所

第五节　铜价格的影响因素

铜是基本的工业原材料,生产成本对铜价有一定的影响,但需求的变化是影响其价格的最重要的因素。

一、世界经济增长与铜价格

全球经济增长情况影响铜的需求,影响铜的长期价格走势。经济繁荣时,对铜的需求增加,带动铜价上升;经济萧条时,需求萎缩,铜价下跌。

图 1-10 为全球 GDP 增长率与伦敦铜年平均价走势图。从图中看出 2004—2007 年全球经济情况一片向好,全球 GDP 增速在 3%~4%的水平,伦敦铜价则一路上升。2008 年美国爆发次贷危机,全球经济快速恶化,铜价急速下跌。从 2008 年 7 月最高的 8932 美

元/吨跌至当年 12 月最低的 2825 美元/吨。2009 年始在中国经济强大增长的带动下，全球经济复苏，铜价再度快速上涨。2011 年 2 月曾创下 10190 美元/吨的历史新高。2012—2016 年全球 GDP 增长率仅在 2% 上下波动，铜价则缓慢下跌至 4300 美元/吨的水平。

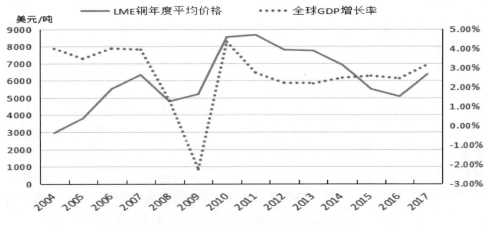

图 1-10　全球 GDP 增长率与伦敦铜价（LME）

制造业采购经理指数 PMI 是最快反映经济增长情况的统计数据。PMI 枯荣线数值是 50。50 之上说明经济扩张，50 之下则反映经济萎缩。图 1-11 为美国制造业 PMI 月度数据与铜价月度走势。PMI 指数具有超前性，2008 年次贷危机前，制造业 PMI 指数就落到 50 之下了。图中也可以看出制造业 PMI 指数变化对铜价有导向意义。

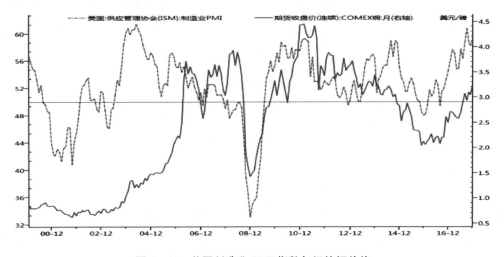

图 1-11　美国制造业 PMI 指数与纽约铜价格

二、中国经济增长

中国从 2002 年起成为世界上精铜消费量的最大国。中国铜消费量在全球消费量中的占比逐年增加，2016 年占比超过 50%。中国的经济增长速度高低影响铜的需求，对铜价产生重要的影响。

三、库存

当某一商品出现供大于求时，其价格下跌，反之则上扬。体现供求关系的一个重要指标是库存。企业为保证生产，要保证一定的原材料的库存量。库存的增加，代表铜用量的减少和铜供给的增加；库存的减少，代表铜用量的增加和供给的减少。

铜的库存分报告库存和非报告库存。报告库存又称"显性库存"，是指交易所库存。目前世界上比较有影响的进行铜期货交易的有伦敦金属交易所（LME）、纽约商品交易所（NYMEX）的 COMEX 分支和上海期货交易所（SHFE），三个交易所均定期公布指定仓库库存。非报告库存又称"隐性库存"，指世界范围内的生产商、贸易商和消费商手中持有的库存。这些库存不会定期对外公布，难以统计，一般都以交易所库存来衡量。一般而言，当库存减少时，世界铜价就会上升；当库存增加时，世界铜价就会下降。

图 1-12　COMEX 铜库存与 COMEX 铜价

四、伦敦、纽约、上海铜的三国演义

伦敦金属交易所（LME）、纽约商品交易所（NYMEX）和中国上海期货交易所（SHFE）三家交易所的铜期货交易都很活跃，设 LME 三个月铜价格为 X，上海铜价格为 Y，COMEX 铜价格为 Z，作格兰杰因果关系检验。

检验结果表明在 5% 的显著性水平下，伦敦铜与上海铜价格互为格兰杰，COMEX 铜是上海铜的格兰杰原因。建立线性回归模型，结果如下：

$$Y = 1676.172 + 7.5329X \qquad R^2 = 0.97$$
$$Z = -0.0159 + 0.000058X \qquad R^2 = 0.97$$

五、CFTC 非商业多空净持仓

CFTC 是美国商品期货委员会简称，每周二会公布商品的持仓数量，包括商业（套保）和非商业（投机）持仓。非商业多空净持仓反映了投机市场对商品价格看好看淡。

由图 1-13 可以看出，在 AB 段，CFTC 多空净持仓数量平稳上升，铜价也一路走高；即使铜价中间有一段回撤，但是通过 CFTC 多空净持仓的数量变化，可以很好地过滤这一段的噪声。在 CD 段，铜价还在高位盘整时，CFTC 率先发出下降信号，因此可以将 CFTC 多空净持仓看作是一个先行指标和判断指标。

设 CFTC 非商业多空净持仓作为解释变量 X，纽约期货铜价作为被解释变量 Y，建立回归模型，结果如下：

$$Y = 2.4836 + 0.0000113X$$
$$R^2 = 0.4729$$

多空净持仓与铜价之间呈正相关，拟合优度判定变量解释能力较好。从变动弹性上来说，CFTC 净持仓每变动 1 单位，铜价会同向变动 0.0000113 单位。

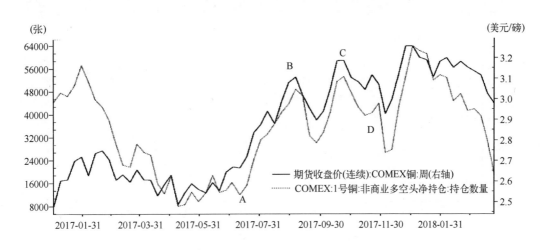

图 1-13　CFTC 多空净持仓与铜价走势

六、汇率

上海期货交易所交易的铜期货是以元/吨报价的，伦敦铜则是以美元/吨报价的，纽约铜是以美元/磅报价的。美元兑人民币的汇率变化影响上海铜价格。国际市场上 2018 年 6 月至 7 月一波铜价格下跌幅度明显大于上海铜价格下跌幅度（图 1-14），主要原因是人民币兑美元贬值（图 1-15）。

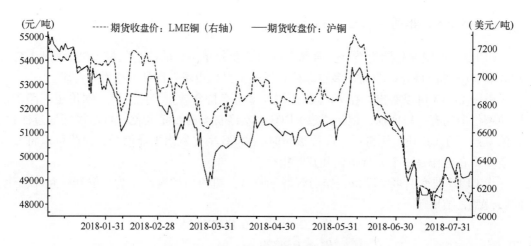

图1-14 2018年上海铜与伦敦铜走势

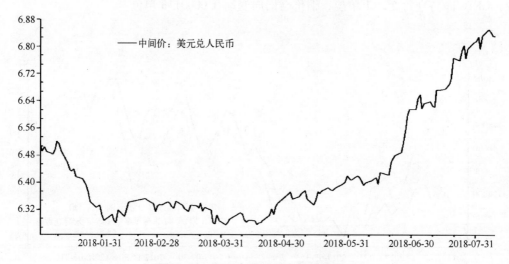

图1-15 2018年美元兑人民币汇率

七、铜矿生产

铜矿产量是精炼铜生产的基础。全球铜矿生产过程中若出现安全事故、地震等情况，会影响铜价，铜矿工人罢工对生产冲击也较大。若导致产量明显下降则会带动铜价上升。

第二章 铝

第一节 铝概况

一、铝的自然属性

铝是一种轻金属，其化合物在自然界中分布极广，地壳中铝的资源仅次于氧和硅，居第三位。在金属品种中，仅次于钢铁，为第二大类金属。

铝的比重为 2.7，密度为 $2.72g/cm^3$，约为一般金属的⅓。铝的塑性很好，有延展性，便于各种冷、热压力加工，既可以制成厚度仅为 0.006mm 的铝箔，也可以冷拔成极细的丝。通过添加其他元素还可以将铝制成合金使其硬化，强度甚至可以超过结构钢，保持着质轻的优点。

铝具有特殊的化学、物理特性，除了重量轻、延展性好外，还有着良好的导电性、导热性、耐热性和耐核辐射性，是国民经济发展的重要基础原材料。

二、电解铝的生产工艺及流程

电解铝的生产工艺与流程（图 2 - 1）。

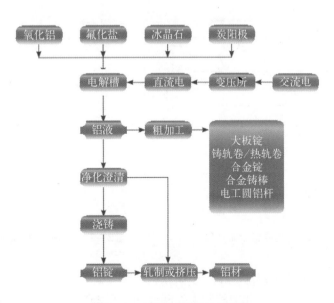

图 2 - 1　铝的生产工艺及流程

三、铝的应用

近50年来，铝已成为世界上最为广泛应用的金属之一，尤其是在建筑业、交通运输业和包装业。这三大行业的铝消费一般占每年铝总消费量的60%左右。铝在空气中的稳定性和阳极处理后的极佳外观，使铝在建筑业上被越来越多地广泛应用，特别是在铝合金门窗、铝塑管、装饰板、铝板幕墙等方面的应用。为减轻交通工具自身的重量，减少废气排放对环境的污染，摩托车、各类汽车、火车、地铁、飞机、船只等交通运输工具大量采用铝及铝合金作为构件和装饰件。随着铝合金加工材料的硬度和强度不断提高，铝在航空航天领域使用的比例逐年增加。

各类软包装用铝箔、全铝易拉罐、各类瓶盖及易拉盖、药用包装等用铝范围也在扩大。电子电气、家用电器（冰箱、空调）、日用五金等方面的使用量和使用前景越来越广阔。

第二节 铝生产

一、世界铝生产情况

2006年以来世界铝土矿产量稳定上升，从19165.5万吨增长到2015年的28706.6万吨（图2-2）。

世界原铝的产量从2000年开始快速增长，从2465.7万吨增长到2017年的6338.5万吨（图2-3）。

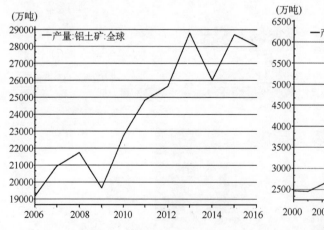

图2-2 2006—2016年世界铝土矿产量

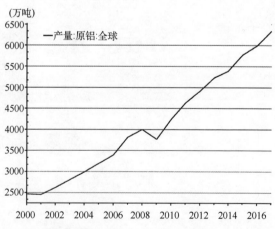

图2-3 2000—2017年世界原铝产量

2016年全球主要原铝生产地域中，中国原铝产量占总生产量的50.89%，海湾地区原铝产量占世界产量的8.09%，北美洲和大洋洲分别占6.23%和2.87%（图2-4）。

从 2000 年开始，中国原铝的产量逐年向上递增，从 279.4 万吨增加到 2017 年的 3225.5 万吨（图 2 - 5）。

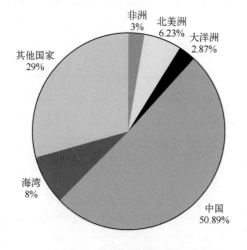

图 2 - 4   2017 年原铝产量分布

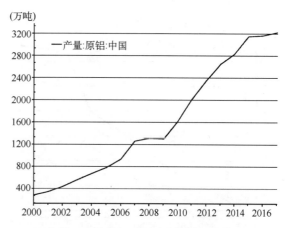

图 2 - 5   2000—2017 年中国原铝产量

第三节   铝的消费

2007 年后世界铝的消费量是向上逐步增长的，仅在金融危机的 2009 年出现消费量下跌的情况。2007 年全球消费量为 3720.54 万吨，2017 年则增长到 5930.25 万吨（图 2 - 6）。

2017 年全球消费量中中国消费占总消费的 54%；美国铝消费占 9%；德国和日本分别占 4% 和 3%（图 2 - 7）。

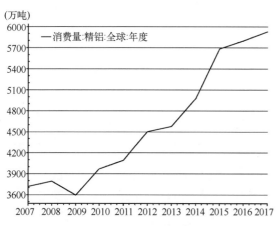

图 2 - 6   2007—2017 年世界铝消费

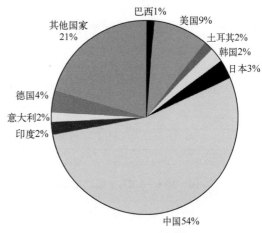

图 2 - 7   2017 年铝消费比率

中国铝消费稳步上升，2007 年铝消费量仅为 1219.7 万吨，2017 年增至 3200 万吨之上。中国铝消费量在全球消费量中的占比 2007 年为 32.78%，2017 年超过 50%（图 2 - 8）。

中国原铝进口量在 2009 年出现 149.61 万吨的峰值，其他年份均小于 50 万吨（图 2 - 9）。

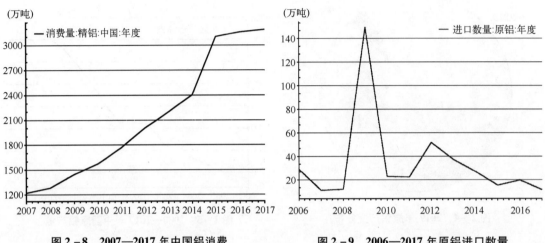

图 2 - 8　2007—2017 年中国铝消费　　　　图 2 - 9　2006—2017 年原铝进口数量

中国原铝的出口量 2006 年曾经有过 83 万吨的峰值，之后逐渐减到几乎为 0（图 2 - 10）。中国铝型材的出口则有不小的增长，2000 年出口不到 20 万吨，2017 年超过 420 万吨（图 2 - 11）。

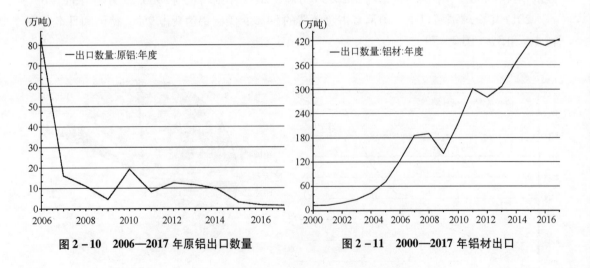

图 2 - 10　2006—2017 年原铝出口数量　　　　图 2 - 11　2000—2017 年铝材出口

第四节　铝期货合约

交易品种	铝
交易单位	5 吨/手
报价单位	元(人民币)/吨
最小变动价位	5 元/吨
每日价格最大波动限制	不超过上一交易日结算价±3%
合约交割月份	1—12 月
交易时间	上午 9:00—11:30　下午 1:30—3:00
最后交易日	合约交割月份的 15 日(遇法定假日顺延)
交割日期	最后交易日后连续 5 个工作日
交割品级	标准品:铝锭,符合国标 GB/T1196—2008 AL99.70 规定,其中铝含量不低于 99.70%。
	替代品:①铝锭,符合国标 GB/T1196—2008 AL99.85,AL99.90 规定。②铝锭,符合 P1020A 标准。
交割地点	交易所指定交割仓库
最低交易保证金	合约价值的 5%
交易手续费	不高于成交金额的万分之二(含风险准备金)
交割方式	实物交割
交易代码	AL
上市交易所	上海期货交易所

第五节　铝价格变动影响因素

铝价格主要取决于铝的供求关系。全球铝的产能过剩,铝价格受需求和产能控制影响较大。

一、全球经济增长与铝价格

铝作为重要的工业原材料,其需求与世界经济增长息息相关。铝的下游产品需求遍布建筑、家电、汽车、基础设施建设等领域,世界经济增长带动所有产业链的快速增长,铝的需求也不例外。当世界经济增长时,铝的需求增加,铝价格上升;反之,世界经济萎靡,铝的需求减少,铝价格下跌。

由图 2 – 12 可以看到全球 GDP 增长率的变动与原铝价格变动的方向基本一致，两者存在着很强的相关性。

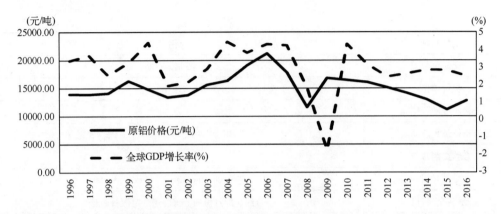

图 2 – 12 全球 GDP 增长率与原铝价格走势

二、中国经济增长与铝价格

中国是全球第二大经济实体，全球年产原铝有一半以上在中国消费。中国的经济增长对铝价产生重要影响。用中国工业用电量来表示中国经济的增长情况，通过研究发现，期货铝价格的走势与工业用电量走势相似（图 2 – 13）。

图 2 – 13 工业用电量与铝期货收盘价对比

三、库存

库存量变化是度量供求平衡关系的。当库存增加，说明铝的产能过剩，需求不佳，未来铝的价格下跌；当铝的库存减少时，说明可能供不应求，或者当期产量不足、需求过大等，铝的价格自然上涨（图 2 – 14）。

图 2 - 14　铝期货收盘价与库存期货走势

四、铝生产国政策

中国是铝生产大国，中国铝的产量直接影响铝的价格。2016 年中央提出了供给侧改革以及限产政策，这两项政策的实施，直接限制了铝的产量，对铝价格上扬产生一定的作用。

五、伦敦铝期货价格与上海铝期货价格

伦敦铝与上海期货交易所铝期货是全球两大铝期货交易市场。两者价格存在一定的相关性(图 2 - 15)。

图 2 - 15　铝期货收盘价与 LME 铝价格走势

设上海铝价格为 Y，伦敦铝价格为 X，作格兰杰因果关系检验。

检验结果表明在 5% 的显著性水平下，伦敦铝价格是上海铝价格的格兰杰原因。建立线性回归模型，结果如下：

$$Y = 1186.5 + 5.7573X$$

即伦敦铝每上涨 1 个单位，上海铝期货价上涨 5.7573 个单位。

六、铜铝套利机会发现

铜铝是基本的有色金属，与经济繁荣衰退关系都很密切。铜铝在很多领域有替代关系，两者间存在有套利关系。铜铝期货价格波动较为剧烈，价比也剧烈波动。当铜铝期货价格之比偏离均值较大时，出现套利机会。

近五年沪铜期货价格和沪铝期货价格之比均值为 3.38，标准差为 0.21。如图 2 - 16 所示，2018 年 3 月 15 日沪铜与沪铝 1808 合约价格之比达到 3.72，偏离均值近 2 个标准差，见图中①处。此时铜价贵，铝价贱，铜价走势又在下跌趋势中，见图中②处；卖出铜合约，买入铝合约，待比价回落后获利平仓。同样的机会在 2018 年 6 月 15 日又出现了，铜铝比价也达到 3.72，见图中③处。在图中④处，卖铜买铝可套得利润。图中⑤⑥处则是铝贵铜贱，卖铝买铜也可套得利润。

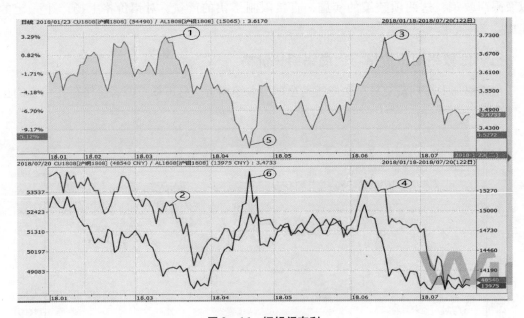

图 2 - 16　铜铝间套利

第三章　锌

第一节　锌概况

一、自然属性及应用

金属锌，元素符号 Zn，原子量为 65.4，熔点为 419.7℃，沸点为 907℃。锌是一种银白略带蓝灰色的金属，其新鲜断面呈现出有金属光泽的结晶形状。锌是常用的有色金属之一，其产量与消费量仅次于铜和铝。

在自然条件下，并不存在单一的锌金属矿床，通常锌与铅、银、金等金属以共生矿的形式存在。

二、锌的生产工艺

锌的生产方式有两种基本方法——火法冶炼和湿法冶炼。世界上近 80% 的锌产自湿法冶炼，大多数采用酸浸出液电解；由于对其中浸渣的处理方法不同而派生出不同的湿法冶炼工艺。中国许多大型锌冶炼企业，如株冶集团、豫光金铅和驰宏锌锗均采用湿法冶炼流程，中金岭南韶关冶炼厂采用火法冶炼流程。

锌生产工艺流程：锌精矿→焙烧矿→加压酸浸→常压酸浸→浸出液→净化→电积→电锌→熔铸→锌锭。

三、锌的应用

锌金属具有良好的抗腐蚀性、延展性和流动性，常被用作钢铁的保护层，能与多种金属制成物理与化学性能更加优良的合金，广泛应用于建筑、汽车、机电、化工等领域。

锌具有优良的抗大气腐蚀性能，主要用于钢材和钢结构件的表面镀层。镀锌管、镀锌板及镀锌结构件的用锌量占锌总消费量的 70% 左右。

锌具有适宜的化学性能。锌可与 NH_4Cl 发生作用，放出 H^+。锌－二氧化锰电池正是利用此特点，用锌合金做电池的外壳，既是电池电解质的容器，又参加电池反应构成电池的阳极。这一性能也被广泛应用于医药行业。

锌具有良好的抗电磁场性能。锌的导电率是标准电工铜的 29%，在射频干扰的场合，锌板是一种比较有效的屏蔽材料。锌是非磁性的，适合做仪器仪表零件的材料、仪表壳体及钱币，锌自身及与其他金属碰撞不会发生火花，适合做井下防爆器材。

锌具有适用的机械性能。锌本身的强度和硬度不高，加入铝、铜等合金元素后，其强度和硬度均大为提高，尤其是锌铜钛合金的出现，其综合机械性能已接近或达到铝合金、黄铜、灰铸铁的水平,其抗蠕变性能也大幅度提高。锌铜钛合金目前已经被广泛应用于小五金生产中。

第二节 锌的供给

全球锌矿产量自 2000 年始快速增长,2012 年达到峰值 1350 万吨。2013—2017 年在 1260 万吨~1350 万吨间波动(图 3 - 1)。

2017 年全球主要锌矿生产的地域中,中国储量占 38.64%,秘鲁占 10.61%,澳大利亚和美国分别占 7.58% 和 5.53%(图 3 - 2)。

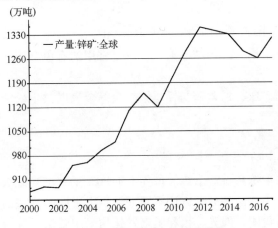

图 3 - 1 2000—2017 年锌矿产量

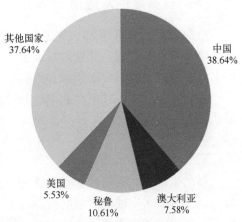

图 3 - 2 2017 年锌矿基础储量分布

全球锌锭产量 2006—2016 年间波动增长,2009 年、2012 年、2016 年产量有显著性回落。2016 年全球锌锭产量为 1373 万吨,较 2006 年增长超过 30%(图 3 - 3)。

2017 年中国锌锭产量占全球总产量的 44%,韩国、加拿大分列二、三位,分别占 7% 和 5%(图 3 - 4)。

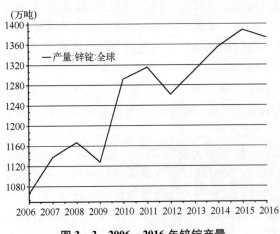

图 3 - 3 2006—2016 年锌锭产量

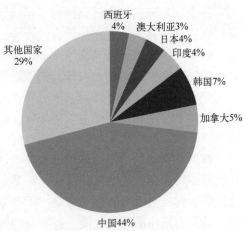

图 3 - 4 2016 年锌锭产量分布

2016 年中国锌矿探明储量约为 1.8
亿吨(图 3 - 5)。

中国锌矿产量自 2000 年以来迅速
增长,2017 年为 510 万吨, 是 2000 年
的 3 倍(图 3 - 6)。

中国锌锭产量以较大幅度从 2006
年的 316 万吨增长到 2016 的 585 万吨。
全球锌产量的增长几乎全来自于中国的
增长(图 3 - 7)。

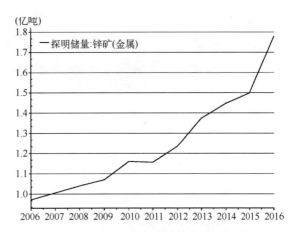

图 3 - 5　2006—2016 年中国探明锌矿储量

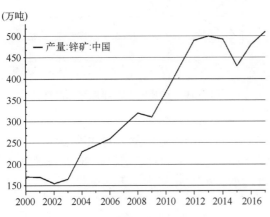

图 3 - 6　2000—2017 年中国锌矿产量

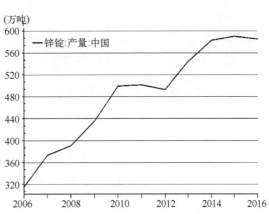

图 3 - 7　2006—2016 年中国锌锭产量

第三节　锌的消费

世界锌消费从 2005 年到 2010 年基
本维持在 1100 万吨左右;从 2011 到
2014 年,以较小幅度的速度向上每年递
增,到 2014 年达到历史新高,1365 万
吨(图 3 - 8)。锌消费与全球 GDP 增长
大致相同,2008—2009 年锌消费波动受
金融危机影响较大。

中国锌消费从 2005 年至 2014 年,
几乎从 285 万吨增长匀速到 625 万吨。
2015 年全球消费量的回落几乎全来自于

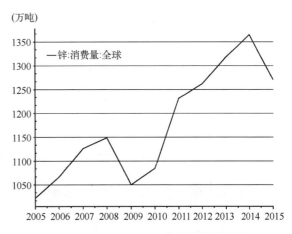

图 3 - 8　2005—2015 年世界锌消费量

中国消费量的回落。

中国锌镀层板产量从 2005 年到 2007 年，从 793 万吨快速增长到 1882 万吨；2008—2009 年，受金融危机影响有所回落；2010—2015 年迅速增长，2015 年达到峰值 5210 万吨；2016 年镀锌板产量略有回落(图 3－10)。

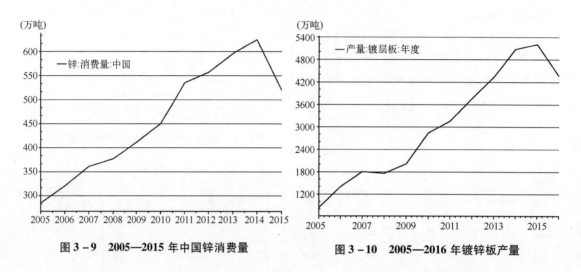

图 3－9　2005—2015 年中国锌消费量　　　图 3－10　2005—2016 年镀锌板产量

我国锌精矿、精炼锌、锌合金、锌材均有进出口。锌精矿进口量 2015 年曾达到 324.5 万吨(图 3－11)，精炼锌进口量 2017 年达到 67.5 万吨(图 3－12)。2010—2015 年锌合金的进口量在 10 万~15 万吨间波动。锌材进口量较小，2015 年只有 1 万多吨。产品的出口都较少，对价格影响有限。

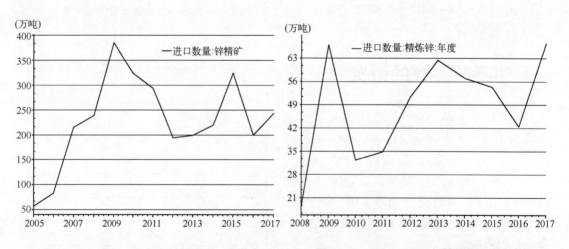

图 3－11　2005—2017 年锌精矿进口数量　　　图 3－12　2008—2017 年精炼锌进口数量

第四节　锌期货合约

交易品种	锌
交易单位	5 吨/手
报价单位	元(人民币)/吨
最小变动价位	5 元/吨
每日价格最大波动限制	不超过上一交易日结算价±4%
合约交割月份	1—12 月
交易时间	上午 9:00—11:30　下午 1:30—3:00
最后交易日	合约交割月份的 15 日(遇法定假日顺延)
交割日期	最后交易日后连续 5 个工作日
交割品级	标准品:锌锭,符合国标 GB/T 470—2008 ZN99.995 规定,其中锌含量不小于 99.995%。
	替代品:锌锭,符合 BS EN 1179:2003 Z1 规定,其中锌含量不小于 99.995%。
交割地点	交易所指定交割仓库
最低交易保证金	合约价值的 5%
交易手续费	不高于成交金额的万分之二(含风险准备金)
最低交易保证金	合约价值的 5%
最小交割单位	25 吨
交割方式	实物交割
交易代码	ZN
上市交易所	上海期货交易所

第五节　锌价格的影响因素

一、锌的供应与需求

锌的供应与需求是锌价格波动的主要因素。当锌的产能减少,锌的需求维持不变,市场必定供不应求,导致锌价格上涨;反之亦然,当锌产能过剩,锌供过于求,市场积压,锌价格下跌。当市场对锌的需求突然增大时,短时间内,锌价格必定上涨。锌的供应等于锌的需求,价格趋于稳定。

二、世界经济增长情况

世界经济增长情况对锌的价格有一定的正相关影响(图 3－13)。当世界经济增长时,对于锌的需求增加,锌的价格自然上涨;当世界经济衰退时,对于锌的需求不大,致使锌产能过剩,锌价格下跌。图 3－13 中看出全球 GDP 年增长率变化与锌年价格变化大体一致。全球经济增长率低于 3% 时,锌价相对低迷。2003—2007 年间全球经济增长在 4% 上下,一派繁荣景象;LME 锌价从不到 1000 美元/吨最高上涨到 4580 美元/吨。2008 年美国金融危机，锌价急剧回落至 1000 美元/吨附近。2011—1015 年全球 GDP 增长在 2.8% 左右，锌价盘跌。2016—2017 年经济复苏，锌价再度高涨。

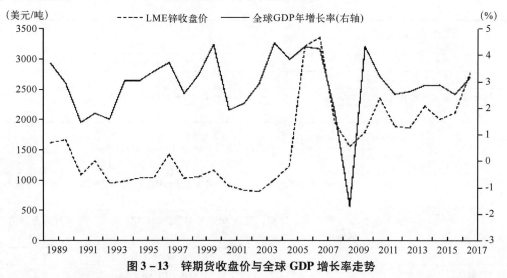

图 3－13　锌期货收盘价与全球 GDP 增长率走势

三、中国经济增长情况

中国是锌消费大国，消费量占全球总量的近半数。中国经济的景气程度对锌价有很大的影响。中国经济增速放慢，锌价疲软，反之价格坚挺。用中国工业用电量来表示中国经济的增长情况。图 3－14 为中国工业用电量月同比与伦敦锌月收盘价对比图。图中看到 2014—2017 年中国工业用电量月同比与 LME 锌价总体走势相似。2015 年中国工业用电量同比为负值，LME 锌价全年大部分时间走跌。2016—2017 年中国工业用电量同比增长情况良好，锌价一路上扬。2018 年上半年中美贸易战影响了世界经济增长预期，锌价回落。

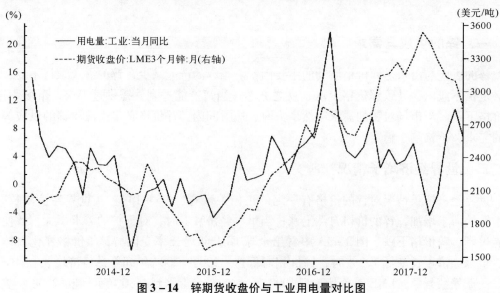

图 3－14　锌期货收盘价与工业用电量对比图

四、库存

库存对于锌价格也有很好的预见作用，当库存过大时，说明锌产量过剩，或者锌的需求不大，锌价格会下跌。当库存过小时，说明锌供不应求，未来锌的价格有望上涨。2006年前 LME 锌库存代表性较好，2007 年后上海锌期货的地位提高，LME 锌库存总量减少，代表性减弱。选用最近一年的上海交易所的库存与锌期货价格作对比，可以很清晰地看到，每当锌库存处于高位时，价格会逐步下跌；而库存处于低位时，往往是价格上涨的时候（图 3–15）。

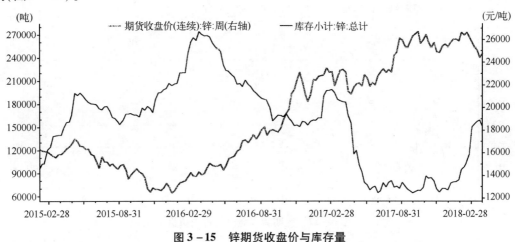

图 3–15　锌期货收盘价与库存量

五、LME 锌与上海锌

LME 锌与上海期货交易所锌期货是全球两大锌期货交易市场。两者价格存在一定的相关性（图 3–16）。设上海锌期货收盘价为 Y，LME3 个月锌期货收盘价为 X，进行格兰杰因果关系检验。

图 3–16　锌期货收盘价与 LME 锌期货收盘价

在 5% 的显著性水平下，沪锌是 LME 锌的格兰杰原因。建立回归模型：

$$Y = -986.1468 + 0.163679X$$
$$R^2 = 0.869206$$

六、中国锌现货价与锌期货价

中国锌现货价与期货价本身存在一定的相关性。由图 3-17 可以看出，两者价格有着高度的一致性。

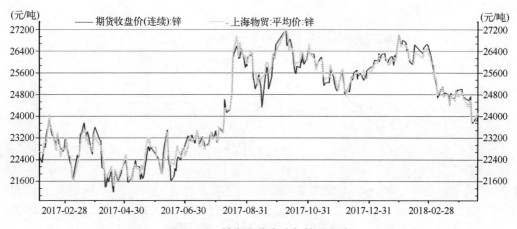

图 3-17 锌期货收盘价与锌现货价

设锌现货价格为 X，期货价格为 Y，建立线性回归模型，结果如下：

$$Y = 112.3822 + 0.993720X$$
$$R^2 = 0.982327$$

七、锌与铜铝间套利机会发现

铜铝锌位居基本有色金属的前三位，均与国家经济情况紧密相关，倾向于荣辱与共。而价格反应有快慢先后之别，这就存在套利机会。

通过对近六个合约进行研究发现，铜锌的价比均值为 2.1412，标准差为 0.0857。以 1805 合约简单说明套利思想。

图 3-18 中，①处价比为 2.01，偏离均值 0.1312，所以沪锌价格被高估，沪铜价格被低估，此时②处恰逢沪锌价格下穿前期上升趋势，开仓做空沪锌，择机做多沪铜，待比价回归均值后择机平仓。③处价比为 2.34，偏离均值 0.1986，沪铜价格被高估，沪锌价格被低估，与此同时④处沪锌处在一个上升趋势，选择开仓做多沪锌，择机做空沪铜，待比价回归均值后择机平仓。

通过对近六个合约进行研究发现，铝锌的价比均值为 0.6301，标准差为 0.0506。通过 1807 合约简单说明套利思想。

图 3-19 中，①处价比为 0.703，偏离均值 0.0742，所以沪铝价格被高估，沪锌价格

被低估，此时②处恰逢沪锌突破前期下降趋势，开仓做多沪锌，择机做空沪铝，待比价回归均值后择机平仓。③处价比为 0.57，偏离均值 0.0588，沪铝价格被低估，沪锌价格被高估，与此同时④处沪锌处在一个下降趋势，选择开仓做空沪锌，择机做多沪铝，待比价回归均值后择机平仓。

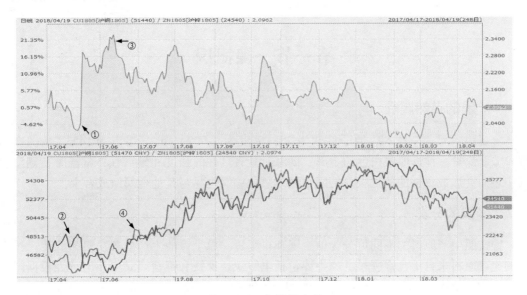

图 3－18　铜锌间套利

图 3－19　铝锌间套利

27

第四章 镍

第一节 镍概况

一、镍的自然属性

金属镍，元素符号 Ni，原子序数为 28，密度为 $8.902g/cm^3$，熔点为 $1453℃$，沸点为 $2732℃$。镍是一种近似银白色的金属，低温时具有良好的强度和延展性；常温时在潮湿空气中表面会形成致密的氧化膜，能阻止继续氧化；镍也易与其他金属组成合金。

二、镍的分类

镍按照生产原料的不同可分为原生镍和再生镍。原生镍的生产原料来自于镍矿，再生镍的生产原料来自于含镍废料。原生镍包括电解镍、镍铁和镍盐。其中，电解镍根据国标 GB/T6516—2010 的规定，可分为 Ni9999、Ni9996、Ni9990、Ni9950、Ni9920 五个牌号。镍铁，又称含镍生铁，是镍和铁的合金，主要由红土镍矿进行火法冶炼烧结而成。镍铁的镍金属含量为 5%～30%，按照镍含量的不同可分为高镍生铁、中镍生铁和低镍生铁。镍的矿物资源主要分为硫化镍矿和氧化镍矿（又称为"红土镍矿"）。近年来，随着世界硫化镍矿储量的逐渐下降，红土镍矿的产量占比已经达到 70% 左右。

三、镍的用途

镍具有很好的可塑性、耐腐蚀性、磁性等优良性能，是重要的工业金属，广泛运用于钢铁工业、机械工业、建筑业和化学工业。

第一，用作金属材料，包括制作不锈钢、耐热合金钢和各种合金。

含镍的不锈钢能抵抗大气、蒸汽和水的腐蚀，能耐酸、碱、盐的腐蚀。镍被广泛地应用于化工、冶金、建筑等行业，如制作石油化工、纺织、轻工、核能等工业中要求焊接的容器、塔、槽、管道等；制造尿素生产中的合成塔、洗涤塔、冷凝塔、汽提塔等耐蚀高压设备。

合金钢也称特种钢。镍的参与能够提高合金钢的强度，保持其良好的塑性和韧性。含镍合金钢主要应用于制造化工生产上的耐酸塔、医疗器械、日常用品，以及用于改造桥梁、修造军舰等机械制造、交通运输和军事工业等。

镍基合金是指在 650～1000℃ 高温下有较高的强度与一定的抗氧化腐蚀能力等综合性能的一类合金。镍基合金按照主要性能可细分为镍基耐热合金、镍基耐蚀合金、镍基耐磨合金、镍基精密合金及镍基形状记忆合金等，广泛应用于航空、船舶、化工、电子、医学和能源等工业领域。镍基合金产品主要有：电炉、电熨斗、涡轮发动机涡轮盘、燃烧室、涡轮叶片、彩色电视机、通讯器材、时钟和测量卷尺中的摆锤、制造家具、具备永久磁铁性能的精细工具、航天器上使用的自动张开结构件、宇航工业用的自激励紧固件和生物医学上使用的人造心脏马达等。

第二，用于电镀，在钢材及其他金属材料的基体上覆盖一层耐用、耐腐蚀的表面层。

其防腐蚀性比镀锌层高 20% ~25%。镀镍的物品美观、干净、不易锈蚀。电镀镍的加工量仅次于电镀锌而居第二位；其镍耗量占到镍消费总产量的 10% 左右。镀镍分电镀镍和化学镀镍。

电镀镍层在空气中的稳定性很高，结晶极其细小，具有优良的抛光性能，镀层硬度比较高，可以提高制品表面的耐磨性，广泛应用于光学仪器镀覆，防护装饰性镀层，铸造结晶器电子元件等。

化学镀镍厚度均匀性好，不会渗氢，没有氢脆。化学镀镍后不需要除氢。很多化学镀镍产品的耐蚀性及抗高温氧化性比电镀镍好，可沉积在各种材料表面，不需要一般电镀所需的直流电机或控制设备，热处理温度低；只要在 400℃ 以下经不同保温时间后，可得到不同的耐蚀性和耐磨性，特别适用于形状复杂，表面要求耐磨和耐蚀的零部件的功能性镀层等。

第三，在石油化工的氢化过程中用作催化剂。

第四，用作化学电源，是制作镍氢电池、镍镉电池的原料。

第五，用来制作颜料和染料，是制作陶瓷和铁素体等的新型材料。

第二节　镍的供给

2000—2010 年世界镍矿产探明储量从 5800 万吨每年以较大速度向上递增达到 8000 万吨；2013—2017 年，世界镍矿产探明储量在 7400 万吨到 8100 万吨之间来回波动（图 4-1）。

2000—2013 年，世界镍矿产量增长速度加快，从 129 万吨增长到 263 万吨，近几年略有回落（图 4-2）。

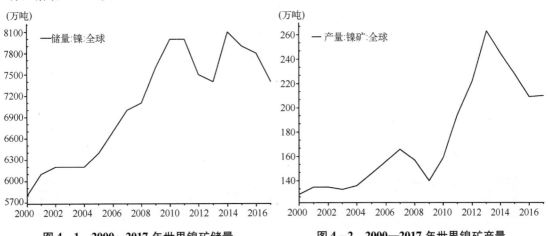

图 4-1　2000—2017 年世界镍矿储量　　　　图 4-2　2000—2017 年世界镍矿产量

2017 年在世界镍矿的主要生产国中，印度尼西亚镍矿产量占据 19.05%，加拿大镍矿产量占 10%，澳大利亚和俄罗斯镍矿产量分别占 9.05% 和 8.57%（图 4-3）。

2007—2013 年，全球精炼镍产量以较大速度增长，自 146 万吨增长到 201 万吨。2014 年至今产量逐年回落（图 4-4）。

中国精炼镍产量从 2008 年到 2013 年高速向上递增。2013 年达到最大值 71 万吨，之后向下走低。2016 年中国镍产量为 41 万吨（图 4-5）。

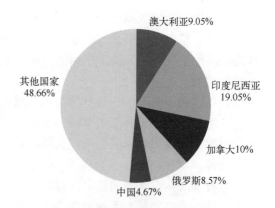

图 4-3 世界镍矿产量分布

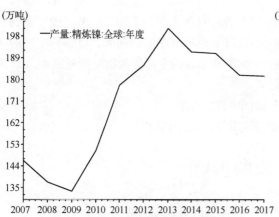

图 4-4 2007—2017 年世界精炼镍产量

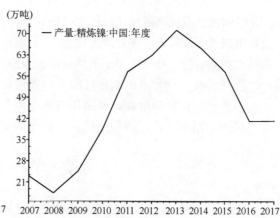

图 4-5 2007—2017 年中国原生镍产量

第三节 镍的消费

2006 年到 2009 年全球镍的消费量递减，2009 年仅为 129 万吨；全球金融危机退去后，全球镍消费量小幅度向上攀升，在 2015 年达到 197 万吨；最近略有回落（图 4-6）。

中国精炼镍消费量占全球总消费的 45.24%，美国与日本分别消费 10.34% 与 8.47%（图 4-7）。中国不锈钢产量较大，中国的硬币中主要材料也含有镍，对镍的需求也很大。

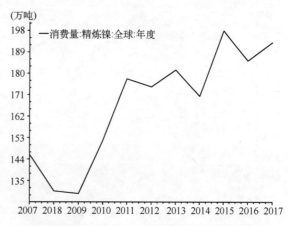

图 4-6 2007—2017 年全球精炼镍消费量

从 2008 年到 2013 年，中国对于镍的消费量逐步增加，在 2015 年达到历史最大值 101 万吨；从 2015 年到 2017 年，中国对于镍的消费量有所下降。中国对镍的需求减少的最大的原因是中国产业链调整，建筑行业对于不锈钢的需求减少，导致对镍的消费量减少（图 4 – 8）。

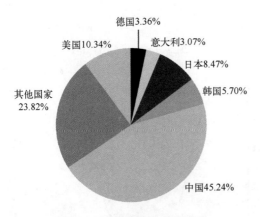

图 4 – 7　世界精炼镍消费分布

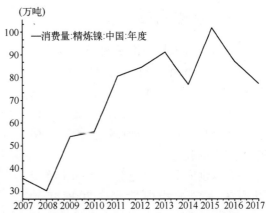

图 4 – 8　2007—2017 年中国原生镍消费

第四节　镍期货合约

交易品种	镍
交易单位	1 吨/手
报价单位	元（人民币）/吨
最小变动价位	10 元/吨
每日价格最大波动限制	不超过上一交易日结算价 ±4%
合约交割月份	1—12 月
交易时间	9:00—11:30，13:30—15:00 和交易所规定的其他交易时间
最后交易日	合约交割月份的 15 日（遇法定假日顺延）
交割日期	最后交易日后连续 5 个工作日
交割品级	标准品：电解镍，符合国标 GB/T 6516—2010 Ni9996 规定，其中镍和钴的总含量不小于 99.96%。
	替代品：电解镍，符合国标 GB/T 6516—2010 Ni9999 规定，其中镍和钴的总含量不小于 99.99%；或符合 ASTM B39—79（2013）规定，其中镍的含量不小于 99.8%。
交割地点	交易所指定交割仓库
最低交易保证金	合约价值的 5%
最小交割单位	6 吨
交割方式	实物交割
交易代码	NI
上市交易所	上海期货交易所

第五节　镍价格影响因素研究

一、供给与需求

供给与需求是镍价格变动的最基本的原因，当供给大于需求时，价格下跌；当供给小于需求时，价格上升。镍作为世界流通的基本有色金属之一，世界的供给与需求的变动往往会给镍价格带来很大的波动。

全球供应平衡变化对于镍的价格变化具有一定的指向性。在 2006 年到 2008 年，中国镍消费量较大，导致镍价格上涨。当镍的供求平衡大于 0 时，镍的价格下跌；当镍的供求平衡小于 0 时，镍的价格上涨(图 4 -9)。

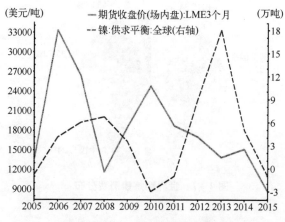

图 4 - 9　2005—2015 年全球镍供需平衡及价格

二、全球经济增长与镍价格

镍作为重要的工业品之一，其很多下游产品遍布建筑、轻工业、制造等行业，可以说经济发展，离不开镍的供给。一般来说，全球经济增长会带动一系列产业的增长，从而对镍的需求增大，推动镍的价格上涨。

三、全球镍产量

镍的产量是影响镍的供给的最好的指标，当镍的年产量过大时，在镍的需求变动不大的情况下，镍的价格会下跌；反之亦然，全球镍的年产量过少，出现供不应求，其价格自然飞速上涨。当世界主要产镍国对镍产量管制时，国际市场的镍价格波动会比较激烈。

四、库存(LME 库存)

库存是反映镍的供给与需求平衡情况的一个很好的指标，当库存增大时，说明镍的供给大于需求，其价格一般会下跌；当库存减小时，说明镍供不应求，价格上涨。

LME 全球库存与镍的价格存在明显的反向性，2010 年 3 月到 2011 年 2 月，镍库存增大，其价格下跌；从 2011 年 3 月到 2015 年 11 月，镍的库存一直下跌，其价格一路上涨；从 2015 年 11 月到 2016 年 9 月，镍的库存有所增加，其价格下跌。LME 库存变化对镍的价格走势有较好的指向性；当 LME 库存变大时，可以预测镍的未来价格下跌，反之，镍的价格上涨。上海期货交易所镍的成交量现在跃居全球首位，中国镍消费量也在全球消费中占据半壁江山，LME 镍库存变化的价格指向性变弱，上海期货交易所库存的变化对价格的影响会变大（图 4 - 10）。

图 4 - 10 上海期货交易所镍库存与镍价格

五、镍矿生产国政策

镍矿是不可再生资源。镍矿主要生产国对于镍矿的进出口政策调整对镍的价格波动影响很大。如果镍的主要生产国对于镍矿的进出口进行限制，镍的供应跟不上需求的速度，价格自然走高。印度尼西亚是全球最大的镍矿石出口国家，2014 年 1 月 12 日，印度尼西亚政府宣布限制镍矿的出口，这一举措立刻刺激了市场，伦敦镍在短短 3 个多月内上涨超过 50%（图 4 - 11）。

图 4 - 11 2014 年镍价格波动

六、基本金属总体走势

镍作为基本有色金属之一，和大多基本金属具有相同的需求性，镍的价格与基本金属走势大体一致，基本金属整体走势会影响镍的价格走势。

铜镍的价格在不同的阶段，波动大小不同，总体一致性使得两者间可以进行跨商品套利（图4-12）。铜镍价格差或价格比围绕一定数值上下波动，当处于极值范围时，可以进行有效的跨商品套利；买入相对便宜的，同时卖出相对贵的，当价格差回到正常水平时，平仓获得较小风险的套利利润。

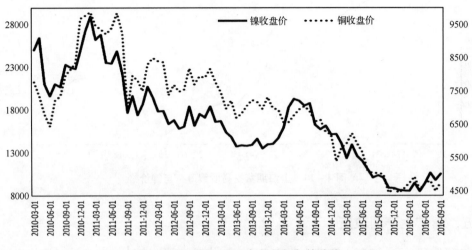

图4-12　2010—2016年伦敦铜与镍价格

七、镍现货价与期货价

中国镍现货价与期货价本身存在一定的相关性。由图4-13可以看出，两者价格有着高度的一致性。

图4-13　中国镍现货价与期货价

设镍期货价格为Y，现货价格为X，进行Granger因果关系检验。

在5%的显著性水平下，现货镍是期货镍的格兰杰原因。建立回归模型：

$$Y = -3894.74 + 1.04178X \qquad R^2 = 0.974346$$

即现货镍每上涨1个单位，期货价格则放大上涨1.04178个单位。

第五章　铁矿石

第一节　铁矿石概况

铁矿石指存在利用价值的、含有铁元素或铁化合物的矿石。铁矿石用途单一，几乎只作为钢铁生产原材料使用。

含铁矿物约 300 余种，其中常见的有 170 余种。当前技术条件下，经济可用的主要有赤铁矿、磁铁矿、菱铁矿、褐铁矿等。

赤铁矿主要成分为 Fe_2O_3，呈暗红色，比重约为 5.26，含铁元素 70%，氧元素 30%，是最主要的铁矿石。根据其本身结构不同又可分成多种类别，如赤色赤铁矿、镜铁矿、云母铁矿、黏土质赤铁矿等。勘测时通常用重力异常法，选矿时可用强化磁选法。赤铁矿是自然界中分布很广的铁矿物之一，可形成于各种地质作用，以热液作用、沉积作用和区域变质作用为主。

磁铁矿主要成分为 Fe_3O_4，是 Fe_2O_3 和 FeO 的复合物，呈黑灰色，比重在 5.15 左右，含铁元素 72.4%，氧元素 27.6%，有磁性。选矿时可用磁选法，处理方便；由于结构细密，还原性较差，磁铁矿经长期风化作用后即变为赤铁矿。磁铁矿是岩浆成因铁矿床、接触交代–热液铁矿床、沉积变质铁矿床，以及一系列与火山作用有关的铁矿床中铁矿石的主要矿物，也常见于砂矿床中。

菱铁矿是含有碳酸亚铁的矿石，主要成分为 $FeCO_3$，呈青灰色，比重在 3.8 左右。这种矿石多含有相当数量的钙盐和镁盐。

褐铁矿为含有氢氧化铁的矿石。它是针铁矿（$HFeO_2$）和鳞铁矿（$FeO(OH)$）两种不同结构矿石的统称，其主要成分的化学式可记为 $2mFe_2O_3 \cdot nH_2O$，呈现土黄或棕色，含铁元素约 62%，氧元素 27%，水 11%，比重为 3.6~4.0，多附存在其他铁矿石中。

按照矿石的酸碱度高低，也可将铁矿石分为酸性矿石和碱性矿石。通常依据矿石中 $(CaO + MgO)/(SiO_2 + Al_2O_3)$ 的比值，确定其酸碱性。

酸、碱铁矿石的使用选择与高炉的炼铁指标有关，如果高炉采用碱性渣熔炼（为了更好地脱硫）则希望使用碱性矿；若高炉采用酸性渣熔炼（为提高高炉利用系数和降低焦耗）则希望使用酸性矿。目前国内高炉一般倾向于使用碱性矿，但大部分进口的粉矿及国产精粉为酸性矿，因此，在后期进行熟料加工（即加工球团矿和烧结矿）时需添加碱性溶剂。

按直径大小不同，铁矿石可分为块矿与粉矿。块矿由铁矿石破碎过程中产生的较大颗粒组成，一般尺寸为 6~30mm，可直接用于高炉炼铁和还原铁生产。粉矿颗粒通常直径在 6mm 以下，一般是直接开采所得或是其后经过粉碎和筛分加工处理。由于大多数铁矿石自身易碎，世界铁矿石生产中粉矿占有相当大比例，中国进口铁矿石中，粉矿比例在 75% 以上。

粉矿须经过一定的加工处理成为人工富矿(熟矿)后方能使用。熟矿分烧结矿和球团矿两种。烧结矿是用粒度在 5mm 以下的粉矿和焦粉、炉尘等混匀之后,通过焙烧,形成粒度在 6～30mm 之间可以直接入炉的原料。通过焙烧,可以改变矿石的化学组成和性质,去除矿石中的有害杂质,同时还可以使矿石组织疏松,提高还原性。

球团矿是铁精粉(粒度低于 0.074mm 的矿粉占 80% 以上)加入少量的添加剂混合后,在造球机上加水,依靠毛细力和旋转运动的机械力造成直径 8～16mm 的生球,然后在焙烧设备上干燥,在高温氧化性气氛下固结成的品位高、强度好、粒度均匀的球状炼铁原料。中国钢铁企业主要以烧结矿作为高炉炼铁原料(图 5－1),因而对粉矿需求很大,生产 1 吨生铁大约需要消耗 1.63 吨品位为 63.5% 的成品矿。

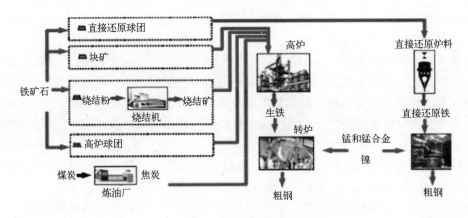

图 5－1　铁矿石炼钢

第二节　铁矿石的供给

一、全球铁矿石产量

1. 世界铁矿石储量

美国地质局统计数据显示,1995 年全球铁矿石储量含铁量为 650 多亿吨,2015 年储量铁矿石含铁量为 850 亿吨(图 5－2)。近二十年来呈震荡走高的局面。

2006 年中国铁矿石探明储量为 607 亿吨,2016 年探明储量为 840 亿吨,较十年前增长 40%(图 5－3)。

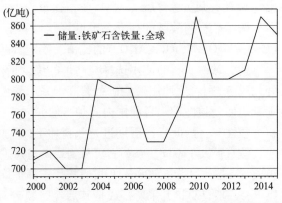

图 5－2　2000—2015 年全球铁矿石含铁量全球储量

2. 世界铁矿石储量分布

铁矿石储量主要分布在澳大利亚、巴西、俄罗斯、印度和中国，2015 年铁矿石储量含铁量分别为 240 亿吨、120 亿吨、140 亿吨、52 亿吨和 72 亿吨，分别占世界储量的 28.24%、14.12%、16.47%、6.12% 和 8.47%（图 5 – 4）。中国是铁矿储量大国，但铁矿石品质不高。

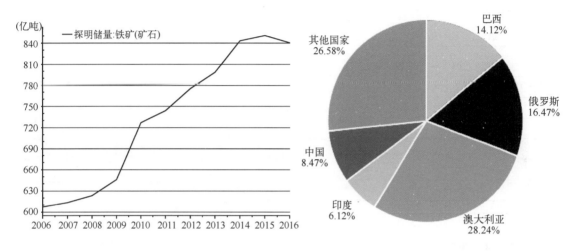

图 5 – 3 2006—2016 年中国铁矿石储量   图 5 – 4 2015 年铁矿石储量分布

3. 世界铁矿石产量

世界铁矿石产量自 2001 年后一路上涨。2001 年铁矿石产量为 9.3 亿吨，2008 年为 17.8 亿吨，涨幅超 80%，平均每年增幅达 10.7%。受金融危机影响，2009 年世界铁矿石产量略有回落。2010 年后，增产速度放缓。2015 年世界铁矿石产量达到了 20 亿吨（图 5 –5）。

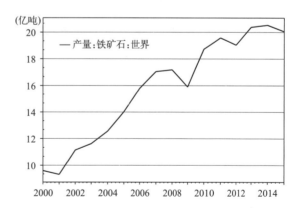

图 5 – 5 2000—2015 年世界铁矿石产量

全球铁矿石产出国中，澳大利亚、巴西、印度的产量自 2000 年后增长速度明显分化。澳大利亚快速增长，2008 年后超过巴西成为世界第一，2015 年产量几乎为巴西的 2 倍；印度 2010 年后呈现减产局面（图 5 –6）。

二、中国铁矿石产量

除了天津、上海、宁夏和西藏受资源限制，未进行铁矿石开采外，中国其他各地区均有铁矿石出产。2015年，河北、四川产量领先；辽宁、山西、内蒙古产量其次，这五个省份日产量总和占中国产量的75%左右。中国铁矿石产量虽然不低，但含铁量低。若转换为世界平均含铁量的铁矿石产量，2015年只有1.2亿吨（图5-7）。

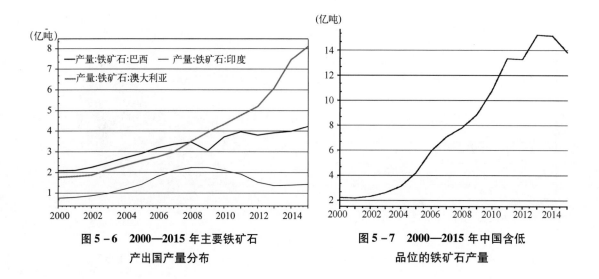

图5-6　2000—2015年主要铁矿石
产出国产量分布

图5-7　2000—2015年中国含低
品位的铁矿石产量

三、中国铁矿石进口量

世界上铁矿石的主要进口国家和地区有中国、日本、韩国、中国台湾省、欧盟等。1991年以来，中国铁矿石进口量呈快速上升趋势，2003年超过日本成为全球铁矿石进口量最大的国家，2016年中国进口量超10亿吨（图5-8）。

中国是世界铁矿石生产大国，但主要为低品位铁矿石。巴西铁矿石含铁量为68%，印度为65%，澳大利亚为62%，中国铁矿石含量最高为30%。采掘时需从土砂中分离铁矿石，澳大利亚可从2吨土砂中分离出1吨铁矿石，中国需从4吨土砂中分离出1吨铁矿石，成本较高。

中国进口矿主要来自澳大利亚、巴西、印度和南非等国家（图5-9），主要供应中国沿海、沿江附近地区的钢铁企业，按运输路径大体可分为北方地区、华东及长江沿线、南方地区等三大区域，其中北方地区是中国重要的钢铁生产基地。长江沿线地区有宝钢、武钢、马钢等众多钢铁企业，钢铁产量约占全国的三分之一，区内铁矿资源十分紧缺，是外贸进口矿石量最大的地区。相比之下，华南地区钢铁企业数量较少，规模较小，进口铁矿石约占全国10%的份额。

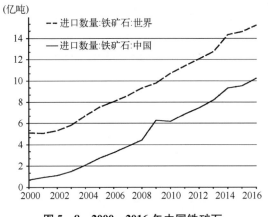

图 5 - 8   2000—2016 年中国铁矿石
与世界铁矿石进口量

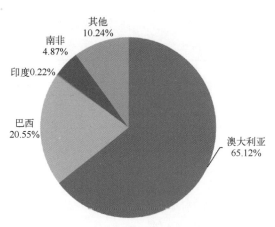

图 5 - 9   2015 年中国铁矿石进口分布

第三节   铁矿石的消费

中国是铁矿石的消费大国，2015 年中国生铁产量回落，带来铁矿石消费量的下滑，但从消费量的世界占比来看，中国仍是世界第一。2015 年中国铁矿石消费量占世界消费量的 60.94%，欧洲占比 7.36%，日本占比 6.14%，印度占比 5.37%（图 5 - 10）。

河北省是中国最大的铁矿石消费省份。2015 年河北省生铁产量为 1.74 亿吨，占全国生铁产量的 25.18%，其后依次是江苏省、山东省、辽宁省、山西省、河南省和湖北省，产量分别占全国产量的 10.13%、9.7%、8.83%、5.21%、4.2% 和 3.33%（图 5 - 11）。

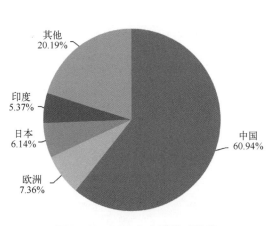

图 5 - 10   2015 年全球铁矿消费

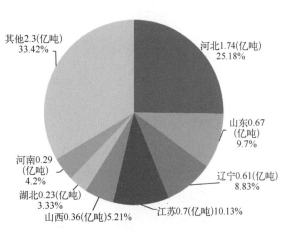

图 5 - 11   2015 年中国各省生铁产量

第四节　铁矿石期货合约

交易品种	铁矿石
交易单位	100 吨/手
报价单位	元(人民币)/吨
最小变动价位	0.5 元/吨
涨跌停板幅度	上一交易日结算价的 4%
合约月份	1—12 月
交易时间	每周一至周五 9:00—11:30, 13:30—15:00, 以及交易所公布的其他时间
最后交易日	合约月份第 10 个交易日
最后交割日	最后交易日后第 3 个交易日
交割等级	大连商品交易所铁矿石交割质量标准
交割地点	大连商品交易所铁矿石指定交割仓库及指定交割地点
最低交易保证金	合约价值的 5%
交割方式	实物交割
交易代码	I
上市交易所	大连商品交易所

第五节　影响价格因素分析

一、宏观经济形势

宏观经济形势健康快速发展，对铁矿石市场有很强的拉动和支撑作用。宏观经济主要影响下游产业的需求，进而影响铁矿石市场变化。宏观经济表现是铁矿石需求的晴雨表，对价格有重要的影响(图 5-12)。

二、政策因素

铁矿石是国际大宗贸易商品，其价格受各种价格因素影响，如产地国的进出口政策，进口关税政策，以及消费国的钢铁产业发展政策等均会对铁矿石价格产生影响。中国供给侧改革去产能的政策会在一定程度上影响钢铁生产，进而影响铁矿石的价格。

三、库存

库存反映供求平衡的关系，库存增加说明供大于求，价格下跌；库存减少表明供小于求，价格上涨。2013 年 10 月开始到 2014 年 6 月铁矿石库存增加。随着库存增加，铁矿石价格下降，从 945 元/吨降到 2015 年 6 月份的 496.38 元/吨后价格反弹，库存也随之增加。库存增加，价格又开始下降，2015 年 8 月跌到最低点。2016 年 1 月价格开始上涨，铁矿石库存震荡走高。5 月份达到近几个月最高点 477.79 元/吨后开始回调，7 月份又开始一波上涨，走势较弱，相反库存增加程度很大。从 2016 年 6 月的期末库存 10268 万吨增加到 2016 年 7 月的 10864 万吨，增长 5.8%（图 5-13）。

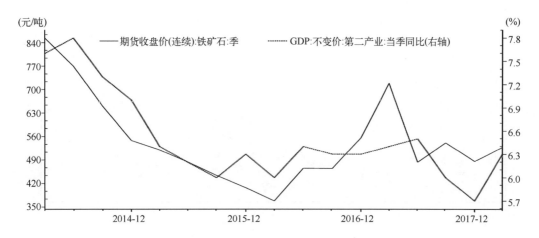

图 5-12　2014—2017 年经济增长与铁矿石期货价格

图 5-13　2013—2016 年铁矿石库存与期货价格

四、钢材生产及价格

铁矿石绝大多数用于钢铁生产，钢材产量反映市场对铁矿石的消费需求。铁矿石价格与粗钢产量当月同比及钢材产量当月同比走势大致相同（图 5-14、图 5-15）。若钢材产量同比增幅呈下降趋势，表明钢铁生产对铁矿石需求量走下坡路，铁矿石价格会走低。当钢铁产量同比增幅呈上升趋势时，表明钢铁市场对铁矿石需求旺盛，铁矿石价格会走高。

2013 年年末开始，钢材生产量同比增幅下降，铁矿石价格一路走低，特别是 2015 年几乎全年粗钢产量同比负增长，铁矿石价格则频创新低。2016 年年初开始，粗钢产量同比增幅下跌趋势反转，钢铁生产出现增长势态，铁矿石价格下跌局面一举扭转。一般来说粗钢产量同比增幅变化情况领先于铁矿石价格走势变化。

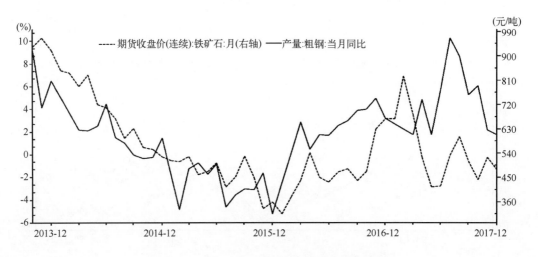

图 5 – 14　2013—2016 年铁矿石价格与粗钢产量

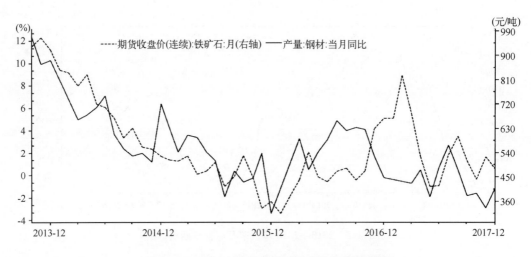

图 5 – 15　2013—2016 年铁矿石价格与钢材产量

　　螺纹钢是广泛用于建筑业的一种钢材，2017 年之前价格走势与铁矿石相关度很高，涨跌方向一致性明显。2017 年后国家去产能和环保政策得到严格执行，钢铁限产导致市场对铁矿石需求下降，而市场对螺纹钢需求不减，结果螺纹钢价格坚挺，铁矿石价格疲软（图 5 – 16）。

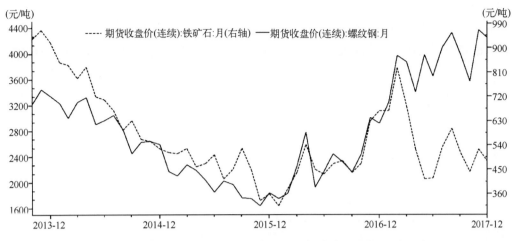

图 5 – 16　2013—2016 年螺纹钢与铁矿石价格

五、货币汇率变化

铁矿石出口国的货币汇率变化对铁矿石价格也会产生影响。澳大利亚是铁矿石的最大出口国,澳元的汇率会影响铁矿石的价格。

澳元/美元价格和铁矿石价格呈正相关性(图 5 – 17)。澳元/美元汇率从 2013 年 11 月的 0.92975 开始下降,2015 年 9 月份降至 0.70635 点。铁矿石期货价则从约 900 元/吨,最低降至 2016 年 1 月份 332.55 元/吨。

图 5 – 17　2013—2017 年铁矿价格与澳元兑美元

六、新加坡铁矿石掉期与大商所铁矿石

新加坡交易所的铁矿石掉期价格是国际上影响较大的铁矿石衍生品价格,对大连铁矿石价格具有一定影响。两者价格走势基本一致,相对新加坡铁矿石掉期价格,中国铁矿石

期货价格波动性较大。

大连铁矿石价格用 *IRON* 表示，新加坡铁矿石掉期用 *SWAP* 表示，作 Granger 因果关系检验。检验得到：在 5% 的显著性水平下，新加坡掉期结算价是铁矿石价格的 Granger 原因。因此，可用新加坡掉期结算价的滞后一期 $SWAP(-1)$ 来预报铁矿石的当期价格 *IRON*，进行线性回归得到：

$$IRON = 108.01 + 6.22SWAP(-1)$$

回归结果显著，且拟合优度高，所以可以用新加坡交易所的铁矿石掉期价格来预报铁矿石期货价格(图5–18)。

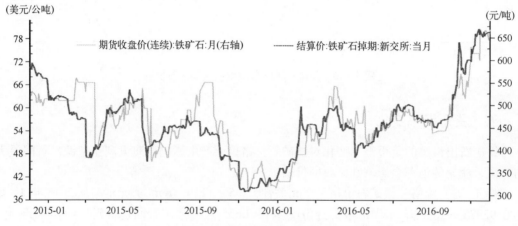

图 5 – 18 2013—2016 年铁矿石价格与掉期结算价

第六章　焦　煤

第一节　焦煤概述

焦煤又称"主焦煤"，属于强黏结性、结焦性的炼焦煤煤种，是焦炭生产中不可或缺的基础原料配煤。通常在焦炭生产中，对焦煤的配入比例存在 30% ~ 50% 的下限要求，每生产 1 吨焦炭大约需要消耗焦煤 1.33 吨。焦煤作为最具有代表性的炼焦煤，联结着煤、焦、钢三个产业，在产业链条上具有重要地位。

GB5751—1986 中国煤炭分类标准规定焦煤分两类：

第一类焦煤的干燥无灰基挥发分 Vdaf = 10% ~ 28%，黏结指数 $G > 65$，胶质层最大厚度 $y \leqslant 25mm$。这部分煤的结焦性特别好，可以单独炼出合格的高炉焦。

第二类焦煤的干燥无灰基挥发分 Vdaf = 20% ~ 28%，黏结指数 $G = 50 ~ 65$，结焦性比前者差。

焦煤具有中等挥发分和较好的黏结性，是典型的炼焦煤，在加热时能形成热稳定性很好的胶质体。单独炼焦时能得到块度大、裂纹少、抗碎强度高的焦炭，其耐磨性也好。由于炼焦时产生的膨胀压力大，使推焦困难，必须配入气煤、瘦煤等，以改善操作条件和提高焦炭质量。在炼焦配合煤中焦煤可以起到焦炭骨架与缓和收缩应力的作用，从而提高焦炭机械强度。

炼焦煤包括焦煤、肥煤、1/3 焦煤、瘦煤、气肥煤、气煤等几大类。

中国炼焦煤各煤种的储量不均匀，以气煤（包括 1/3 焦煤）最多，达 1282.12 亿吨，占炼焦煤查明资源储量的 45.73%，其次为焦煤，占 23.61%，瘦煤和肥煤各占炼焦煤储量的 15.89% 和 12.81%。

第二节　焦煤生产与消费

一、世界焦煤产量

世界焦煤产量从 2004 年的 5.92 亿吨增长至 2015 年的 10.75 亿吨，增长幅度约 80%，平均每年同比增涨幅度达 6.98%，增长幅度在 2008 年金融危机时也没有受到严重影响（图 6 - 1）。

2000 年后世界已探明煤炭储量 900 亿吨左右，2016 年陡增到 1139 亿吨（图 6 - 2）。

2014 年中国炼焦煤产量为 5.68 亿吨，占世界炼焦煤产量的 51%。其次是澳大利亚、俄罗斯、美国、印度、加拿大，产量分别为 18480 万吨、7500 万吨、7500 万吨、5140 万吨、3060 万吨，分别占世界总产量的 17%、7%、7%、4%、3%（图 6 - 3）。

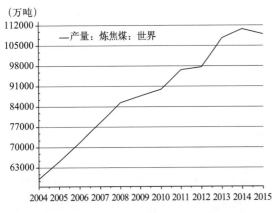

图6-1　2004—2015年世界焦煤产量

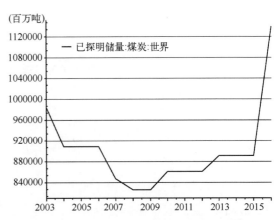

图6-2　2003—2016年世界已探明煤炭储量

二、中国焦煤产量

中国是煤炭主要生产国，产量将近占世界的一半。中国煤炭探明储量从2006年到2014年一直增长（图6-4）。从11597.8亿吨增长到15317亿吨，增长幅度达32.06%。中国基础储量不断在减少，从2004年至2011年一直处于一个下降趋势。2011年降至2157.9亿吨，后有小幅上涨，2014年增长至2399.93亿吨（图6-5）。

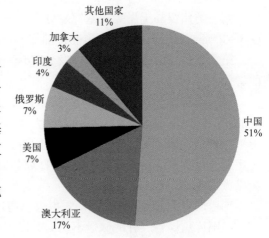

图6-3　2014年各国焦煤产量分布

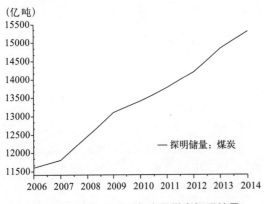

图6-4　2006—2014年中国煤炭探明储量

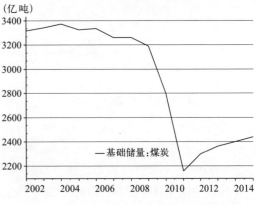

图6-5　2002—2015年中国煤炭基础储量

中国原煤产量自 2000—2011 年高速增长。2000 年产量约 9 亿吨，2011 年增至 34 亿吨，几乎为 2000 年的 4 倍。2012—2016 年原煤产量在 28 亿 ~ 36 亿吨间波动（图 6 - 6）。

中国炼焦煤产量从 2011—2014 年高速增长，2014 年产量为 567.9 百万吨（图 6 - 7）。

华北及周边为炼焦精煤主产地，中国炼焦洗精煤的生产主要集中在山西、山东、河北等省，其中与资源储量相匹配的山西省是中国炼洗焦精煤的主要产地。

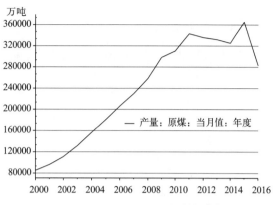

图 6 - 6　2000—2016 年中国原煤产量

中国炼焦煤储量分布不均，华北为主产地。中国炼焦煤产量主要集中在华北地区，西南地区和东北地区产量次之，华东地区焦煤的产量在全国产量中比例较小，中南地区产量不多，西北地区产量最少，山西省的产量最大，山东省次之，其次为黑龙江、河北、河南、四川、江苏、贵州、内蒙古等，其产量占比（图 6 - 8）。

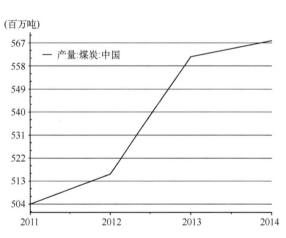

图 6 - 7　2011—2014 年中国炼焦煤产量

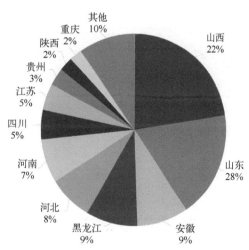

图 6 - 8　中国各省炼焦煤产量分布

三、焦煤消费

中国炼焦煤消费量 2009 年曾经有过月消费量超过 7000 万吨的纪录。2010—2014 年上半年月度消费量从 3800 万吨向 5500 万吨爬升。2014 年下半年至 2016 年初消费量一路走低。炼焦煤月度消费量季节性明显（图 6 - 9）。

四、焦煤进出口

2008 年后焦煤进口量陡升。2008 年焦煤进口量不到 1000 万吨，2013 年进口量超过 7000 万吨（图 6 – 10）。与进口量相比，焦煤出口量微不足道，2016 年出口量为 100 万吨左右（图 6 – 11）。

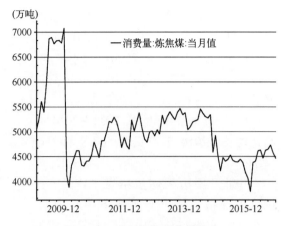

图 6 – 9　中国炼焦煤月度消费

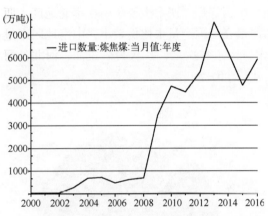

图 6 – 10　2000—2016 年焦煤进口

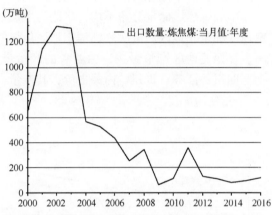

图 6 – 11　2000—2016 年焦煤出口

第三节　焦煤期货合约

交易品种	焦煤
交易单位	60 吨/手
报价单位	元（人民币）/吨
最小变动价位	0.5 元/吨
涨跌停板幅度	上一交易日结算价的 4%
合约月份	1—12 月
交易时间	每周一至周五上午 9:00—11:30，下午 13:30～15:00，以及交易所公布的其他时间
最后交易日	合约月份第 10 个交易日
最后交割日	最后交易日后第 3 个交易日

续表

交易品种	焦煤
交割等级	大连商品交易所焦煤交割质量标准
交割地点	大连商品交易所焦煤指定交割仓库
最低交易保证金	合约价值的5%
交割方式	实物交割
交易代码	JM
上市交易所	大连商品交易所

第四节　焦煤价格影响因素

一、中国宏观经济形势与焦煤价格

宏观经济形势是判断焦煤市场变化趋势的关键因素。当经济进入上行周期，下游钢铁、焦化企业产品需求旺盛，企业产能开始扩张，对上游原材料的需求不断增加，供不应求的局面导致焦煤价格上涨；反之，当经济进入下行周期，房地产、汽车等终端需求减弱，钢铁、焦化企业库存增加，企业开始缩减生产规模，控制生产成本，上游原材料供大于求的局面会导致价格下跌（图 6 - 12）。

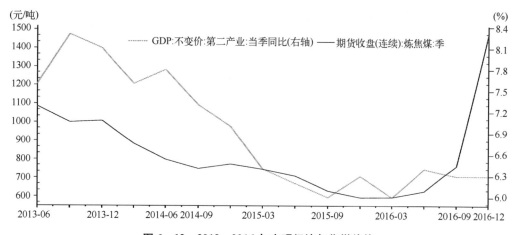

图 6 - 12　2013—2016 年宏观经济与焦煤价格

全球 GDP 同比增长 2008 年、2009 年连续两年下降，2009 年为 0.01%，接近负增长。2009 年，我国国民经济不仅没有受到经济危机的影响，经济刺激措施反而拉动钢焦产量持续高位增长，对焦煤的需求愈加旺盛。受到焦煤资源少、新增产能较少和焦煤主产地铁路运力不足等因素影响，焦煤市场整体呈供不应求的局面，价格逐步上涨。

2011 年下半年，中央为了抑制通货膨胀，推出了一系列调控措施，房地产、汽车行业逐步降温,终端需求也得到抑制,炼钢、炼焦行业对焦煤的需求萎缩,炼焦煤市场整体呈现出供大于求的局面,价格逐步下降。

2012—2015 年,经济形势依旧疲弱。GDP 当季同比增长在 2015 年第二季度降到了最低值 5.8%。钢材、焦炭市场长期低迷,炼焦煤市场供大于求的局面更加严峻,国际国内企业纷纷下调焦煤价格,导致价格连连走跌。焦煤均价在 2015 年 12 月降到最低值 530.89 元/吨。

2016 年第二产业第一季度 GDP 当季同比提升至 6.3%,焦煤均价也从 581.41 元/吨增长至 700.28 元/吨。

二、产业政策

产业政策的变化会直接影响煤炭生产企业的生产成本。煤炭市场低迷时,中国决策层集中出台多项煤炭产业政策对国内煤炭行业实施"救市",包括恢复炼焦煤进口关税、出台煤炭质量管理办法、煤炭资源税从价改从量计征、煤炭方面清理不合理收费等,短时间内为煤炭企业减轻了部分压力。

三、供需平衡

供大于求,价格下降;供小于求,价格上涨,库存则反映供求平衡情况。2013 年 3 月开始两年多的时间里,库存处于高位,供大于求,焦煤价格持续下降。2015 年底,情况开始发生变化,库存到达了低位,每月供给小于需求;供需缺口增大,导致了焦煤价格自 2016 年 2 月开始一路飙升(图 6 - 13)。

图 6 - 13　2013—2017 年价格及库存

四、下游产品价格变化

焦炭是焦煤的下游产品,两者价格高度正相关(图 6 - 14)。焦煤价格指数从 2013 年 12 月约 1000 元/吨跌至 2016 年 1 月 515 元/吨,焦炭价格指数则相应地从 1500 元/吨跌至

609 元/吨。2016 年的一波剧烈上涨行情中焦煤价格涨至 1750 元/吨，焦炭则涨到 2600 元/吨。

　　焦炭比焦煤更接近终端产品，对市场需求的反应更快，反应幅度更大。焦炭生产量代表市场对焦煤的需求。2013 年开始至 2015 年年末，钢铁市场疲软，焦炭产量月同比增长情况一路下滑，2015 年几乎全年月同比增长为负数，焦煤价格则不断下探。2016 年焦炭生产量月同比增长幅度下跌局面被扭转，焦煤价格则步步高涨。一般而言，需求变化领先于焦煤价格变化（图 6 – 15）。粗钢产量也反映市场对焦煤的需求。粗钢产量月同比增长变化趋势与焦煤价格走势总体一致，且领先于焦煤价格变化（图 6 – 16）。

图 6 – 14　2013—2017 年焦煤焦炭价格

图 6 – 15　2013—2017 年焦炭产量月同比增长与焦煤价格

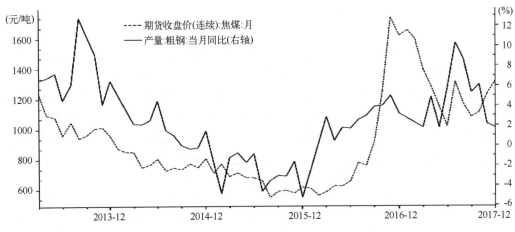

图 6－16   2013—2017 年粗钢产量月同比与焦煤价格

五、焦煤相关因素回归预测

用 JM 表示焦煤的价格，作被解释变量；$JTTB$ 表示焦炭产量月同比，$JMQC$ 表示焦煤库存，$CGTB$ 表示粗钢产量月同比，三者作解释变量。解释变量后面（－1）表示该变量前一期数值。回归得到：

$$JM = 356.0656 - 3.2625 \times JTTB(-1) + 0.4765 \times JMQC(-1) + 36.2697 \times CGTB(-1)$$

结果显示拟合效果不错。可运用焦炭月度产量同比、焦煤月度库存、粗钢月度产量同比的前一期值来预测焦煤价格的后一期值。图 6－17 是 2013 年 3 月至 2017 年 12 月焦煤真实价格与预测价格的走势图，从图中我们可以观察到真实值与预测值的走势总体上基本相同。

用 2017 年 12 月前的数据作训练集，2018 年 3、4、5 月的数据作测试集，函数准确地预测到了 4、5、6 月的大致走势。

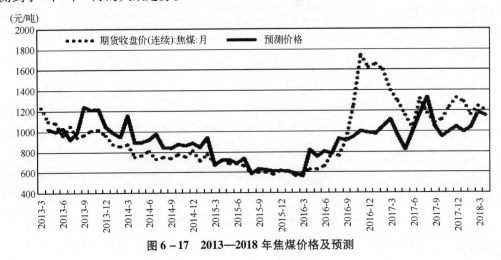

图 6－17   2013—2018 年焦煤价格及预测

第七章　焦　炭

第一节　焦炭概况

一、焦炭介绍

用烟煤、石油、沥青或者其他液体碳氢化合物为原料，在隔绝空气的条件下干馏得到的固体产物都可称为广义的焦炭。大连商品交易所焦炭期货所指的焦炭相对上述范围较小，是指以烟煤为主要原料，在隔绝空气条件下通过室式焦炉中加热至 950～1050℃ 干馏形成而得到的固体产物。特征通常表现为质地坚硬、多孔、呈银灰色并有不同粗细裂纹的炭质固体块状材料，其相对密度为 1.8～1.95，堆积密度为 400～520 千克/立方米，肉眼可以观察到明显的纵横裂纹。根据原料煤的性质、干馏的条件不同，可以形成不同规格和质量的高温焦炭，其中用于高炉冶炼的称高炉焦，用于冲天炉熔铁的称铸造焦，用于铁合金生产的称铁合金用焦，还有非金属冶炼用焦(以上统称冶金焦)，以及气化用焦、电石用焦等。

表 7 -1　焦炭的种类

大　类	小　类		
冶金焦	高炉焦	铸造焦	铁合金焦
化工焦	气化焦	电石焦	高硫焦
铝阳焦			
电极焦			
高强度低灰低硫焦			
碳素焦	石油焦	沥青焦	针状焦

二、焦炭生产历史

世界上最早发明铸铁(生铁)冶炼技术的国家是中国(也有理论认为炼铁技术最早出现在公元前 2000 年的西亚地区)。中国春秋时期已炼出生铁，欧洲是公元 14 世纪。中国战国早期已有可锻铸铁制造的铁器，欧洲 17 世纪才炼出可锻铸铁。中国商代的青铜器和春秋战国时代铁器的冶炼开始使用木炭，魏晋南北朝时期开始用煤炼铁，明代已用焦炭冶炼金属。中国是世界上最早使用焦炭的国家，欧洲直到 18 世纪初才开始炼焦。木炭主要成分是碳元素，灰分很低，热值为 27.21～33.49 兆焦/千克，约为 8000 千卡/千克，还有氢、氧、氮以及少量的其他元素，其还原能力大于焦炭。木炭与焦炭熔炼的生铁，即使化学组成相同，其结构与机械性质仍不相同。木炭冶炼的生铁一般具有细粒结构、铸件紧密、无裂纹等特点，用木炭生产的生铁含杂质少，适于生产优质钢。

焦炭作为炼铁原料的出现对工业生产影响较大，被认为与蒸汽机、铁和钢一样，是促成第一次工业革命技术加速发展的主要因素之一。

三、冶金焦炭按照用途划分的类型

冶金焦炭按照用途主要可以分为以下几种类型：

（1）高炉焦

高炉焦主要用于高炉炼铁，高炉焦对焦炭质量要求最高。目前，一般大型高炉用焦炭要求块度大于 40mm，中小型高炉用焦炭要求块度大于 25mm。

（2）铸造焦

铸造焦主要用于化铁炉的燃料，为提高化铁炉的熔铁温度，要求焦炭块度大而均匀。一般铸造焦要求块度大于 60mm。

（3）铁合金焦

铁合金焦主要用于电炉内，对其强度和耐磨性要求不高，要求焦炭的比电阻及化学活性要好。气化焦也经常被提及，主要用于制造发生炉煤气和水煤气。作为燃料或者氨的原料，要求焦炭有较好的反应性能，可以使用气孔率大、耐磨性差的小焦块。

四、焦炭的化学成分

焦炭的化学成分包括有机成分和无机成分两大部分。有机成分是以平面炭网为主体的类石墨化合物，其他元素氢、氧、氮和硫与炭形成的有机化合物，则存在于焦炭挥发分中；无机成分是存在于焦炭的各种无机矿物质，以焦炭灰成分表征其组成。

焦炭的化学成分主要用焦炭元素分析和焦炭工业分析来测定。

（1）按焦炭元素分析，其成分为：碳 82% ~ 87%，氢 1% ~ 1.5%，氧 0.4% ~ 0.7%，氮 0.5% ~ 0.7%，硫 0.7% ~ 1.0%，磷 0.01% ~ 0.25%。

（2）按焦炭工业分析，其成分为：灰分 10% ~ 18%，挥发分 1% ~ 3%，固定碳 80% ~ 85%。可燃基挥发分是焦炭成熟度的重要标志，成熟焦炭的可燃基挥发分为 0.7% ~ 1.2%。

五、焦炭在高炉中的作用

焦炭在高炉冶炼过程中有供热、还原、料柱骨架和供碳四种作用。

1. 供热

高炉冶炼所需要的热量是由焦炭和喷吹燃料的燃烧及热风提供的，其中焦炭燃烧提供的热量占 75% ~ 80%。焦炭灰分低，并在下降至风口前仍然保持一定的块度，是保证燃烧状态良好的重要条件。

2. 还原

高炉中矿石的还原是通过间接还原和直接还原完成的。

间接还原反应约从 400℃ 开始。间接还原是上升的炉气中的 CO 还原矿石，使氧化铁逐步从高价铁还原成低价铁一直到金属铁，同时产生 CO_2：

$$3Fe_2O_3 + CO \rightarrow 2Fe_3O_4 + CO_2$$
$$Fe_3O_4 + CO \rightarrow 3FeO + CO_2$$
$$FeO + CO \rightarrow Fe + CO_2$$

直接还原是在高炉中约 850℃ 以上的区域开始。高温时生成的 CO_2 立即与焦炭中的碳反应生成 CO，从全过程看可以认为是焦炭中的碳直接参与还原过程：

$$FeO + CO \rightarrow Fe + CO_2$$
$$CO_2 + C \rightarrow 2CO$$
$$FeO + CO \rightarrow Fe + CO_2$$

不论间接还原还是直接还原，都是以 CO 为还原剂。为了不断补充 CO，要求焦炭有一定的反应性。

3. 料柱骨架

高炉炉料中以焦炭堆积密度为最小，焦炭体积占炉料总体积的 35%～50%。焦炭比较坚固，且在风口区以上始终保持块状，因此它是高炉料柱中的骨架，起疏松料柱、保证料柱有良好透气性的作用，是炉况顺行的重要因素。

4. 供碳

生铁中的碳全部来源于高炉焦，进入生铁的碳占焦炭含碳量的 7%～9%。焦炭中的碳从高炉软融带开始渗入生铁；在滴落带，滴落的液态铁与焦炭接触时，碳进一步渗入生铁，最后可使生铁的碳含量达到 4% 左右。

六、焦炭生产工艺

炼焦生产基本原料是炼焦煤。将炼焦煤在密闭的焦炉内隔绝空气高温加热放出水分和吸附气体，随后分解产生煤气和焦油等，剩下物质就成为以碳成分为主体的焦炭。

煤热解成为焦炭的过程通常称为煤的干馏。煤的干馏分为低温干馏、中温干馏和高温干馏三种，它们的主要区别在于干馏的最终温度不同，低温干馏在 500～600℃，中温干馏在 700～800℃，高温干馏在 900～1000℃。目前的炼焦炉绝大多数属于高温炼焦炉，主要生产冶金焦、炼焦煤气和炼焦化学产品，这种高温炼焦过程就是高温干馏。

炼焦煤在隔绝空气高温加热过程中生成焦炭，它具有下列特性：当被加热到 400℃ 左右时，就开始形成熔融的胶质体，并不断地自身裂解产生出油气，这类油气经过冷凝，冷却及回收工艺，得到各种化工产品和净化的焦炉煤气。焦炉煤气发热值高，是钢铁厂及民用的优质燃料，又因其含氢量多，也是生产合成氨的原料。

当温度不断升高，油气不断放出，胶质体进一步分解，部分气体析出，而胶质体逐渐固化成半焦，同时产生出一些小气泡，成为固定的疏孔。温度再升高，半焦继续收缩，放出一些油气，最后生成焦炭(图 7-1)。

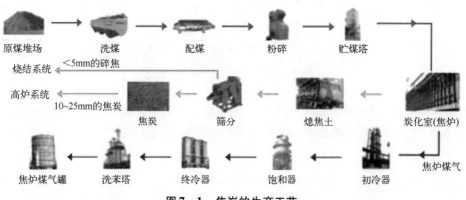

图 7-1　焦炭的生产工艺

与焦煤密切相关的是洗煤和配煤两个环节。

1. 洗煤

洗煤就是将原煤中的杂质剔除，或将优质煤和劣质煤炭进行分门别类的一种工业工艺。洗煤过程后所产生的产品一般分为矸石、中煤、乙级精煤、甲级精煤，经过洗煤过程后的成品焦煤通常叫焦煤精煤（或焦精煤），它一般具有灰分低、硫分低、发热值高的性质。在中国炼焦原煤的供应中，不是所有的产品都可用来炼焦，只有适合洗选的炼焦原煤经过洗选后才可用于炼焦生产。洗煤一般在洗煤厂进行，中国有很大的炼焦烟煤洗选能力。

2. 配煤

由于各种炼焦煤的黏结性和结焦性不同，在焦炭的生产过程中所起的作用不同，为了合理利用煤资源、节约优质炼焦煤，需要将各煤种按照适当的比例搭配使用，这个过程称为配煤。在配煤过程中，焦煤是必不可少的煤种，属于基础炼焦煤。

第二节　焦炭的产量

中国焦炭产量近十几年来迅速增长。2000 年还不足 1 亿吨，2014 年已达到 4.76 亿吨（图 7-2）。2002—2004 年中国焦炭新增产能增加最快。此后十年间新增产能一直保持在 500 万吨~8000 万吨/年之间。2016 年焦炭新增产能降到了 1605.81 万吨（图 7-3）。

2015 年中国焦炭总产量为 4.46 亿吨，其中华北地区为 1.67 亿吨，东北地区为 0.31 亿吨，华东地区为 0.95 亿吨，中南地区为 0.51 亿吨，西南地区为 0.34

图 7-2　2000—2016 年中国焦炭产量

亿吨，西北地区为 0.65 亿吨。

各地区焦炭产量占全国比重相对稳定，华北地区多年来一直保持第一。2015 年华北地区为 37.64%，东北地区为 7.11%，华东地区为 21.49%，中南地区为 11.48%，西南地区为 7.65%，西北地区为 14.62%（图 7-4）。

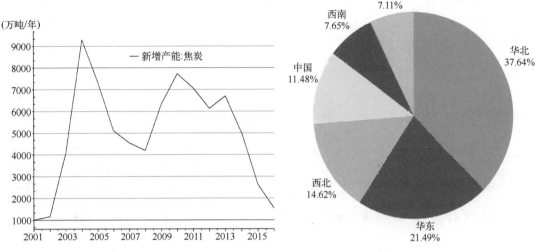

图 7-3　2001—2016 年焦炭新增产能　　　　图 7-4　2015 年中国焦炭生产格局

中国炼焦企业主要集中于华北、华东和西北地区，这三个地区焦炭产量之和占全国的比重为 73%。这里的华北地区是通常所说的行政区域，包括山西、河北、内蒙古、天津和北京，地理位置上山东、河南与河北相邻，均位于华北平原，若将这两个省纳入，华北地区焦炭产量占全国总产量达到 53.21%。

第三节　焦炭的消费

目前，国内焦炭流通格局包括两个大的方面（图 7-5）。一是主流向，主要包括三条路径：①由主产地山西、陕西等地通过铁路、公路向华北、华东等地区的流通；②焦炭由山西、陕西及其他北方省份通过铁路、公路运到天津港、连云港、日照港后，再经水路销往华东、中南地区；③符合由北向南、以华北为枢纽的基本流向的，较临近省份或地区间的流通，如华北省份的焦炭销往华东、中南各省，中南地区北部省份向其南部、华东地区销售等。主流向的特点是运输距离长，数量大。二是区域性的焦炭流通，主要是东北地区和西南、中南地区的小范围流通，以及各邻近地区、省份之间与主流向不一致的焦炭流通，其特点是运输距离较短，数量较小，不构成

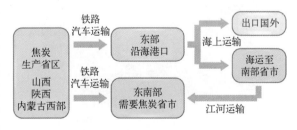

图 7-5　国内焦炭流通格局

国内焦炭流通的主要流向。

中国焦炭基本属于自产自销形式。中国焦炭产量长时间占据世界绝大比重。2015年中国焦炭产量占世界比重为70%，出口量占世界贸易量的60%左右。中国自身消费量从2000年的不足8000万吨增长到2014年的47741.18万吨（图7-6）。与国内消费相比，焦炭出口比重很小，平均在5.8%（图7-7）。

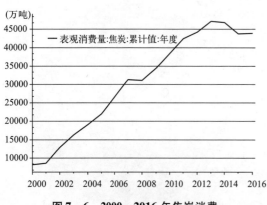

图7-6　2000—2016年焦炭消费

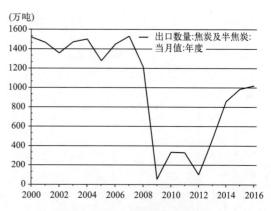

图7-7　2000—2016年焦炭出口

2014年，中国焦炭总消费量为4.6885亿吨，其中华北地区为14268万吨，东北地区为5285万吨，华东地区为11543万吨，中南地区为6593万吨，西南地区为766万吨，西北地区为4386万吨。华北地区是焦炭主产区，其消费量最大，占国内焦炭总消费量的33%，若考虑地理位置纳入河南和山东，该区域焦炭消费量约占国内总消费量的47%，消费量排名前10的省份也有5个在该区域（图7-8）。

2014年焦炭总量中86.7%用于炼制钢铁，2.33%用于通用设备，1.92%用于有色金属，6.35%用于化学制品，其他占2.7%（图7-9）。

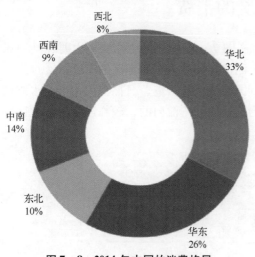

图7-8　2014年中国的消费格局

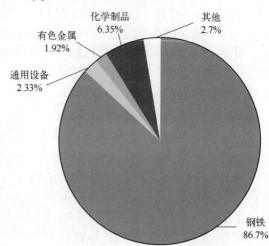

图7-9　2014年焦炭消费方向

第四节　焦炭期货合约

交易品种	冶金焦炭
交易单位	100 吨/手
报价单位	元(人民币)/吨
最小变动价位	0.5 元/吨
涨跌停板幅度	上一交易日结算价的 4%
合约月份	1—12 月
交易时间	每周一至周五上午 9:00—11:30，下午 13:30—15:00，以及交易所公布的其他时间
最后交易日	合约月份第 10 个交易日
最后交割日	最后交易日后第 3 个交易日
交割等级	大连商品交易所焦炭交割质量标准
交割地点	大连商品交易所焦炭指定交割仓库
最低交易保证金	合约价值的 5%
交割方式	实物交割
交易代码	J
上市交易所	大连商品交易所

第五节　焦炭价格的影响因素

一、宏观经济形势

　　宏观经济形势盛衰直接影响钢铁生产，影响焦煤焦炭价格，图 7-10 显示了工业增长率月同比与焦炭价格同步变化。图 7-11 则显示了工业用电量与焦炭价格变化的一致性。

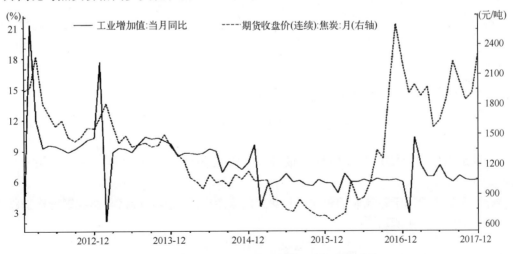

图 7-10　2012—2017 年工业增长率与焦炭价格

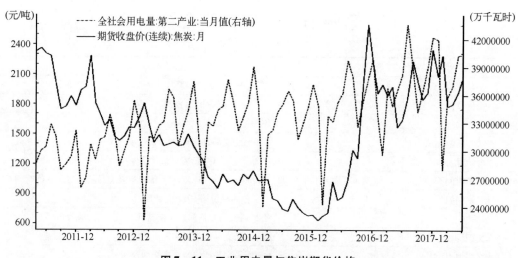

图 7 – 11 工业用电量与焦炭期货价格

二、钢铁生产与焦炭价格

中国 90% 左右的焦炭用于炼制钢铁。粗钢产量与焦炭产量明显走势一致，如图 7 – 12 所示。一般而言，生产一吨粗钢需要约 0.55 吨焦炭。

图 7 – 12 焦炭产量与粗钢产量

生铁是粗钢的上游产品，生铁产量月同比变化领先于焦炭价格变化，如图 7 – 13 所示。

螺纹钢是主要用于建筑业的钢材，是焦炭的下游产品。焦炭价格与螺纹钢价格涨跌节奏相同，如图 7 – 14 所示。

图 7 – 13 焦炭价格与生铁产量月同比

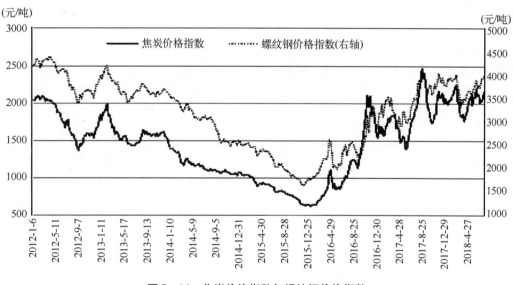

图 7 – 14 焦炭价格指数与螺纹钢价格指数

三、库存

大宗商品价格是市场供求情况的晴雨表。库存则很大程度上反映供求平衡情况。库存上升，市场总体表现为供大于求，价格疲软下跌；库存下降，市场供小于求，价格上扬。图 7 – 15 为国内 110 家钢厂焦炭库存与价格关系图。

图 7 – 15　110 家钢厂焦炭库存与价格

四、焦煤价格

焦煤是焦炭生产的原料，焦煤和焦炭价格形影不离，如图 7 – 16 所示。焦炭对终端产品需求变化更敏感，价格比焦煤价格波动幅度更大。由于焦煤交割标准的原因，2017 年前焦炭焦煤比价低些，2017 年后两者平均比价高些。

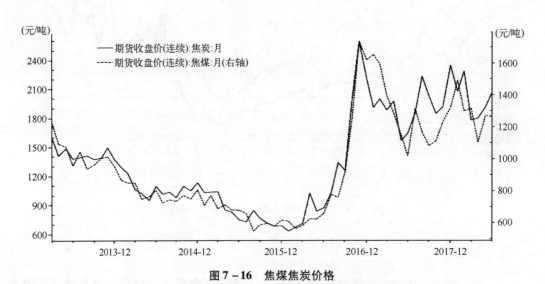

图 7 – 16　焦煤焦炭价格

第六节　焦煤焦炭套利

一、焦煤焦炭套利前提

焦煤焦炭是上下游关系，1.33吨焦煤生产出1吨焦炭。经计量经济学检验，焦煤焦炭价格系列都是一阶单整系列，并存在协整关系。协整关系意味着焦煤焦炭间存在一个相对均衡的价格比。投机使得两者比价偏离均衡值后又会回到均衡值。

二、具体操作

统计2016年前焦煤焦炭价格指数比值，发现其均值在1.3左右，标准差在0.08左右，稳定性很好（表7-2）。当焦炭与焦煤价格指数之比偏离均值达到2个标准差时，比值就有极大可能向均值回归。

表7-2　焦炭焦煤价格指数比值的均值和标准差

时间尺度	近1年	近2年	近3年	近4年
均值	1.3054	1.3172	1.3474	1.3561
标准差	0.0963	0.0846	0.0829	0.0812

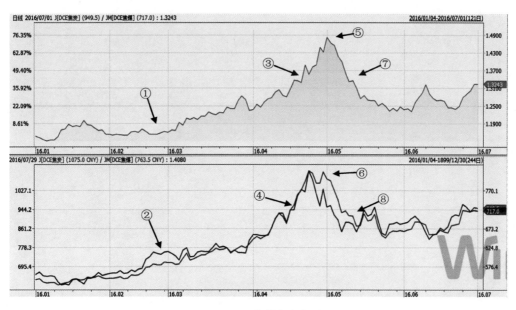

图7-17　焦煤焦炭套利

图7-17中①处（2016/2/24）焦煤焦炭价格指数比值为1.13，偏离均值两个标准差以上，说明此时焦炭价格被严重低估；在②处买入焦炭并卖出焦煤，等到③处（2016/4/12）两者价格指数比值回归均值时选择平仓，见图④处。此时焦炭多单每吨盈利为197元，焦

煤空单每吨亏损 77.5 元，总盈利 119.5 元(表 7 - 3)。

图 7 - 17 中⑤处(2016/5/3)焦煤焦炭价格指数比值来到 1.485，偏离均值两个标准差以上，说明此时焦炭价格被严重高估；在⑥处卖出焦炭，买入焦煤，等到⑦处(2016/5/12)两者价格指数比值回归均值时选择平仓，见图⑧处。此时焦炭空单每吨盈利 163.5 元，焦煤多单每吨亏损 43 元，总盈利 120.5 元(表 7 - 3)。

表 7 - 3

开平仓日期	焦炭		焦煤		总套利盈亏(元)
2016/2/24	买入开仓	价 702.5	卖出开仓	价 609	
2016/4/12	卖出平仓	价 899.5	买入平仓	价 686.5	
盈亏		197		- 77.5	197 - 77.5 = 119.5
2016/5/3	卖出开仓	价 1075.5	买入开仓	价 724	
2016/5/12	买入平仓	价 912	卖出平仓	价 681	
盈亏		163.5		- 43	163.5 - 43 = 120.5

第八章　螺纹钢

第一节　螺纹钢概况

一、螺纹钢

螺纹钢即带肋钢筋，分为热轧带肋钢筋和冷轧带肋钢筋。螺纹钢亦称变形钢筋或异形钢筋。其与光圆钢筋的区别为表面带有纵肋和横肋，通常带有两道纵肋和沿长度方向均匀分布的横肋。螺纹钢属于小型钢材，主要用于钢筋混凝土建筑构件的骨架，要求有一定的机械强度、弯曲变形性能及工艺焊接性能。生产螺纹钢的原料钢坯为经镇静熔炼处理的碳素结构钢或低合金结构钢，成品钢筋为热轧成形，正火或热轧状态混合成形。

二、螺纹钢分类

中国的钢筋混凝土用热轧带肋钢筋按国家标准，牌号由 HRB 和牌号的屈服点最小值构成。H、R、B 分别为热轧（Hotrolled）、带肋（Ribbed）、钢筋（Bars）三个词的英文首字母。若按强度分主要有四种：一级钢（圆钢）、二级（Ⅱ级）螺纹钢筋 HRB335、三级（Ⅲ级）螺纹钢筋 HRB400、四级（Ⅳ级）螺纹钢筋 HRB500。

三、螺纹钢生产工艺

螺纹钢是用优质钢材生产的，目前中国钢材绝大部分是以铁矿石为基本原料冶炼生产。我国国产铁矿石开采难度大，含铁量低，冶炼成本高。钢铁生产通过进口铁矿石的方式来满足生产需求。

螺纹钢是由小型轧机生产的，小型轧机主要分为：连续式、半连续式和横列式。世界上新建和在用的以全连续式小型轧机居多。流行的钢筋轧机有通用的高速轧制的钢筋轧机和 4 切分的高产量的钢筋轧机。

连续小型轧机所用坯料一般是连铸小方坯，其边长一般为 130～160 毫米，长度一般为 6～12 米，坯料单重 1.5～3 吨。轧制线多为平 - 立交替布置，实现全线无扭转轧制。根据不同坯料规格和成品尺寸有 18、20、22、24 架的小型轧机，18 架为主流。棒材轧制多采用步进式加热炉、高压水除鳞、低温轧制、无头轧制等新工艺，粗轧、中轧向适应大坯料及提高轧制精度方向发展，精轧机主要是提高精度和速度（最高 18 米/秒）。产品规格一般为 $\phi 10～40$ 毫米，也有 $\phi 6～32$ 毫米或 $\phi 12～50$ 毫米的。生产的钢种为市场大量需要的低中高碳钢、低合金钢；最高轧制速度为 18 米/秒。其生产工艺流程如下：

步进式加热炉 → 粗轧机 → 中轧机 → 精轧机 → 水冷装置 → 冷床 → 冷剪 → 自动计
数装置 → 打捆机 → 卸料台架

四、用途

螺纹钢广泛用于房屋、桥梁、道路等土建工程建设。大到高速公路、铁路、桥梁、涵
洞、隧道、防洪、水坝等公用设施，小到房屋建筑的基础、梁、柱、墙、板，螺纹钢都是
不可或缺的结构材料。

钢筋混凝土结构是当前及未来相当长时期内中国建筑的主要结构形式。据统计，建筑
消费是中国钢材消费的重头，其消费量占到了总消费量的近50%。机械消费是中国钢材消
费的第二大主体，约占总消费量的18%，第三位是轻工业，第四位是汽车工业。

第二节 螺纹钢供给

中国生铁产量近20年高速增长。2000年产量只有1.3亿吨，2017年增加到7.1亿吨，
是2000年的5倍多(图8-1)。

2008年后中国粗钢产能快速增长，2015年粗钢产能超过了19亿吨，几乎是2008年
的2倍。产能过剩的局面十分突出(图8-2)。

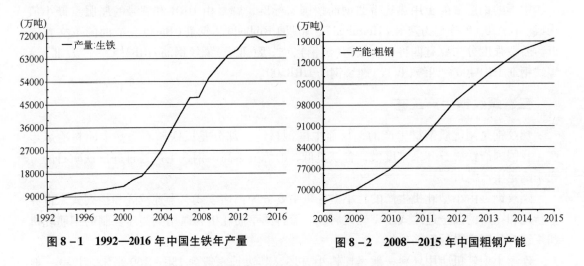

图8-1 1992—2016年中国生铁年产量   图8-2 2008—2015年中国粗钢产能

中国粗钢产量如同生铁一样近20年来呈指数速度增长。2000年粗钢只有1.27亿吨，
2014年后连续四年产量超过8亿吨。

2008年金融危机前，中国粗钢产量保持高速增长，其中2005年、2006年和2007年
粗钢产量增幅分别达到24.6%、18.5%和15.7%。受金融危机影响，2008年中国粗钢产
量增幅下降到1.1%。从2009年开始，中国粗钢产量增幅逐渐趋缓，据国家统计局公布的
数据，2013年中国粗钢产量77904万吨，同比增长7.5%，较2005年增长123%，年复合
增长率10.5%(图8-3)。

中国螺纹钢产量2004年为4606.92万吨，后以每年17%的涨幅增加，2008年因为金融危机减产，同比减少了3.13%。2009—2014年一直持续增产，平均每年同比增长14.4%（图8-4）。

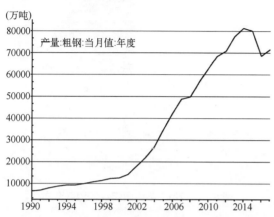

图8-3 1990—2016年粗钢产量

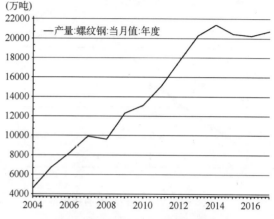

图8-4 2004—2017年螺纹钢产量

2014年产量达到了21384.58万吨，2015年减产至20460.30万吨；2016年与2015年基本持平（图8-3）。

华东地区是中国螺纹钢最大生产和消费地区。据国家统计局数据，2013年中国螺纹钢产量20619.2万吨，其中华东地区螺纹钢产量7505.7万吨，占国内产量的36.4%，华北和中南地区螺纹钢分别占到中国产量的18.7%和19.6%。西部地区螺纹钢产量虽然占国内比例较小，但占比逐渐上升，2013年西南和西北地区分别占到国内螺纹钢产量的11.7%和6.6%（图8-5），分别较2005年提高2.8个百分点和0.6个百分点。

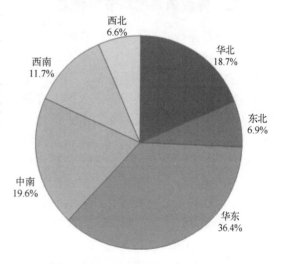

图8-5 2013年螺纹钢产量分布

第三节 螺纹钢的消费

一、中国螺纹钢消费量

中国经济飞速发展，钢材消费量呈快速上升势头。2004年钢材消费量为3.1亿吨，螺纹钢消费量不足0.5亿吨。2014年峰值钢材消费量达到10.5亿吨，螺纹钢消费量亦达到2亿吨，如图8-6所示。据中国钢协统计，华东地区是中国钢材最大生产地区，也是最大消费地区，消费量约占总量的34.6%。华北地区是螺纹钢流出地，该地区约占消费总量的

15%。中南地区螺纹钢产销基本平衡，消费量约占总量的19.5%，如图8－7所示。

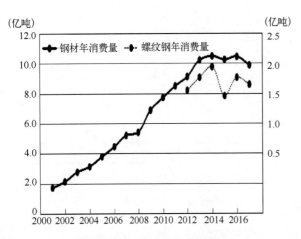

图8－6　钢材与螺纹钢消费量

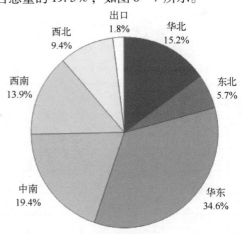

图8－7　2013年中国螺纹钢消费分布

二、螺纹消费的季节性特点

钢材各品种的产销均存在着连续性生产与阶段性需求之间的矛盾，以螺纹钢、线材为主的建筑钢材表现更为明显。每年冬季东北、西北及华北部分地区建筑工地停止施工，当地实际需求大幅减少甚至停滞，但钢厂生产仍然继续。在当地实际需求大幅下降的情况下，钢厂一般会采取两种方式消化产量：一是冬储，包括钢厂和当地钢贸商囤积库存，到市场旺季再高价卖出，赚取价差，但近两年随着螺纹钢和线材产能过快增长，冬储钢材很难有较好的收益，钢贸商冬储的积极性有所减弱；二是北材南下，主要发往华东及华南等市场。不管是冬储还是北材南下，钢厂一般都会让出一定的利润空间来消化产量。相应的螺纹钢在库存上表现出季节性，每年的12月是螺纹钢库存最少的时候，到2月至3月份螺纹钢库存达到一年中的最大值(图8－8)。

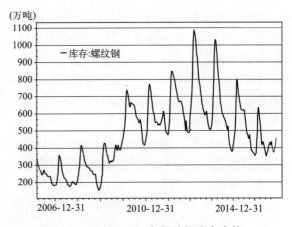

图8－8　2006—2016年螺纹钢库存走势

三、螺纹钢消费方向分布

螺纹钢、线材主要用于建筑行业，与投资增长相关度高。

螺纹钢是中国产量最大的钢材品种之一，主要用于房地产、桥梁、道路等土建工程建设等，与基础建设投资有着密切的关系。除2008年受国际金融危机影响，螺纹钢、线材增幅明显下降外，螺纹钢、线材资源供应量增幅与固定资产投资增幅有着密切的正相关关系。特别是 2008 年国际金融危机爆发后，受国内投资需求拉动，刺激了建筑钢材需求的增长，螺纹钢和线材产量增幅要高于同期钢材产量的增幅。

第四节　螺纹钢期货合约

交易品种	螺纹钢
交易单位	10 吨/手
报价单位	元(人民币)/吨
最小变动价位	1 元/吨
每日价格最人波动限制	不超过上一交易日结算价±5%
合约交割月份	1—12 月
交易时间	上午 9:00—11:30　下午 1:30—3:00
最后交易日	合约交割月份的 15 日(遇法定假日顺延)
交割日期	最后交易日后连续 5 个工作日
交割品级	标准品：符合国标 GB 1499.2—2007《钢筋混凝土用钢 第 2 部分：热轧带肋钢筋》HRB400 或 HRBF400 牌号的 $\phi16$ 毫米、$\phi18$ 毫米、$\phi20$ 毫米、$\phi22$ 毫米、$\phi25$ 毫米螺纹钢。
	替代品：符合国标 GB 1499.2—2007《钢筋混凝土用钢 第 2 部分：热轧带肋钢筋》HRB335 或 HRBF335 牌号的 $\phi16$ 毫米、$\phi18$ 毫米、$\phi20$ 毫米、$\phi22$ 毫米、$\phi25$ 毫米螺纹钢。
交割地点	交易所指定交割仓库
最低交易保证金	合约价值的 7%
交易手续费	不高于成交金额的万分之二(含风险准备金)
最小交割单位	300 吨
交割方式	实物交割
交易代码	RB
上市交易所	上海期货交易所

第五节　螺纹钢价格主要影响因素

一、经济发展与螺纹钢价格

螺纹钢是典型的工业产品，与工业发展和经济增长有着密切的关系(图 8－9)。中国第二产业当季同比从 2010 年第二季度开始出现明显下滑，大致呈下降趋势。螺纹钢价格几乎与第二产业的当季同比走势相同。从价格下降时间来看，比第二产业当季同比值下降较晚一些，螺纹价格在 2011 年 7 月达到最高值 5450 元/吨后开始下降。2015 年 12 月最低达到 1580 元/吨。2016 年第二季度第二产业 GDP 当季同比的增长刺激了螺纹钢价格的上涨。

图 8-9 2009—2016 年螺纹钢价格与 GDP

二、固定资产投资与螺纹钢价格

螺纹钢是中国产量最大的钢材品种之一，主要用于房地产、桥梁、道路等土建工程建设等，与基础建设投资有着密切的关系（图 8-10）。国家对于固定资产的投资是反映螺纹钢需求的一个重要指标。从 2009 年 6 月份开始中国的固定资产完成额累计同比就开始减小。螺纹钢价格反映有一定的滞后性，从 2011 年 7 月份才开始下降，期间趋势大致相同。

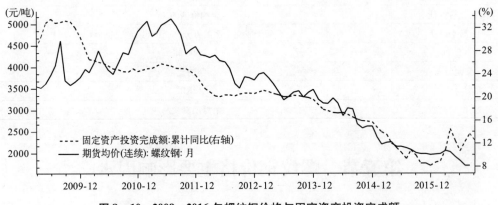

图 8-10 2009—2016 年螺纹钢价格与固定资产投资完成额

房地产是螺纹钢用量的一个重要方向，具有很强的代表性。受益于 2009 年中国出台的 4 万亿政策，中国房地产业在 2009—2010 年迎来了复苏。房地产开发投资完成额累计同比从 2009 年 2 月份的 1% 增长到 2010 年 5 月份的 38.2%，房屋施工面积累计同比从 2009 年 2 月份的 14.2% 增长到 2010 年 4 月份的 31.7%，房屋新开工面积累计同比从 2009 年 2 月份的 -14.8% 增长到 2010 年 5 月份的 72.4%。下游需求增加，螺纹钢价格跟随一起上涨，从 3440 元/吨增长到 2011 年 7 月份的 5450 元/吨，增长了 58.4%。2010 年 5 月份之后房地产业呈现下滑趋势。2016年后，房价指数上涨与螺纹钢价格一路飚升。

图 8 – 11　2009—2016 年螺纹钢价格与房地产开发投资完成额

图 8 – 12　2009—2016 年螺纹钢价格与房屋新开工面积

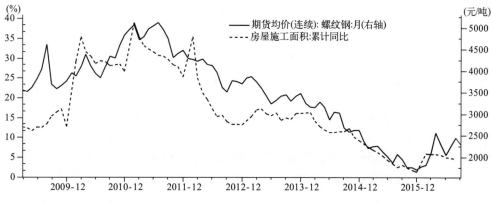

图 8 – 13　2009—2016 年螺纹钢价格与房屋施工面积

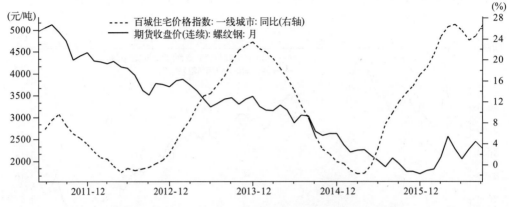

图 8 – 14　2011—2016 年螺纹钢价格与百城住宅价格指数

三、库存与螺纹钢价格

库存在一定程度上能够反映出供求平衡(图 8 – 15)。库存增加,说明供大于求,价格上涨受压。库存减少,供不应求,价格走强。

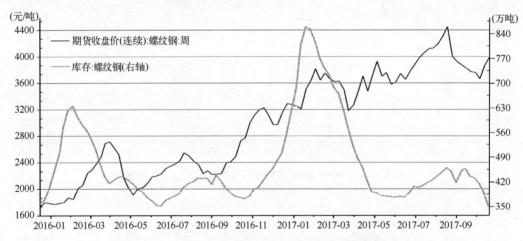

图 8 – 15　2016—2017 年螺纹钢现货库存与期货价格走势

四、国家相关政策

针对产能过剩,国家采取了一系列提振螺纹钢价格及供给侧改革措施,如淘汰落后产能、限产、取缔地条钢等,这些措施可以减少钢铁生产量。为了打击房地产买卖中过度投机行为,国家采取一些限购、限价措施,抑制房地产泡沫和价格过快上升。不论从供给端还是从需求端看国家相关政策都会对钢材市场价格产生重大影响。

五、铁矿石价格和螺纹钢价格

铁矿石是螺纹钢上游产品，两者之间存在长期稳定的均衡关系。两者价格呈明显的正相关。原材料价格的上涨下跌自然影响成品价格，反过来下游产品的价格也会影响铁矿石的价格。从 2013 年开始，铁矿石价格呈下降趋势，从 986 元/吨一直跌到 2015 年 12 月最低点 307 元/吨，螺纹钢价格亦同步下跌。就总体趋势而言，螺纹钢价格和铁矿石价格下跌上涨趋势大致相同，螺纹钢在趋势中的反弹幅度更为剧烈(图 8 - 16)。

图 8 - 16 2016—2017 年螺纹钢与铁矿石价格走势

经实证检验得到：在 5% 的显著水平下，螺纹钢期货价格与铁矿石期货价格互为 Granger 原因。用铁矿石价格的滞后一期 $IRON(-1)$ 与螺纹钢的当期价格 $STEEL$ 进行线性回归得到：

$$STEEL = 809.67 + 2.86IRON(-1)$$

总体回归结果显著，可以用铁矿石的滞后一期价格来预报螺纹钢的当期价格。

六、焦炭价格与螺纹钢价格

焦炭也是炼钢炼铁的原料，是钢铁价格成本的主因之一。焦炭价格与螺纹钢价格间存在长期稳定的均衡关系。2016 年后价格剧烈上涨，焦炭价格与螺纹钢价格同方向变动非常明显。

经实证检验得到：在 5% 的显著水平下，焦炭期货价格是螺纹钢期货价格的 Granger 原因，说明焦炭期货价格对螺纹钢期货价格有很强的引导性。因此，可用焦炭价格的滞后一期 $COKE(-1)$ 来预报螺纹钢的当期价格 $STEEL$，将历史数据进行线性回归得到：

$$STEEL = 1029.08 + 1.52COKE(-1)$$

回归结果显著，拟合优度高，可以用焦炭的滞后一期价格来预报螺纹钢的当期价格。

图 8 - 17　　2016—2017 年螺纹钢与焦炭价格走势

七、套利机会发现

螺纹钢与热轧卷板钢都是轧制钢材，都是用钢坯轧制。两者的价格与国家经济情况关联密切，两者间也存在有一个合理价差。当投机使得价差偏离均值太多时，价差有回到正常值的倾向，这是套利的机会(表 8 - 1)。

表 8 - 1　　热卷与螺纹钢指数价差的均值和标准差

历史数据	近 1 年	近 3 年	近 5 年
均值	99.43	138.84	155.18
标准差	99.08	119.33	118.59

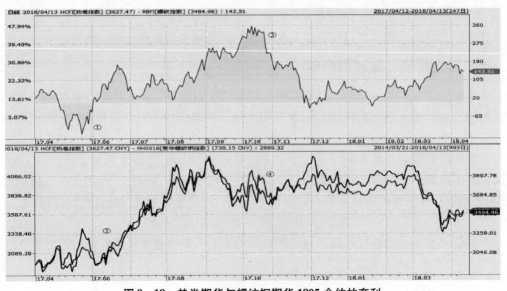

图 8 - 18　　热卷期货与螺纹钢期货 1805 合约的套利

由表 8 - 1 可知，一般情况下，热卷价格高于螺纹钢价格，当螺纹钢与热卷的价差偏离均值较大时，价差必向均值回归，存在套利机会。以最近一年为例，热卷与螺纹钢指数之差的均值为 99.43，标准差为 99.08。

图 8 - 18 上半部分为热卷板价格与螺纹钢价格之差，①处热卷螺纹钢差值在 - 90 左右，偏离均值两个标准差，因此螺纹钢价格被严重高估，热卷价格被严重低估，在②处出现反弹时做多热卷，择机做空螺纹钢，待价差回归均值择机平仓。

图中③处热卷螺纹钢差值在 360 左右，偏离均值超过两个标准差，所以螺纹钢价格被严重低估，在④处向下突破前期上升趋势时做空热卷，择机做多螺纹钢，待价差回归均值择机平仓。

第九章 黄金

第一节 黄金简介

黄金，长时间以来都有"金属之王"的称号。它的稀少、特殊和珍贵使其自古便享有其他金属无法比拟的盛誉和地位：在古罗马，人们用黎明女神的名字将它命名；在古埃及，它是太阳神的象征，历代法老更是要将自己埋葬在黄金这神之肉里；在中国，它的颜色是财富和权势的象征。

随着社会的发展进步，黄金的经济地位和商品应用都在不断发生着变化。它不仅仅是一种买卖交易的商品，其开采成本高、物理特性良好等特点还使它被赋予了货币价值功能而成为一种一般等价物。

黄金已是全世界都认可的价值稳定恒久的资产，它有对抗通货膨胀、避险保值等金融特性。黄金市场也已经是世界金融市场体系中最重要的组成部分之一。

一、黄金在金融货币体系中的演变

了解黄金在金融货币体系中的演变过程能提高我们对其价格的认识，为分析黄金价格的影响因素提供一些指导和支撑。

（一）布雷顿森林体系形成之前

1. 皇权贵族垄断时期

虽然公元前6世纪世界上第一枚金币就已经出现，但是因为黄金极其稀有，黄金本为帝王独占，而一般平民很难拥有。抢掠和赏赐是黄金流通的主要方式，自由交易的市场交换方式难以发展，即使存在，也会因为黄金的专有性而限制其自由交易规模。

2. 金本位制时期

经过漫长的历史演变，黄金被赋予货币价值功能，以黄金作为货币金属进行流通的货币制度——金本位制也逐渐确立，且成为19世纪末到20世纪上半期欧美资本主义各国普遍实行的一种货币制度。在金本位制度下，黄金就是货币，是硬通货，承担了商品交换的一般等价物功能，具有自由铸造、自由兑换（纸币与金币）、自由输入输出三大特点。

3. 金砖本位制和金汇兑本位制时期

第一次世界大战之后，多数欧美资本主义国家遭遇严重的通货膨胀，再加上黄金分配极不均匀，已经难以恢复金币本位制。于是在1929年的世界货币会议上，为奉行"节约黄金"原则，金砖本位制和金汇兑本位制诞生了。

金砖本位制下，各国央行发行的纸质货币单位仍然规定含金量，但黄金只作为货币发行的准备金集中于中央银行，而不再铸造金币和实行金币流通，流通中的货币完全由银行发行的纸币货币单位所代替，人们持有的银行发行的纸币在一定数额以上可以按纸币规定的含金量与黄金兑换。各国通过设定兑换的最低限额来压制市场对黄金的需求，达到节约流通中黄金的目的。中央银行则保持一定数量的黄金储备，以维持黄金与货币之间的联系。在金汇兑本位制下，一国国内不能流通金币，只能流通有法定含金量的纸币，且纸币不能直接兑换黄金，只能兑换外汇。

黄金紧缺和纸币发行泛滥下诞生的金砖本位制和金汇兑本位制，最终随着资本主义世界分裂成为相互对立的货币集团和货币区而退出了历史舞台。

（二）布雷顿森林体系时期

第二次世界大战时，全世界的黄金大多流到了美国。据统计，当时美国拥有的黄金占了世界各国官方黄金储备总量的75%以上。

1944年，在美国布雷顿森林会议上，《布雷顿森林协议》的签订标志着一个新的国际货币体系的建立。布雷顿森林体系本质上是一种国际金汇兑本位制，它使美元在战后国际货币体系中处于中心地位，各国货币只有通过美元才能同黄金产生联系，美元起着世界货币作用。简言之，美元成了黄金的"等价物"，美国成了黄金的"管家"。

美元是主角，黄金是稳定这一货币体系的最后屏障，黄金的兑换价格及流动都仍受到各国政府非常严格的控制，黄金的市场定价机制难以发挥作用。

20世纪60年代美国遭遇信誉危机，各国为了避险和保值纷纷抛出美元兑换黄金，美国政府承诺的美元同黄金的固定兑换率难以维持，最终被迫放弃按固定官价美元兑换黄金的政策，各西方国家货币也纷纷与美元脱钩，金价进入由市场自由浮动定价的时期，布雷顿森林体系彻底崩溃。

（三）非货币化时期

布雷顿森林体系崩溃之后，1976年国际货币基金组织通过了《牙买加协议》，两年后通过了对协议的修改方案，黄金价格走上了市场化的道路。如今，黄金的非货币化已经走过了40多年的历程，黄金的货币职能依然遗存，它依然是国际上可以接受的硬通货。作为特殊的贵金属，黄金仍然充当着国家或者个人的储备资产。

二、黄金的属性

从单纯作为交易商品，到特殊性让它必然地发展为一种货币，又经过金融货币体系中的悠长发展演变，一般认同黄金具有双重属性——商品属性与货币属性（表9-1）。

表9-1　黄金属性

属性	主要功能	主要特点
一般商品属性	（收藏、消费） 珠宝装饰应用 工业与科技应用	资源稀缺性明显 财富传承功能 市场供给量短期内变动不大

续表

属性	主要功能	主要特点
金融投资属性	（投资、投机） 金融工具之一 资产保值的重要手段	黄金市场发达 投资功能齐全 全球价格联动 非货币性资产
货币属性	（保值、避险） 国际储备 货币保值	最终支付手段 三大战略储备资源之一 （石油、铁矿石、稀有金属） 国际储备构成之一（货币性黄金）

（一）商品属性

黄金的商品属性指作为普通商品时的性质，黄金和其他一般商品一样具有价值和使用价值。这一属性在黄金变成货币之后仍然具备，因为它一直都是经过人类劳动获得的具有一定使用价值的原材料。随着社会的发展，黄金的应用早已超出首饰、装饰品范畴，扩展到了工业和科技领域。

与其他一些商品一样，黄金作为金融投资品的功能在不断扩大，不能忽视已经衍生出来的黄金的"金融投资属性"。

（二）货币属性

当黄金成为一种固定的一般等价物承担交换媒介的角色时，黄金就成了一种特殊的商品——货币，履行着货币的价值尺度、流通手段、支付手段、贮藏手段和世界货币的基本职能。

金本位制度的终结和黄金-货币的脱钩，更多的是政治和经济方面的原因造成的，不是黄金自身作为货币基础的特殊本质造成的。进入非货币化时期之后，黄金依然在国际货币体系中发挥着独特而重要的作用，也有学者指出现在的黄金可被视为一种准货币。

正如凯恩斯所说"它作为最后的卫兵和紧急需要时的储备金，还没有任何其他东西可以取代它"。从社会经济意义上来说，黄金作为最终支付手段、代表社会财富等货币功能依然存在，其货币属性只能说是被削弱了，并未消失。

第二节　黄金的供给

长期以来，黄金的供给主要包含三个渠道（图9-1）：

（1）初级供给——矿产金，指由矿业公司开采出来的黄金，是通过金矿石融化、提炼得到的实物黄金。

（2）次级供给——再生金，指由旧黄金制品的再回收而制成的黄金。

（3）三级供给——官方售金，指各国中央银行和各金融机构出售的黄金。

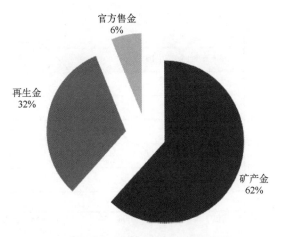

图 9 – 1　2001—2017 年黄金主要供给渠道平均百分比

数据来源：World Gold Council

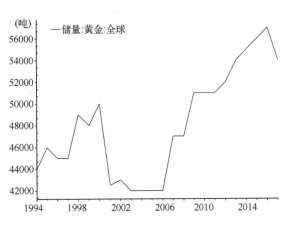

图 9 – 2　全球黄金储量

一、矿产金

1. 黄金储量

全球黄金储量 2000 年后的 5 年时间里曾有一个低谷，仅 42000 吨左右。2006 年后显著性增加至 54000 ~ 57000 吨范围（图 9 – 2）。澳大利亚是储量最多的国家，占 18%（图 9 – 3）。

2. 矿产金

近三十年来全球矿金快速增长，从 1980 年的 1200 吨涨到 2017 年的 3150 吨，增幅超过 2 倍（图 9 – 4）。

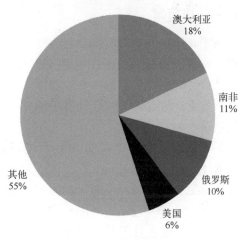

图 9 – 3　黄金储量占比

中国黄金产量经过 2000—2014 年间高速增长后年产量开始走平。2000 年中国矿产金只有 180 吨，2016 年达到 453 吨。中国自 2007 年超过南非成为世界第一矿产金国（图 9 – 5、图 9 – 6）。

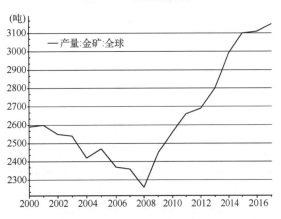

图 9 – 4　全球矿产金产量

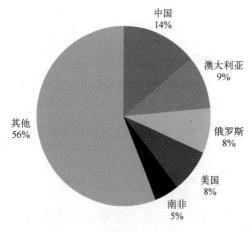

图 9 - 5　主要矿产金生产国占比

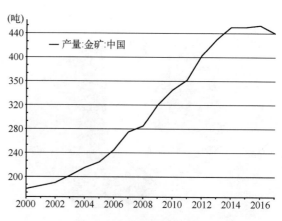

图 9 - 6　中国矿产金产量

二、再生金

由于其稳定的物理性质及稀缺、贵重的特点，黄金能够被长时间持有并妥善保管，且可从社会黄金制品中重新提炼获得。再生金供给是黄金这类稀有的贵金属所特有的一种供给形式。

2008 年以前再生金供给量基本维持在 1000 吨上下，2009 年时发生黄金价格大幅上涨之后一度维持在 1600 吨以上的水平。2012 年后，又回到 1200 吨左右（图 9 - 7）。

再生金主要来自于旧的首饰、报废的电

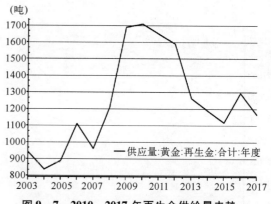

图 9 - 7　2010—2017 年再生金供给量走势
数据来源：World Gold Council

子科技设备、医科用品以及其他各式各样的黄金制品。当没有紧急需要时，人们通常不会将这些有实用价值的黄金变现。当黄金价格波动较大或者经济、金融环境出现波动时，人们的投机、保值行为会推动再生金供给量的变化。

三、官方售金

官方售金主要是由央行售金协定（CBGA）的签约国的黄金销售构成的，CBGA 签约国之外的央行每年的售金量都比较小。

官方售金量 2001—2005 年稍有起伏但大体趋势上涨，而 2005 年之后却呈显著的下降趋势，2010 年始跌至负值，由官方售金转为官方购金（图 9 - 8）。

官方售金量的走势，能够用 CBGA 签约国对黄金的态度变化进行较为合理的解释。20 世纪 80 年代至 90 年代黄金熊市期间，黄金投资回报小，一些国家的央行开始出售官方储备的黄金，这一行为反而对黄金价格的进一步下降提供了推力。21 世纪初，黄金价格开始逐渐上涨，但因为增长比较缓慢，CBGA 签约国对黄金的态度依然比较消极，因此许多签约国的黄金抛售量基本处于 CBGA 中的上限值——400 吨。2005 年之后，随着黄金价格的增长幅度越来越大，CBGA 签约国对黄金的预期变得乐观，各国央行对黄金的保值作用、抵御风险的作用又开始重视起来，售金量显著下降，并从 2009 年开始转变为增加黄金储备。

　　总体来说，黄金价格的走势决定了各国央行对黄金的态度，悲观的态度将推动官方售金量的增长，乐观的态度将推动官方售金量的下滑甚至转变为官方购金。

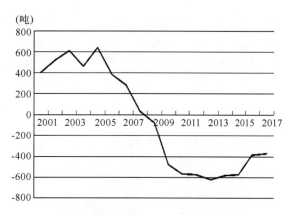

图 9 - 8　2001—2012 年官方售金量走势
数据来源：World Gold Council

四、黄金总供给

　　如图 9 - 9 所示，2010—2017 年黄金总供给大体上比较平稳。

　　结合黄金总供给的各个组成部分来看，黄金总供给的走势与矿产金供给量的走势基本相同，这也是因为矿产金供给是黄金供给的主要组成部分，所占比例最大。再生金供给和官方售金的走势波动相对较大，但因为 2005 年之前两者的走势都比较平稳，而 2005 年后两者的走势基本上是呈反方向的变动，所以再生金供给和官方售金的变动并没有直观地体现在黄金总供给的变动上。

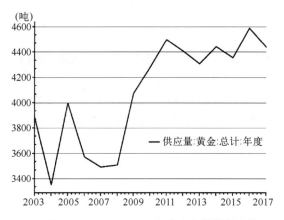

图 9 - 9　2010—2017 年黄金总供给量走势
数据来源：World Gold Council

　　矿产金的供给不太容易受到诸多市场因素的影响，在短期内它不会发生很大的波动；再生金和官方售金的供给则更容易受到各种市场因素的影响，可以在短期内发生比较大的波动。

第三节　黄金的需求

　　黄金需求的主要构成包括珠宝需求、工业与科技需求以及投资需求（图 9 - 10）。当官方售金转化为官方购金时，也属于一个方面的需求（图 9 - 11）。

　　因此，黄金的需求根据其用途主要可归纳为四个方面：

（1）珠宝首饰需求，即用于制造黄金饰品等，是日常生活中最为常见的黄金用途。

（2）工业与科技需求，包括医学应用、化工应用、科技应用等。

（3）投资需求，主要包括金条金币、各种金融衍生品的投资和储备用途。

（4）央行购金，由各国中央银行购入作为一国金融储备资产。

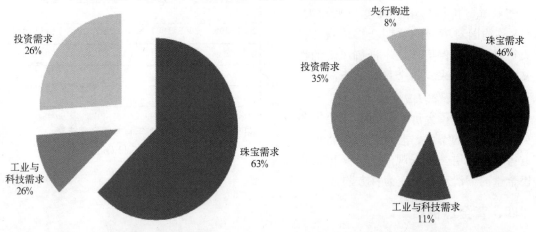

图 9 – 10　2010—2017 年黄金需求
主要构成的平均百分比
数据来源：World Gold Council

图 9 – 11　2010—2017 年含央行购金的黄金
需求主要构成的平均百分比
数据来源：World Gold Council

（一）珠宝首饰需求

黄金的珠宝首饰需求可以说是历史最为悠久的黄金需求。黄金珠宝的需求者是所有的民众，随着黄金价格的上涨，消费者需求下降。全球黄金珠宝需求走势（图 9 – 12），图 9 – 13 为中国的黄金珠宝需求走势。中国黄金珠宝需求 2004—2012 年稳步上升，2013年则陡升至约 860 吨，近年稳定在 640 吨左右。印度是黄金珠宝需求的第二大国（图 9 – 14）；与中国不同的是，印度珠宝需求在 420～660 吨间波动。

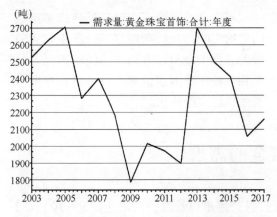

图 9 – 12　2010—2017 年全球黄金珠宝需求走势
数据来源：World Gold Council

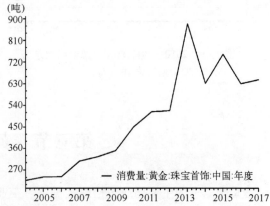

图 9 – 13　2010—2017 年中国黄金珠宝需求走势

（二）工业与科技需求

在黄金价格上涨的大背景下，黄金的工业与科技需求量有所下降，整体走势目前来看是平稳的。总体来说，随着社会的发展和经济的增长，工业与科技方面的用金需求总体应该是呈增长的趋势（图9-15）。

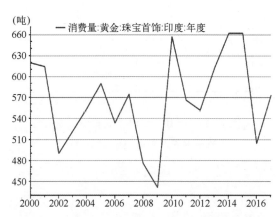

图9-14　2010—2017年印度黄金珠宝需求走势

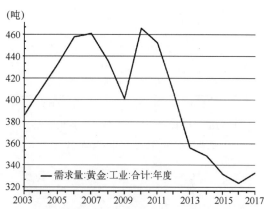

图9-15　2010—2017年黄金的科技需求走势

数据来源：World Gold Council

（三）投资需求

本书所讨论的投资需求，主要是包括实物黄金投资需求（金条和金币需求）、黄金衍生品投资需求（ETFs及相似产品需求）。

由图9-16可以直观地看到，2001—2007年实物黄金投资需求走势较为平稳，而2008年时相较2007年骤增98.2%，主要是与金融危机有关，黄金对抗通货膨胀等保值功能当时被人们普遍认可，也可能因为这样，2008年之后实物黄金投资需求呈现攀升趋势。黄金市场蓬勃发展，黄金作为金融衍生品的投资功能逐渐扩大，投资需求逐步上升。

2001—2012年的黄金总投资需求总体呈现不断上涨的趋势，尤其是在金融危机、经济复苏不明确的时期，投资需求尤为强劲。

（四）黄金的总需求

图9-17为黄金总需求走势。

黄金的珠宝需求占黄金总需求中50%以上。中国和印度合占全球珠宝需求的60%左右。总体而言珠宝需求与价格反向变动。近年来科技和工业对黄金的需求占总需求的份额相对下降，2017年占比约为8%。2009年后官方购金成为黄金总需求中的一个重要部分，约占总需求的10%。投资需求的黄金需求量是黄金总需求量中变数最大的部分，对黄金价格影响最大。

2011年后黄金总需求量整体而言呈下降趋势。

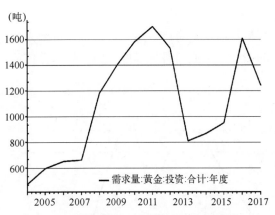

图 9 – 16　2001—2012 年黄金投资需求走势

数据来源：World Gold Council

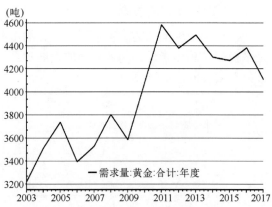

图 9 – 17　2010—2017 年黄金需求走势

数据来源：World Gold Council

第四节　黄金期货合约

交易品种	黄金
交易单位	1000 克/手
报价单位	元（人民币）/克
最小变动价位	0.01 元/克
每日价格最大波动限制	不超过上一交易日结算价 ±5%
合约交割月份	1—12 月
交易时间	上午 9:00—11:30 下午 1:30—3:00
最后交易日	合约交割月份的 15 日（遇法定假日顺延）
交割日期	最后交易日后连续 5 个工作日
交割品级	金含量不小于 99.95% 的国产金锭及经交易所认可的伦敦金银市场协会（LBMA）认定的合格供货商或精炼厂生产的标准金锭
交割地点	交易所指定交割金库
最低交易保证金	合约价值的 7%
交易手续费	不高于成交金额的万分之二（含风险准备金）
交割方式	实物交割
交易代码	AU
上市交易所	上海期货交易所

第五节　黄金的价格影响因素

黄金兼具金融属性和商品属性。金融属性的黄金与美元关系紧密，与投机市场也高度相关。商品属性的黄金价格受供给需求影响。

一、美元价格

美元是当今国际货币体系中的主要货币，与黄金一样是重要的储备资产。黄金在国际市场上以美元标价，美元价格的涨跌影响黄金价格。

美元指数由欧元/美元、美元/日元、英镑/美元、美元/瑞郎、美元/加元、澳元/美元等主要货币比值加权计算的一种指数，是综合衡量美元强弱程度的指标。美元指数上涨，反映美元坚挺。图 9 – 18 是美元指数与黄金价格近年走势图。图中可以明显观察到美元价格指数变动方向与黄金价格变动方向相反。美元指数上涨，黄金价格下跌；美元指数下跌，黄金价格上涨。

图 9 – 18　美元指数与黄金价格

做黄金价格与美元指数的相关系数分析，得到相关系数为 – 0.84。亦即美元指数与黄金价格在 84% 的程度上反向波动。

设黄金价格为被解释变量 Y，美元指数为解释变量 X，用 2017 年 1 月到 2018 年 7 月的日收市数据做回归，得到如下结果：

$$Y = 2176.144 - 9.487X$$

回归结果表明美元指数每上涨一个单位，黄金价格跌 9.487 美元/盎司。

二、SPDR 黄金 ETF 基金持仓量

黄金 ETF 基金是用一定重量的实物黄金换得一份基金份额。ETF 基金是被动型基金。黄金 ETF 持有量反映投资者对黄金价格走势看好看淡。SPDR 的黄金 ETF 基金是市场代表者。SPDR 黄金 ETF 持仓量近十年变化与黄金价格走势之间的关系（图 9 – 19）。

图 9 - 19 SPDR 黄金 ETF 2008—2018 年持有量与黄金价格

如图 9 - 20 所示，统计 2012 年 1 月至 2014 年 12 月 SPDR 黄金 ETF 持有量与黄金价格的相关性分析表明，它们的相关系数为 0.9565。

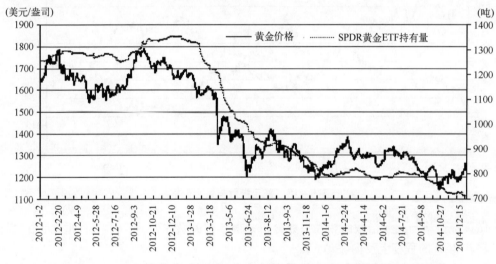

图 9 - 20 2012 年 1 月至 2014 年 12 月 SPDR 黄金 ETF 持有量与黄金价格

三、黄金期货 CFTC 非商业多空净持仓

美国纽约 COMEX 交易所黄金期货 CFTC 非商业多空净持仓反映投机市场对黄金市场看好看淡。非商业多空净持仓统计的是周二的数据，周末才能看到数据，因此分析时要对应周二的价格。图 9 - 21 为近期 CFTC 黄金非商业多空净持仓与价格对比图。图中可以明显看出非商业多空净持仓变化方向对黄金价格变动方向的指导性。格兰杰因果关系检验结果表明，非商业多空净持仓是价格变化的单向原因。

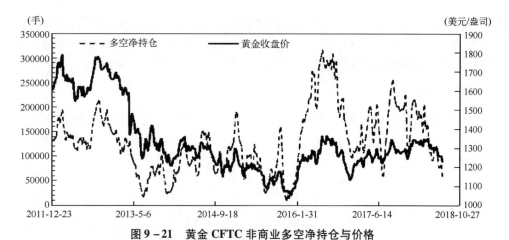

图 9-21　黄金 CFTC 非商业多空净持仓与价格

四、黄金供求

作为普通商品的黄金，其价格受供求关系影响。当黄金供过于求时，价格总体而言低迷；当黄金供不应求时，价格坚挺。

黄金供给量主要由矿产金、再生金和官方售金构成。黄金价格低迷的 2003 年前后官方售金态度鲜明。黄金价格上升到一定高度以后，官方对黄金的态度发生改变。2009 年之后，黄金价格上升到 1000 美元/盎司以上，官方不再售金反而变为官方购金。2011 年后全球黄金年总供给量相对稳定在 4350 吨到 4570 吨之间。

黄金需求量由黄金珠宝需求、工业需求和投资需求构成。黄金珠宝需求与黄金价格反向变动，价格上升，需求减少；价格下跌需求增加。工业和科技需求近几年年消费量只有350 吨左右，变动幅度也不大，在总需求中占比不到 10%，对商品黄金价格影响较小。黄金投资的需求量波动幅度较大，2011 年之后年需求量在 800~1650 吨间变化。投资需求的黄金需求量与价格同方向变动，价格上涨，投资需求的黄金需求量增加，价格下跌需求量减少。全球黄金年总需求量自 2011 年约 4600 吨逐步下降至 2017 年的 4100 吨左右。图 9-22 为黄金

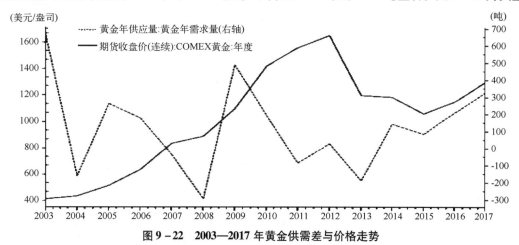

图 9-22　2003—2017 年黄金供需差与价格走势

年度总供给量减去总需求量的差与黄金年末价格对比图。图中显示出黄金的普通商品属性。2010 年后供不应求的年份价格坚挺，供过于求的年份价格相对低迷。黄金需求量变化对黄金价格的影响超过供给量的影响。

五、通货膨胀

通货膨胀是货币问题。货币发行过量，货币贬值，物价上涨。消费者价格指数 CPI 最能反映通胀情况。图 19－23 为美国 CPI 与黄金价格长期走势关系图，总体而言黄金价格走势与 CPI 同向变化。

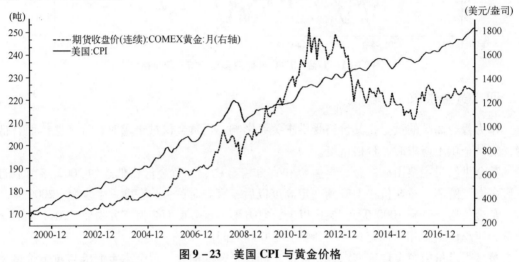

图 9－23　美国 CPI 与黄金价格

六、全球黄金储备

全球黄金储备，2009 年第一季度前一直走下降趋势，下降至不足 30000 吨。2009 年之后各国央行转售金为购金，世界黄金储备逐年增加，2017 年底恢复到 33650 吨水平。黄金价格总体上升是黄金储备恢复的主因，如图 19－24 所示。

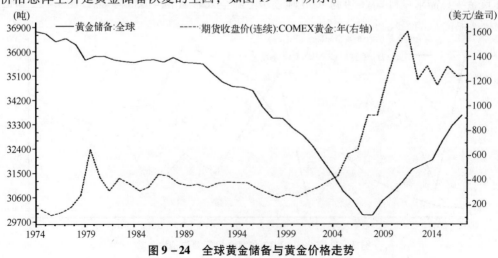

图 9－24　全球黄金储备与黄金价格走势

七、沪金价格与人民币汇率

上海期货交易所黄金期货价格报价单位为人民币元/克,国际黄金价格一般以美元/盎司报价,美元兑人民币比价影响沪金价格,图 19 – 25 为伦敦现货黄金与沪金走势对比

图 9 – 25   伦敦现货金与沪金走势

图。图中看出伦敦现货金 2018 年 5 月 15 日跌破 1300 ~ 1365 的横盘下边沿支撑位后走了一波下跌行情,而沪金却只是缓慢盘跌,原因是人民币兑美元贬值,如图 19 – 26 所示。

八、地缘政治

世界政局动荡或较大战争发生的时候,经济发展会受到影响,黄金作为硬通货有避险功能,容易被追捧,短期内对金价产生明显影响。

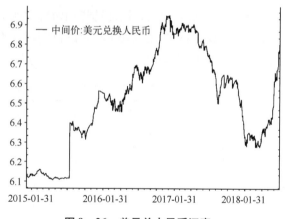

图 9 – 26   美元兑人民币汇率

第六节   黄金白银套利

一、黄金白银套利基础

黄金白银同属于贵金属类商品,都具有金融属性和商品属性,在国际市场上都是十分活跃的交易品种。伦敦白银现货曾经从 2008 年 11 月的 8.45 美元/盎司涨至 2011 年 5 月的 49.84 美元/盎司,涨幅近 6 倍。2008 年 11 月伦敦黄金现货价格低点约为 680 美元/盎司,

2011 年 9 月历史高点曾经到过 1921 美元/盎司，黄金白银价格走势（图 9 - 27）。

图 9 - 27　伦敦黄金白银现货走势

图 9 - 27 显示黄金白银总体走势比较同步。经计量经济学检验发现，两者都是一阶单整，且存在长期稳定的协整关系，具备套利的基础。

二、套利操作案例

黄金白银价差很大，因此选择用两者的比价研究。通过分段研究近 6 年白银与黄金价格比值，发现两者的比值处于稳定的范围内，千克白银与 1 克黄金价比均值在 13.6 ~ 18.7 之间（表 9 - 1）。

表 9 - 1　2012—2018 年白银（千克）与黄金（克）价比

年份	月份	均值	标准差	月份	均值	标准差
2012				7—12 月	18.769	0.8126
2013	1—6 月	17.9519	1.1234	7—12 月	16.746	0.5896
2014	1—6 月	16.1495	0.4656	7—12 月	15.6359	0.8364
2015	1—6 月	14.7531	0.309	7—12 月	14.5036	0.2023
2016	1—6 月	13.7175	0.4634	7—12 月	14.9891	0.4509
2017	1—6 月	14.8539	0.3318	7—12 月	14.0894	0.2093
2018	1—6 月	13.6363	0.1997			

2018 年 4 月前半年时间内，上海白银与上海黄金比价均值为 13.8188，标准差为 0.2383。在图 9 - 28 中①处，其比值为 13.3014，偏离了均值 2 个标准差，可以判断出此时黄金价格贵，白银价格贱。黄金期货合约单位为 1000 克，白银期货合约单位为 15 千克。1 手黄金价值约等于 5 手白银价值。对应①处的时间在②处开仓买入 5 手白银，同时

卖出 1 手黄金。当白银黄金比价回到均值时平仓，图中③④处。白银盈利 11400 元，黄金亏损 3980 元，总盈利 7420 元（表 9 - 2）。

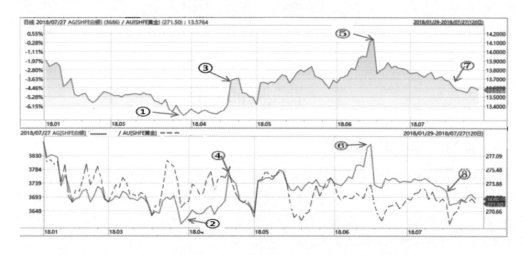

图 9 - 28 2018 年 1 月至 2018 年 7 月白银与黄金比值走势

2018 年 6 月前半年时间内，上海白银与上海黄金比价均值为 13.6317，标准差为 0.1948。在图 9 - 28 中⑤处，其比值为 14.1518，偏离均值超过了 2 个标准差，是套利的好机会。可以判断出黄金价格贱，白银价格贵。对应⑤处的时间在⑥处开仓卖出 5 手白银，同时买入 1 手黄金。当白银黄金比价回到均值时平仓，图中⑦⑧处。白银盈利 10725 元，黄金亏损 2020 元，总盈利 8705 元（表 9 - 2）。

表 9 - 2 套利盈亏

开仓日期	盈亏	白银		黄金		总盈亏
2018/3/29		买入平仓	价 3611	卖出开仓	价 271.1	
2018/4/19		卖出平仓	价 4763	买入平仓	价 275.08	
	盈亏	(4763 - 3611) ×15 = 11400		(271.1 - 275.08) ×1000 = -3980		11400 - 3980 = 7420
2018/6/15		卖出开仓	价 3856	买入开仓	价 273.55	
2018/7/18		买入平仓	价 3713	卖出平仓	价 271.58	
	盈亏	(3856 - 3713) ×15 = 10725		(271.58 - 273.58) ×1000 = -2020		(10725 - 2020) = 8705

第十章 原　油

第一节　原油简介

一、原油的组成与一般性质

原油是指从地下天然油藏直接开采得到的液态碳氢化合物或其天然形式的混合物，通常是流动或半流动的黏稠液体。绝大多数原油是黑色的，也有暗黑、暗绿、暗褐，甚至呈赤褐、浅黄、无色等；原油密度介于 0.8 ~ 0.98 之间。原油大多具有浓烈的气味，这是因为其中含有臭味的含硫化合物的缘故。

原油的主要元素为碳、氢、硫、氮、氧及微量元素。其中，碳和氢占 96% ~ 99%，其余元素总含量一般不超过 1% ~ 4%，上述元素都以有机化合物的形式存在。组成原油的有机化合物为碳、氢元素构成的烃类化合物，主要是由烷烃、环烷烃和芳香烃以及在分子中兼有这三类烃结构的混合烃构成。原油中一般不含烯烃和炔烃，但在某些二次加工产物中含有烯烃。原油中还含有相当数量的非烃类化合物。这些非烃类化合物主要包括含硫、含氧、含氮化合物以及胶状、沥青状物质，含量可达 10% ~ 20%。

原油是一种多组分的复杂混合物，其沸点范围很宽，从常温一直到 500℃ 以上，每个组分都有各自的特性。通常来说，对原油进行研究或者加工利用，只需对其进行分馏即可。分馏就是按照组分沸点的差别将原油"切割"成若干"馏分"。馏分常冠以汽油、煤油、柴油、润滑油等石油产品的名称，但馏分并不就是石油产品。石油产品必须符合油品的质量标准，石油馏分只是中间产品或半成品，必须进行进一步的加工才能成为石油产品。

二、原油及其产品主要性能指标

原油及其产品的性能指标包括密度、黏度、凝固点、胶质和沥青质、硫含量、蜡含量、析蜡点、水含量、酸值、闪点、比热、爆炸极限等。对原油而言，物理性质是评定原油产品质量和控制原油炼制过程的重要指标。

原油的密度即单位体积原油的质量，一般情况下，密度低的原油轻油收率较高。因油品的体积会随温度的升高而变大，密度则随之变小，所以油品密度应标明温度。我国国家标准（GB/T 1884）规定 20℃ 时的密度为石油和液体石油产品的标准密度，以 ρ_{20} 表示。油品的相对密度是其密度与规定温度下水的密度之比。油品在 t℃ 时的相对密度通常用 d_4^t 表示，我国及东欧各国常用的相对密度是 $d_{4℃}^{20℃}$，即 20℃ 油品密度与 4℃ 水的密度值比。欧美各国常用的相对密度是 $d_{60℉}^{60℉}$（其中：60 ℉ = 15.6℃），即 60 ℉ 油品密度与 60 ℉ 水的密度之比。

欧美各国常采用比重指数表示油品密度，也称为 60 ℉ API 度，简称 API 度，并以此作为油品标准密度。与通常密度的概念相反，API 度数值愈大表示密度愈小。目前，国际上把 API 度作为决定原油价格的主要标准之一，它的数值愈大，表示原油愈轻，价格相应愈高。

$$API 度 = （141.5/d_{60℉}^{60℉}） - 131.5$$

其中：　　　　　　　　华氏度（℉）= 32 + 摄氏度（℃）× 1.8

原油及其产品几乎都含有不同浓度水平的含硫化合物。含硫化合物对原油加工及其产品应用的危害是多方面的，如腐蚀金属设备及管道、造成催化剂中毒、影响产品质量等。因此，限制油品中的硫含量具有重要意义，在原油进行深加工前通常对其进行脱硫处理，从而降低各种产品中的硫含量。

三、原油分类

原油通常可以从工业、化学、物理或地质等不同角度进行分类，一般倾向于工业（商品）分类和化学分类。工业（商品）分类的根据很多，如按密度、含硫量、含氮量、含蜡量和含胶质量分类等。国际石油市场上常用的计价标准是按比重指数 API 度分类和含硫量分类的（表 10 - 1、表 10 - 2）。

按照国际上通行的分类标准，超轻原油 API ≥ 50，轻质原油 35 ≤ API < 50，中质原油 26 ≤ API < 35，重质原油 10 ≤ API < 26。不同国家和公司对密度的划分标准可能会有所差异，现实中并不完全机械地遵循这些标准，往往还会考虑定价基准等其他因素。我国大庆、胜利、辽河、大港等原油属于中质原油；孤岛原油、乌尔禾稠油属于重质原油；辽河油田曙光一区原油和孤岛个别油井采出的原油属于特重质原油。

表 10 - 1　原油按 API 度分类标准

类别	API 度	15℃密（g/cm³）	20℃密（g/cm³）
轻质原油	> 34	< 0.855	< 0.851
中质原油	20 ~ 34	0.855 ~ 0.934	0.851 ~ 0.939
重质原油	10 ~ 20	0.934 ~ 0.999	0.930 ~ 0.996
特重质原油	< 10	> 0.999	> 0.996

表 10 - 2　其他几种原油工业分类标准

分类依据	按含硫量分类			按含氮量分类		
类别	低硫	含硫	高硫	低氮	含氮	高氮
质量百分比	< 0.5	0.5 ~ 2	> 2	< 0.25	—	> 0.25
分类依据	按含蜡量分类			按含胶质量分类		
类别	低蜡	含蜡	高蜡	低胶	含胶	多胶
质量百分比	0.5 ~ 2.5	2.5 ~ 10	> 10	< 5	5 ~ 15	> 15

另外，还可以按硫含量分为超低硫原油、低硫原油、含硫原油和高硫原油四类等。

四、原油加工

通常将原油加工分为一次加工和二次加工。一次加工过程是根据不同组分的沸点不同将原油用蒸馏的方法分离成轻重不同馏分的过程，常称为原油蒸馏，它包括原油预处理、常压蒸馏和减压蒸馏。一次加工产品可以分为：①轻质馏分油，指沸点在约370℃以下的馏出油，如汽油馏分、煤油馏分、柴油馏分等；②重质馏分油，指沸点在370～540℃的重质馏出油，如重柴油、各种润滑油馏分、裂化原料等；③渣油（常压重油，减压渣油）。

二次加工过程是对一次加工过程产物的再加工。主要是指将重质馏分油和渣油经过各种裂化生产轻质油的过程，包括催化裂化、加氢裂化、石油焦化等。另外，还包括催化重整和石油产品精制（图10－1）。石油产品及其主要用途石油产品是以石油或石油某一部分作原料直接生产出来的各种商品的总称，一般不包括以石油为原料合成的石油化工产品，主要分为七大类：燃料、润滑剂、石油沥青、石油蜡、石油焦、溶剂和化工原料。燃料主要包括汽油、柴油和航空煤油等发动机燃料以及灯用煤油、燃料油等。我国的石油燃料约占石油产品的80%，其中的六成左右为各种发动机燃料。

润滑剂品种达百种以上，但仅占石油产品总量的5%左右。溶剂和化工原料包括生产乙烯的裂解原料、石油芳烃及各种溶剂油，约占石油产品总量的10%。石油沥青、石油蜡和石油焦占石油产品总量的5%～6%。

五、国内外石油市场概况

世界石油工业诞生已经有150多年的历史，但真正意义上自由贸易的国际石油市场是在20世纪60年代后期才逐步萌芽的。在20世纪的前70年里，尽管存在着两次世界大战以及一些世界性的冲突，但是石油价格还是相当稳定的，西方跨国石油公司通过"租让协议"控制中东地区绝大部分石油资源，进而控制石油价格。1960年石油输出国组织欧佩克（OPEC）的成立标志着当时西方世界石油价格的控制权开始逐渐向OPEC转移。

20世纪70年代沙特阿拉伯和伊朗先后爆发了石油危机，石油价格开始随着OPEC对石油供应的控制而大幅上涨。20世纪80年代，非OPEC石油生产国的石油产量逐渐超过了OPEC产量，全球石油出现供应过剩的局面，随之油价暴跌的"反向石油危机"标志着OPEC单方面决定石油价格的格局逐步瓦解，世界石油市场进入以市场供需为基础的多元定价阶段。随着国际油价的波动加剧，市场产生了规避价格风险的强烈需求。在这样的背景下，国际石油期货市场发展起来了，20世纪90年代以来，石油期货市场发展迅速。

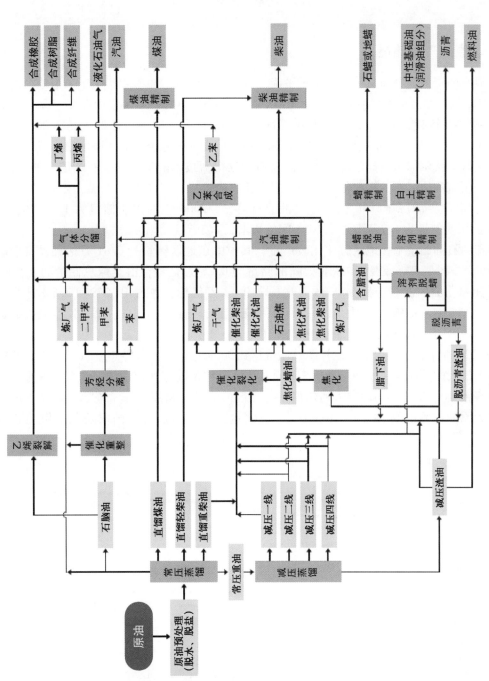

图10-1 原油生产工艺流程图

第二节 原油的供给

一、原油资源储量

世界石油资源的分布总体来看极不平衡：从东西半球看，约 3/4 集中于东半球，西半球占 1/4；从南北半球看，主要集中于北半球；从纬度分布看，主要集中在北纬 20°～40° 和 50°～70° 两个纬度带内。波斯湾及墨西哥湾两大油区和北非油田均处于北纬 20°～40° 内，该带集中了 51.3% 的世界石油储量；50°～70° 纬度带内有著名的北海油田、俄罗斯西伯利亚油区、伏尔加—乌拉尔油区等。随着石油勘探新技术的运用以及石油需求的增加，世界各个国家和地区石油探明储量呈现逐年增长的趋势。

由《BP 世界能源统计年鉴 2017》的数据可知，2006 年的探明储量为 1.4 万亿桶，2016 年的探明储量为 1.7 万亿桶，10 年间年均增长 2.3%，增幅显著。

已探明石油储量中，地区分化比较严重，其中中东地区储量为 0.81 万亿桶，占全球总储量的 47.7%；整个欧洲和欧亚大陆的储量为 0.16 万亿桶，占全球总储量的 9.5%；中南美洲和非洲的储量分别为 0.33 万亿桶和 0.13 万亿桶，各占 19.2% 和 7.5%；北美 0.23 万亿桶，占 13.3%；亚太地区只有 0.048 万亿桶，占比为 2.8%。增长速度最快的是中南美洲地区，近 10 年年均增长达 19.7%（图 10-2）。

截至 2016 年底，委内瑞拉已探明总储量达到 3009 亿桶，占世界储量的 17.6%，其拥有世界上最大的重油蕴藏区——奥里诺科重油带。其次是沙特阿拉伯和加拿大，占比分别为 15.6% 和 10.0%，其中加拿大阿尔伯特省北部的油砂储藏属于非常规原油矿藏，占整个加拿大原油矿藏的 96.4% 以上。已探明总储量世界排名前五的国家还包括伊朗和伊拉克。

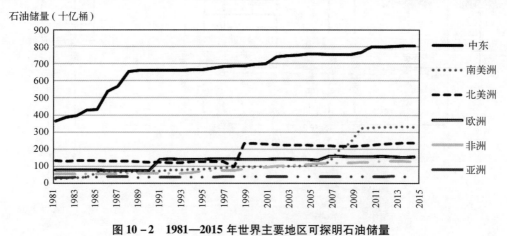

图 10-2 1981—2015 年世界主要地区可探明石油储量

根据《BP 世界能源统计年鉴 2017》，我国已探明储量为 257 亿桶，占全球储量的 1.5%。近年来，随着非常规油气资源开采技术的进步，特别是以美国页岩油气、致密岩性油气资源为代表的非常规能源的勘探开发正在改变全球能源供应格局。

二、储采比

石油储采比又称回采率或回采比，是指年末剩余储量除以当年产量得出剩余储量按当前生产水平可开采的年数。

自 1981 年以来，世界平均储采比呈震荡上升趋势（图 10-3），其中中东储采比自 1988 年历史高点 117 以来呈快速下降趋势。南美洲分别于 1985 年和 2010 年储采比大幅上升，近年来有小幅回落，北美洲和欧洲走势与其类似，分别于 1999 年和 1991 年有大幅提高，近年来小幅回落。非洲自 1993 年以来呈上升趋势，亚洲走势总体比较平缓。

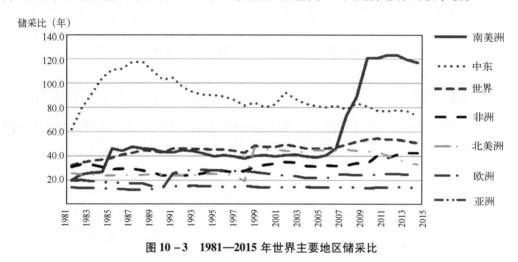

图 10-3 1981—2015 年世界主要地区储采比

三、石油投资

石油投资是影响石油供给的长期因素。用世界钻油井数间接代表世界石油投资情况，钻井数高则表示石油上游投资活跃，钻井数低则表示石油上游投资萎靡。

世界石油钻井数量自 1981—1986 年呈快速下降趋势（图 10-4），5 年间由 5624 台减少至 2220 台。1986—2002 年波动较为平稳，整体数量保持在 2000 台左右。2002 年之后整体呈上涨趋势，期间 2009 年跌至 2300 台后又快速反弹至 3500 台，据美国贝克休斯公司（Baker Hughes）统计，截至 2015 年，世界石油钻井数量为 2337 台。

世界石油钻井数量的走势，能够用国际石油价格的波动进行较为合理的解释。1981—1986 年，世界石油价格由原先的 35 美元/桶跌至 15 美元/桶，生产商的利益受损，于是就减少石油投资，石油钻井数量大幅减少。1986—2002 年，世界石油价格在 20 美元/桶上下小幅波动，走势比较平稳，生产商产销稳定，石油钻井数量变化较小。2002 年后，世界石油价格快速上涨至 100 美元/桶左右，生产商认为有利可图，于是增加石油投资，石油钻井数量大幅增加。2015 年世界石油价格处于 50 美元/桶左右的低位，世界石油钻井数量也相应减少。

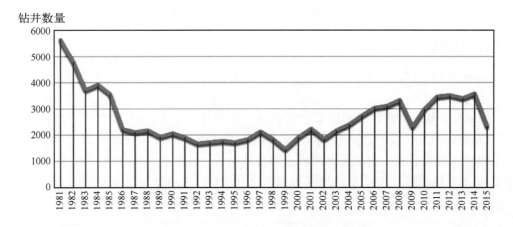

图 10 - 4 1981—2015 年世界石油钻井数量

四、石油产量

根据英国石油公司（BP）的统计，世界石油产量自 1981 年以来呈稳定的上涨趋势
（图 10 - 5），截至 2015 年世界石油产量为 91670 千桶/日。

图 10 - 5 1981—2015 年世界石油产量

自 1981 年以来，世界主要地区石油产量总体呈上升趋势（图 10 - 6），其中中东上升
快且稳定。北美洲在 2010 年之前产量变化不大，2010 年之后产量快速增加。欧洲于 1991
至 1999 年产量较低，之后提升并较为稳定。非洲、亚洲及南美洲均呈缓慢上升趋势。据
英国石油公司（BP）统计，截至 2015 年中东石油产量世界第一，为 30098 千桶/日，北美
洲第二，为 19676 千桶/日，欧洲第三，为 17463 千桶/日，非洲、亚洲及南美洲依次降
低，分别为 8375 千桶/日、8346 千桶/日及 7712 千桶/日。

OPEC 是世界第一石油输出组织，其产量占世界总产量的一半，不过从近十年的数据
来看，OPEC 自身石油产量虽然占比世界仍然较高，但是其绝对数量并未有太大变化，

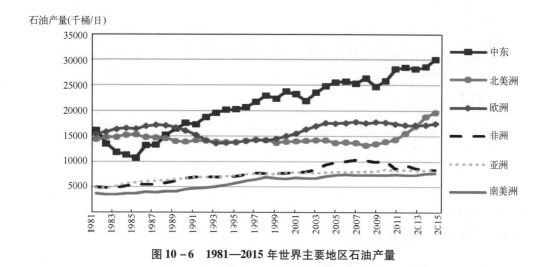

图 10 – 6   1981—2015 年世界主要地区石油产量

2015 年平均日产量为 38226 千桶，相较于 2005 年只提升了 8.8%。

　　非 OPEC 的产油国近十年产量却有较大提升，以美国、俄罗斯为首的世界前七大非 OPEC 石油输出国，在 2005 年时平均日产量为 31621 千桶，相较当时 OPEC 的 35104 千桶差距较大。而近年来随着美国页岩油的开发、巴西新油田的勘探、中国石油开采的突破等等，非 OPEC 国的生产能力越来越强，截至 2015 年，美国、俄罗斯、加拿大、中国、墨西哥、巴西、挪威 7 国合计石油平均日产量为 39441 千桶，已经超越 OPEC（图 10 – 7）。

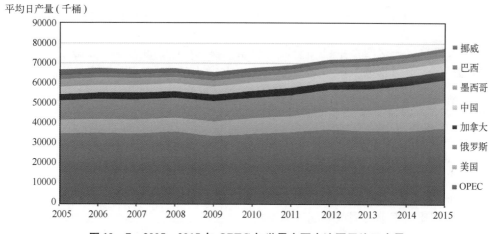

图 10 – 7   2005—2015 年 OPEC 与世界主要产油国平均日产量

　　这仅仅只是众多非 OPEC 产油国中的 7 个，考虑到 OPEC 的限产和配额政策，预计 OPEC 的未来产量仍然难有大幅变化。相反，以美国为首的非 OPEC 国家相互独立，不受 OPEC 政策的约束，以目前产量增长的势头来看，有进一步扩大产量差距的可能。可以推断，世界石油的供应格局正在发生根本性的变化，未来将不再是 OPEC 一家独大的局面。

第三节 原油的需求

一、能源使用量

21世纪是科技的世纪，我们不断地发展经济，探索宇宙，展现人类的智慧，追寻生命的意义，而这一切都离不开一项基础——能源。

自1971年以来世界人均能源使用处于一个快速上升通道中（图10－8），其基本特点为大涨—调整—再大涨的循环，这和世界经济的发展走势相似。据世界银行统计，截至2013年世界能源使用量（人均千克石油当量）为1894千克，环比涨幅1.33%，较1971年基期的1336千克涨幅为41.77%。

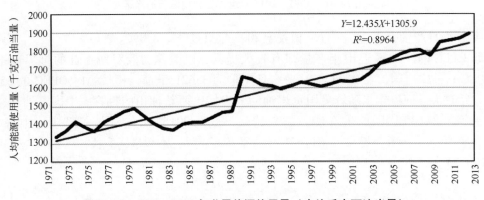

图10－8 1971—2013年世界能源使用量（人均千克石油当量）

世界人口总量在这四十年里几乎翻了一番，从1971年的37.62亿稳定增长至2013年的71.76亿，可以推断，世界能源使用总量在过去的40年里呈指数级增长，考虑到世界经济发展的需要以及世界人口的增长，未来世界能源使用量继续增长应是肯定性事件。

化石燃料具有来源广、利用简单、储藏丰富的特性，已成为现代经济必不可缺的能源来源，在1970年以前，化石燃料凭借高达94%的使用比例牢牢占据世界能源消费的头把交椅（图10－9）。1970年之后，由于世界对于环境保护的意识逐渐加强以及全球气候变暖的影响，化石燃料其污染严重、温室效应的缺点被放大在公众眼中，渐渐被人所诟病。与此同时，随着科技的高速发展，清洁能源例如核能、太阳能、风能、潮汐能

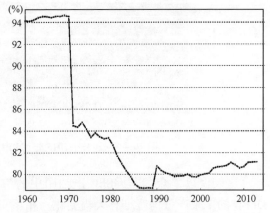

图10－9 1960—2013年世界化石燃料能耗
（占总量的百分比）

等慢慢开始被利用，化石燃料使用的比例开始有所下滑。

即便如此，化石燃料在目前看来短时间内仍然不可能完全被清洁能源所替代，其对于现在经济的重要地位依然无法撼动。截至2013年，世界化石燃料能耗占总能耗的百分比为81%。

化石能源消费主要分为三大块：石油、煤炭、天然气。自1965年以来，三者的消费均呈稳定增长趋势（图10－10），其中天然气消费的增长速度要明显快于石油和煤炭。据世界银行统计，截至2015年，世界石油消费为4331百万吨，煤炭为3839百万吨，天然气为3135百万吨，较1965年分别增长了184%、174%、434%。

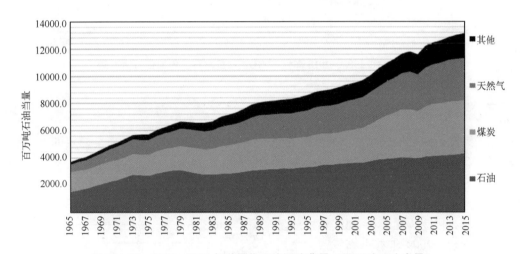

图 10 – 10　1965—2015 年世界化石能源消费量（百万吨石油当量）

天然气以及新型清洁能源的崛起一定程度上减缓了石油消费的增长速度，不过目前石油的消费占比仍维持在第一位，为33%，是当今世界最为重要的能源原料。

二、GDP 与石油消费

石油是最重要的初级能源产品，一般的，当世界经济繁荣时，各行业就会扩大生产，从而加大对石油的需求；当世界经济萧条时，各行业就会收缩生产，对石油的需求也随之减少。石油消费实际上是经济增长的派生需求，它对现代经济的不可替代性决定了该商品本身的收入弹性较高：当世界经济繁荣时，石油消费就会增加；世界经济萧条时，石油消费会相应减少。

自1983年以来，石油消费和世界GDP均呈上升趋势（图10－11），两者关联度较高。较为明显的回落点为2009年，世界经济受2008年全球金融危机影响，出现 - 5.20%的负增长。与此同时，世界石油消费量也出现负增长，幅度为 - 1.23%。随后世界经济恢复上行，世界石油消费也以相似的态势恢复上行。

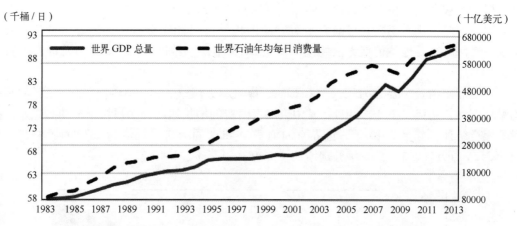

图 10 – 11　1983—2013 年世界 GDP 总量与石油年均每日消费量

三、石油消费量

根据英国石油公司（BP）的统计，世界石油消费量自 1981 年以来呈稳定的上涨趋势（图 10 – 12），截至 2015 年世界石油消费量为 95005 千桶/日。

自 1981 年以来，世界主要地区石油消费量总体呈上升趋势（图 10 – 13），其中亚洲增长最为快速，北美自 2008 年之前呈稳定增长趋势，2009 年有小幅下跌，之后保持平稳。欧洲于 1993 年有明显下降后，至今保持平稳。中东、南美及亚洲均呈稳定增长趋势。据英国石油公司（BP）统计，截至 2015 年亚洲石油消费第一，为 32444 千桶/日，北美次之，为 23644 千桶/日，欧洲第三，为 18380 千桶/日。中东、南美及非洲分别为 9570 千桶/日、7083 千桶/日及 3888 千桶/日。

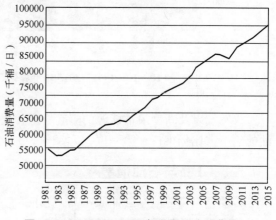

图 10 – 12　1981—2015 年世界石油消费量

总体而言，由于经济发展的需要，世界石油消费近年来增长较快，其中发展中国家较多的亚洲是拉动石油消费增长的主力军。

石油消费是经济增长的派生需求，美国作为全球经济最发达的国家，其石油消费世界第一理所应当，截至 2015 年美国石油消费量为 19396 千桶/日，占北美洲消费总量的 82%。中国由于庞大的人口量和近年来高速增长的 GDP，其石油消费量也较高，仅次于美国，为 11968 千桶/日，占亚洲消费总量的 36.9%。印度的人口量和经济发展的需要，导致其石油消费也较高，排世界第三，为 4159 千桶/日，占亚洲消费总量的 12.8%。中国与印度两国带动了亚洲的石油消费增长（图 10 – 14）。

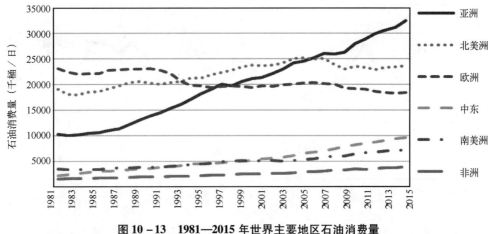

图 10 – 13　1981—2015 年世界主要地区石油消费量

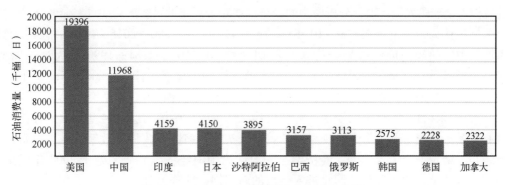

图 10 – 14　2015 年世界前十大石油消费国

第四节　原油价格主要影响因素分析

一、世界经济增长

石油作为最重要的工业用品，其消费实际上是世界经济增长的派生需求。选取世界人均 GDP 增长率表示世界经济发展情况，世界石油消费增长率表示世界石油消费变化情况。自 1981—2013 年，两者表现出了稳定的高度正相关关系（图 10 – 15），定性地说明了人均 GDP 增长率能较好地解释世界石油消费增长率。

二、世界经济周期

经济周期，也称商业周期、景气循环，指经济活动沿着经济发展的总体趋势所经历的有规律的扩张和收缩。一般分为繁荣、衰退、萧条和复苏四个阶段。本节主要应用法国医生、经济学家克里门特·朱格拉（C Juglar）在 1862 年提出的周期理论对经济进行分析。而中国

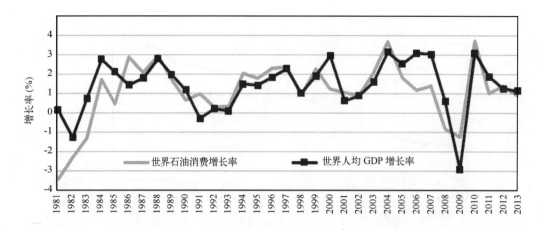

图 10 – 15　1981—2013 年世界人均 GDP 增长率与世界石油消费增长率

和美国作为全球两大经济国，分析两国的经济周期对于判断世界经济周期具有参考意义。

　　朱格拉认为，经济存在着 9～10 年的周期性波动。从 1980—2015 年中国的 GDP 增长率来看，中国的经济能够被划分为 3 个周期（图 10 – 16），1981—1990 年为第一周期，1990—2000 年为第二周期，2000—2015 年为第三周期。显然，1980—2000 年的两个经济周期用朱格拉周期解释得较为合理，分别为 9 年和 10 年。而 2000 年至今的第三周期已超过 10 年，用朱格拉的 10 年周期理论解释欠佳，这可能与中国的经济转型导致的经济增速放缓有关。目前中国正努力实现经济软着陆，实施紧缩性财政货币政策，减少投资，适当放缓经济增长是合情合理的。经济学家一般认为中国经济已大概率处于 2000 年以来周期的末端，即萧条期的尾部，即将进入崭新的新周期，回暖上升。

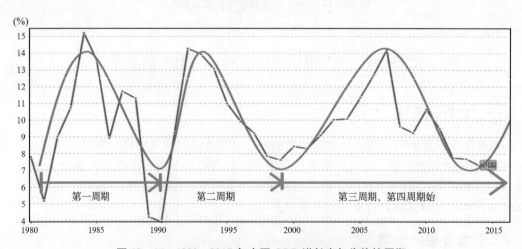

图 10 – 16　1980—2015 年中国 GDP 增长率与朱格拉周期

　　1980—2015 年美国的经济可被划分为四个朱格拉周期（图 10 – 17）。1981—1991 年为第一周期，1991—2001 年为第二周期，2001—2009 年为第三周期，2009 年至今为第四周期。可见，朱格拉周期理论对于美国经济的解释较为合理，第一周期和第二周期为期 10 年，第三周期为期 8 年，目前美国正处于第四周期的中部，即繁荣阶段。

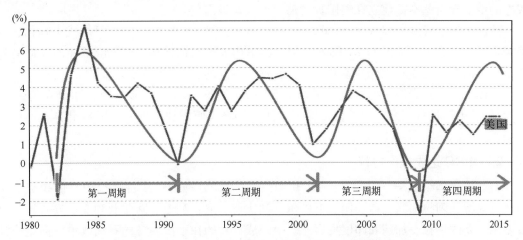

图 10 –17　1980—2015 年美国 GDP 增长率与朱格拉周期

结合中国和美国的经济，推测目前世界经济有可能处于上一周期的末端，新周期的开始，即萧条至复苏的交替阶段。

三、供应变动

影响石油供应的因素有很多，如石油储量、石油投资情况、勘探开采技术、运输成本等，但是很多因素在短期内是不会轻易改变的，如石油储量，其对于供应的影响不够直接，并且时间跨度比较大，显著性不好。本节将重点分析近年来对于国际石油供应具有较大冲击和影响的事件，即美国页岩油和 OPEC 限产。

1. 美国页岩油

根据英国石油公司（BP）2016 年 6 月的世界能源报告，美国在 2014 年石油产量为 11723 千桶/日，超过沙特阿拉伯的 11505 千桶/日，成为全球最大石油生产国。

2015 年美国石油产量为 12704 千桶/日，占世界总产量的 13% 。通过美国能源情报署（EIA）的报告，2015 年美国页岩油（致密油）平均日产量为 500 万桶左右，占美国总石油产量的 40% 。

2010 年以前美国页岩油产量不到 100 万桶，5 年时间增长了 400 万桶，而同时期的美国石油总产量增长仅为 500 多万桶，由此可以推断，近 5 年来页岩油的产量增长占比美国总石油产量增长达 80%，页岩油的生产情况对美国乃至世界石油市场都具有重大影响。

作为石油开采的前沿最新技术，页岩油一直笼罩着一层神秘的面纱，外界对其最重要的属性"开采成本"的猜测也众说纷纭。目前页岩油的相关数据基本都来源于美国的大比例（≥15%）油气产量出自单一油气田的上市公司，因为根据美国证券交易委员会（SEC）的规定，他们必须披露其特定油田的运营成本信息。而另外两种厂商，私人非上市公司以及小比例（＜15%）油气产量出自单一油气田的大型上市公司，没有披露相关油田运营成本的义务，而且一般来讲这种商业机密对外高度保密。因此目前关于页岩油生产成本的定量分析基本都建立在美国页岩油上市公司披露信息上。

英国伍德麦肯兹公司（Wood Mackenzie）对于世界各地原油投资项目的成本预估，以美国页岩油最大生产地区 Eagle Ford 为例，其平均成本被估计在 50 美元/桶左右。而另外几个页岩油产区的成本最低的不到 40 美元/桶，最高的约为 60 美元/桶。

总体来看，页岩油的生产成本平均为 50 ~ 60 美元/桶，进一步推断，油价在超过 60 美元/桶后由于投资利润的增长，美国页岩油供给将大幅增加，进一步影响世界石油供应格局。

2. OPEC 达成减产协议

石油输出国组织——OPEC，现有 14 个成员国，分别为：沙特阿拉伯、伊拉克、伊朗、科威特、阿拉伯联合酋长国、卡塔尔、利比亚、尼日利亚、阿尔及利亚、安哥拉、厄瓜多尔、委内瑞拉、加蓬和印度尼西亚。组织成立目的在于协调各国石油政策，商定原油产量和价格，采取共同行动反对西方国家对产油国的剥削和掠夺，保护本国资源，维护自身利益。

2015 年，OPEC 组织可探明石油储量为 12190 亿桶，占世界总量的 70%，石油日均产量为 38226 千桶，占世界总量的 41%，其出口的石油占世界石油贸易总量的 60%。可见，OPEC 组织在国际石油市场具有很强的话语权，当其决定减产或者增产时对国际油价会造成很大影响。

2016 年 11 月 30 日 OPEC 在维也纳召开会议，经过数小时的激烈讨论，各成员国最终达成一致，决定于 2017 年 1 月开始减产 120 万桶/日，为期 6 个月，这是 2008 年以来 OPEC 达成的首个减产协议。另外，以俄罗斯为代表的非 OPEC 重要产油国也同意减产 60 万桶/日，其中俄罗斯预计减产 30 万桶/日。

此次减产协议将会使 2017 年上半年石油供给减少 180 万桶/日，减产的预期已在相关金融市场中开始发酵，使得 11 月 30 日当晚美原油期货价格大幅上涨，预计未来对原油价格仍有一定影响。

四、供求关系

为客观地表现商品供求与石油价格之间的关系，剔除了通货膨胀的影响，选取国际真实油价与世界石油消费生产情况进行研究分析。

1980 年之前，世界石油一直是供过于求的（图 10 - 18），按照商品供求关系定理，油价应下跌从而使供应减少，需求增加而达到均衡价格，但是 1965—1980 年国际真实油价反而处于上升趋势中，并没有明显的下跌。1980 年至今，世界石油供求关系逆转，变为供不应求，根据供求关系定理，油价应上涨，但是 1980—2000 年油价处于快速下跌通道中，在 2000 年后才开始明显上涨。并且在供不应求的局面下，2009 年和 2015 年国际真实油价反而大幅下跌。可见，世界总的生产量和消费量并不能很好地解释国际真实油价的走势。

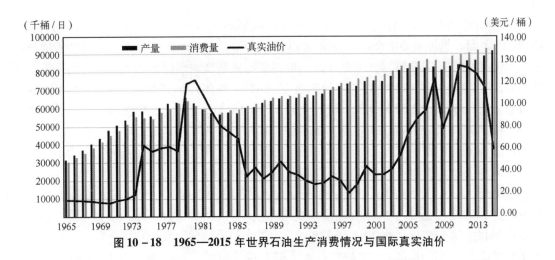

图 10-18　1965—2015 年世界石油生产消费情况与国际真实油价

石油价格是动态变化的，静态的供求关系不能很好地对其进行解释，本节将引入新变量——新增消费生产差与真实油价变化量，用动态的供求关系变化情况对石油价格进行进一步分析。

当年产量 - 前一年产量 = 当年新增产量

当年消费量 - 前一年消费量 = 当年新增消费量

当年新增消费量 - 当年新增产量 = 当年新增消费生产差

当年国际真实油价 - 前一年国际真实油价 = 当年真实油价变化量

在石油价格大涨，即真实油价变化量为大的正值的前一年，新增消费生产差往往也是较大的正值，即新增需求缺口出现（图 10-19）。1999 年新增消费生产差为 2932 千桶，需求缺口较大，次年 2000 年国际真实油价上涨了 13.66 美元/桶。在石油价格大跌，即真实油价变化量为小的负值的前一年，新增消费生产差往往也是较小的负值，意味着新增供应过多，例如 2008 年新增消费生产差为 -1050 千桶，新增供应过多，次年 2009 年国际真实油价下跌了 38.96 美元/桶。

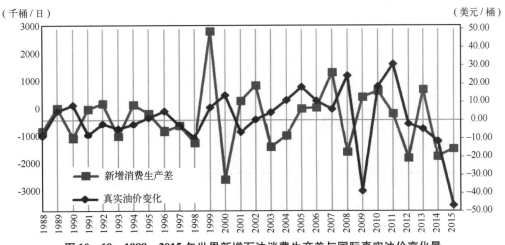

图 10-19　1988—2015 年世界新增石油消费生产差与国际真实油价变化量

根据 OPEC 的市场报告（MOMR：Monthly Oil Market Report），2015 年世界石油消费为 93170 千桶/日，世界石油生产被分为非 OPEC 与 OPEC，为 56980 + 32099 = 89079 千桶/日。

2016 年的前三季度数据已经公开，而第四季度数据是预测值，用来研究有失偏颇，所以本节使用 2016 年前三季度的平均值来表示 2016 年的生产消费情况。则 2016 年世界石油消费为（93460 + 93700 + 95150）/3 = 94103 千桶/日，石油生产为（56930 + 55480 + 56100 + 32499 + 32755 + 33246）/6 = 89003 千桶/日。

2016 年新增消费 94103 - 93170 = 933 千桶/日，新增生产 89003 - 89079 = - 76 千桶/日，2016 年新增消费生产差为 933 -（- 76）= 1009 千桶/日。

这是近两年来首次新增消费超过生产，表示国际石油市场已向供不应求局面变化，并且绝对值 1009 处于近十年来历史高位，新增需求缺口较大，再由 Granger 检验结果可知，2016 年的供求关系变化影响 2017 年的价格，所以得出结论：2016 年前三季度世界石油市场新增需求大于新增供应，需求缺口较大，若此现象继续保持，那么 2017 年国际油价会大概率上涨。按照实际走势我们的预测得到了验证，原油价格在 2017 年总体向上，到了 2018 年上半年更是加速上涨，2018 年 5 月 WTI 原油已经达到 70 美元/桶附近。

五、EIA 商业库存

库存是影响价格的重要因素，当供不应求而导致价格上升时，商家拿出库存商品销售获利，进而使得供求平衡，价格回归均衡。本节选取美国 EIA 的商业原油库存与美原油期货价格进行相关分析。

EIA 为 US Energy Information Administration 的缩写，其全称是美国能源信息署，是美国能源部门的下设机构，提供所有能源的储量、供应、生产和消耗的统计、数据和分析报告，包括天然气、石油等。该机构会在每周三 22：30（冬令时 23：30）公布一次美国的当周原油库存数量。

自 2003 年以来，EIA 的商业原油库存呈震荡上升趋势（图 10 - 20）。2003—2007 年，库存由不足 300000 千桶上升至 330000 千桶，随后在 2007—2015 年进入横盘整理区域，库

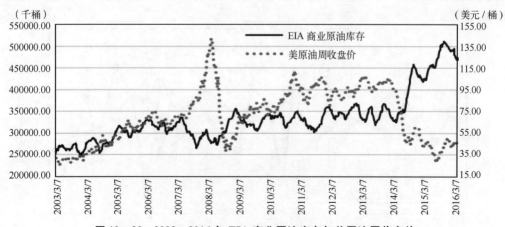

图 10 - 20　2003—2016 年 EIA 商业原油库存与美原油周收盘价

存在 320000 千桶上下波动，于 2015 年初开始大幅增加，截至 2016 年 10 月 28 日，EIA 商业原油库存为 482578 千桶。

EIA 商业原油库存与美原油价格的走势之间具有明显的负相关关系。2008 年原油价格暴涨，而同时 EIA 商业原油库存也呈向下突破上升趋势，跌至 265000 千桶的低位；2015 年初，原油价格跌至 44 美元，而 EIA 商业原油库存涨到 450000 千桶高位；2016 年初，原油价格创造新低 28 美元，而 EIA 商业原油库存则创造新高。目前 EIA 商业原油库存已经向下突破了 2015 年以来的上升趋势，库存量很有可能进一步下降，为原油价格上涨打开通道。

六、CFTC 非商业多头净持仓

美原油是世界性的期货品种，其持仓量的变化反映了投资者对于原油期货投资情绪的改变以及多空双方力量的搏弈。本节选取 CFTC 公布的持仓情况对美原油价格进行分析。

CFTC 是美国商品期货委员会（U. S. Commodity Futures Trading Commission）的简称，成立于 1974 年，其主要职责和作用是负责监管美国商品期货、期权和金融期货、期权市场。该机构目前会在每周二公布相关市场的持仓情况，其中包括非商业持仓量与商业持仓量。

非商业性持仓，也称基金持仓，指以对冲基金为主的投机性机构持仓，而商业性持仓是指以对冲风险为主的商业套期保值持仓。一般的，期货市场上投机性交易者占多数，是市场走势的决定性力量，所以分析非商业性持仓变化对于研究期货价格走势的变化具有重要意义。

非商业多头净持仓 = 非商业多头持仓 − 非商业空头持仓

在美原油价格大涨或大跌之前，CFTC 非商业多头净持仓往往先一步于价格变化如图 10 – 21 所示。

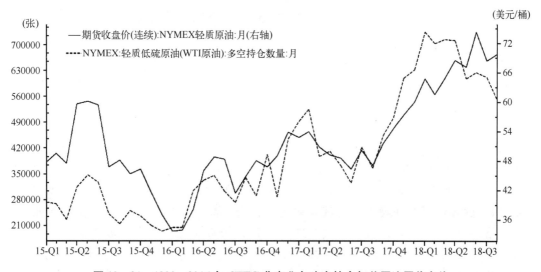

图 10 – 21 1992—2016 年 CFTC 非商业多头净持仓与美原油周收盘价

七、其他因素

原油是世界性的大宗商品，更是半金融产品。其价格除了受商品本身的供求关系主导外，全球的金融环境、政治气氛均会影响原油的价格走势。

1. 美元指数

长期以来，美元凭借其在国际市场上货币结算的垄断地位，影响着众多大宗商品的价格走势，尤其是以美元计价的国际商品，其中又以黄金和原油为典型代表。

美元指数是由纽约棉花交易所（NYCE）编制，综合反映美元在国际外汇市场上汇率情况的指标，它通过计算美元与选定的一揽子货币的综合汇率变化情况，来衡量美元的强弱程度。

1986—2016 年，美元指数与美原油周收盘价在大行情以及关键的波动点位上具有强烈的负相关关系，如图 10 - 22 所示，2008 年尤其明显，美元指数跌至 71 的历史地位，而美原油创造 140 美元/桶的历史新高。

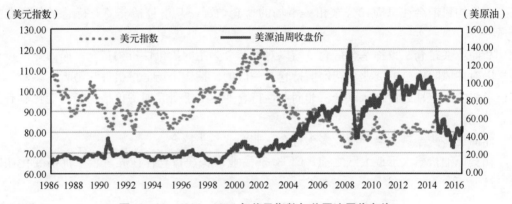

图 10 - 22　1986—2016 年美元指数与美原油周收盘价

2. 黄金

黄金与原油同为世界大宗商品，在国际商品市场上占据着主导地位。原油是世界经济发展的派生需求，而黄金则是世界经济动荡的避险需求。本节选取国际上最具有代表性的现货伦敦金价格走势与美原油进行分析。

30 年的走势中，伦敦金现货和美原油价格变动具有同向性，但是幅度不同（图 10 - 23）。1986—2000 年，两者价格分别在 200 ~ 400 美元/盎司、20 ~ 40 美元/桶区间盘整，其中 1990 年美原油价格大涨，从 20 美元涨至 40 美元，随后快速回落至 20 美元，同时黄金也小幅上涨并回落，但是其波动远远小于美原油。2000—2008 年，美原油进入牛市，价格一路上涨至 140 美元，伦敦金现货也涨至 1000 美元附近。2008 年世界金融危机爆发，美原油价格大幅下跌，而伦敦金现货虽然也有小幅回落，但总体跌幅并不大。2009—2012 年，美原油与黄金齐头并进，此次黄金涨幅超过原油，不断创造历史新高。

2013 年至今，两者价格都触顶回落。

图 10 – 23　1986—2016 年伦敦金现货与美原油周收盘价

3. 地缘政治

原油是一种重要的战略性资源，当原油储量丰富的国家发生战争或政局动荡时，原油的价格就会出现剧烈波动。

1973 年的第四次中东战争使得除了伊拉克外的中东石油国对美国和荷兰实行禁运令，并且强制减少本国石油出口，导致一年内国际油价涨到了原先的 3 倍。1990 年海湾战争爆发，伊拉克和科威特每日 440 万桶的原油产量从市场上消失，使国际油价 3 个月内翻了一番，随后又在半年内回落到战前水平。

2018 年 5 月 8 号美国总统特朗普宣布美国将退出伊核会议，并重启因伊核协议而豁免的对伊朗制裁。作为欧佩克重要成员的伊朗，其 2017 年石油储量在欧佩克组织成员中排名第三，约占世界石油储量的 10%，产量占全球 5% 左右。若美国对伊朗重新实施制裁，势必会导致伊朗的石油产量骤减，导致全球石油供给减少，可能影响未来国际石油价格。

第十一章　聚丙烯

第一节　聚丙烯概况

一、什么是聚丙烯

1. 聚丙烯的定义

聚丙烯，英文名称：Polypropylene（PP），分子式：$(C_3H_6)_n$，属于热塑树脂，是五大通用树脂之一。外观为白色颗粒，无味、无毒，由于晶体结构规整，具备易加工、抗冲击强度、抗挠曲性以及电绝缘性好等优点，在工业界有广泛的应用，是常见的高分子材料之一（图 11-1）。

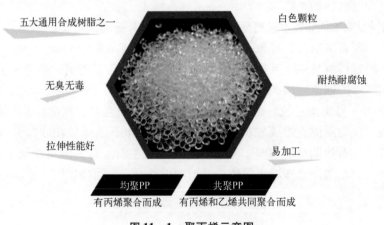

图 11-1　聚丙烯示意图

2. 聚丙烯的特性

（1）物理性能

聚丙烯为无毒、无臭、无味的乳白色高结晶的聚合物，密度只有 $0.90 \sim 0.91 \text{g/cm}^3$，是目前所有塑料中最轻的品种之一。它对水特别稳定，在水中的吸水率仅为 0.01%，分子量 8 万 ~ 15 万。成型性好，但因收缩率大（为 $1\% \sim 2.5\%$），厚壁制品易凹陷；对一些尺寸精度较高零件，很难达到要求；制品表面光泽好，易于着色。

（2）力学性能

聚丙烯的结晶度高，结构规整，具有优良的力学性能。聚丙烯力学性能的绝对值高于聚乙烯，但在塑料材料中仍属于偏低的品种，其拉伸强度仅可达到 30 MPa 或稍高的水平，抗冲击强度较差。聚丙烯具有优异的抗弯曲疲劳性，俗称百折胶，其制品在常温下可弯折 100 次而不损坏。

（3）热性能

聚丙烯具有良好的耐热性，制品能在 100℃ 以上温度进行消毒灭菌。在不受外力的条件下，150℃ 也不变形。脆化温度为 -35℃，耐寒性不如聚乙烯。聚丙烯的熔融温度比聚乙烯高 40% ~ 50%，为 164 ~ 170℃，100% 等规度聚丙烯熔点为 176℃。

（4）化学稳定性

聚丙烯的化学稳定性很好，除能被浓硫酸、浓硝酸侵蚀外，对其他各种化学试剂都比较稳定，适合制作各种化工管道和配件，防腐蚀效果良好。

（5）电性能

聚丙烯有较高的介电系数，且随温度的上升，可以用来制作受热的电器绝缘制品。它的击穿电压也很高，适合用作电器配件等。聚丙烯抗电压、耐电弧性好，但静电度高，与铜接触易老化。

（6）耐候性

聚丙烯对紫外线很敏感，加入氧化锌、硫代二丙酸二月桂酯、炭黑或类似的乳白填料等可以改善其耐老化性能。

二、聚丙烯的用途

聚丙烯按照参加聚合的单体组成分为均聚级和共聚级两种。共聚是加入 1% ~ 4% 乙烯的无规共聚，或者乙烯含量更高的嵌段共聚物，具有更强的抗冲击强度，且乙烯含量越高越强。共聚主要有无规共聚，抗冲共聚；均聚又可分为拉丝，均聚注塑，BOPP 膜，纤维等。

（1）拉丝料：T30S，S1003，L5E89，F401 等。广泛用于编织袋（遮阳或覆盖用）、彩条布、地毯背衬（基布）、集装袋、篷布和绳索的生产，以及粮食、化肥、水泥、糖、盐、工业用料和矿砂等的包装。

（2）纤维料：Z30S，Z69S，S700，S2040 等。主要用于高速和超高速纺丝、无纺布等生产领域，在装饰、医疗卫生材料、服装三大领域中具有广泛的用途。

（3）抗冲共聚。高融共聚：K7760，M30RH，K7726，M2600R 等。主要用于汽车部件、洗衣机专用料。

中融共聚：M700R，SP179，EPC30R 等。主要用于汽车、家用电器、化妆品盒等。

低融共聚：K8003，EPS30R，K8303，M180R 等。主要用于玩具制品、蓄电池外壳、化工板材、文件夹、周转箱等。

（4）无规共聚：M250E，M800E，K4912，B4808，5090T 等。主要用于文具、热成型制品、饮料罐装瓶、贮藏箱、家用器皿、输液瓶、媒体包装、家庭用品、一次性注射器等。

（5）均聚注塑：V30G，1120，1100N 等。主要用于电水壶、电饭锅、电熨斗、取暖器、电吹风、电烤面包器、电热干手器等小家电，以及塑料玩具、包装容器、食品器具等。

（6）BOPP薄膜：T36F，F280F，1104K等。主要用于具有高挺度、高透明性能的内外层包装薄膜领域。也广泛用于生产印刷复合用平膜、消光膜、珠光膜、合成纸和烟膜等产品，通常用来制作商标印刷、印刷复合、食品饮料包装、香烟包装和胶黏带等。

（7）CPP膜：F800E，FC801等。主要用于生产复合薄膜的内层热封膜、真空镀铝用薄膜、高温蒸煮用薄膜、包装薄膜、消光膜和金属化膜等产品。

（8）管材料：B4101，T4401，PA14D，4228等。用于建筑物给水系统、采暖系统以及化工管道系统的管材制造。

（9）涂覆料：H2800。主要用于编织袋、篷布、彩条布、管道等涂膜领域。

三、聚丙烯的生产工艺

（1）聚丙烯的生产原理。

聚丙烯是通过丙烯在催化剂的作用、低压的环境下发生聚合反应生成的。而它的原材料丙烯大多以联产物或副产物的形式出现。它的一部分来自炼油厂，是石油催化裂化生产汽油时的副产物；另一部分来自天然气或石油馏分蒸气裂解制乙烯时的联产物。在石油炼制中，无论是催化裂化、热裂化还是焦化过程，都会产生含有丙烯的气体，其中催化裂化过程产生的丙烯最多。

（2）聚丙烯的生产工艺。

聚丙烯生产工艺主要有溶液法、淤浆法、本体法、气相法和本体–气相法组合工艺等五大类。目前世界上比较先进的生产工艺主要是气相法工艺和本体–气相法组合工艺，这些工艺技术都采用本体法、气相法或本体法–气相法的组合工艺生产均聚物和无规共聚物，再串联气相反应器系统（一个或两个）生产抗冲共聚物。这些工艺技术适应了装置大规模（20万吨/年以上）和操作经济性、产品多样性和高性能的要求，得到了比较广泛的应用。

第二节　聚丙烯的生产

一、世界聚丙烯生产

世界聚丙烯产能从2001年的3713万吨/年增至2017年的6515万吨/年，年均增速近5.2%。2017年世界聚丙烯装置产能主要集中在亚洲、西欧、北美及中东，其中亚洲约占世界总产能的48.4%，是世界最大的聚丙烯生产地区（图11–2）。

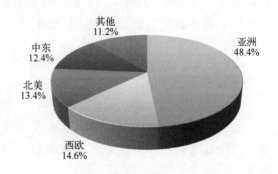

图11–2　2017年世界聚丙烯产能分布

二、中国聚丙烯生产

中国聚丙烯的产量在 2002—2007 年保持快速增长趋势，年均涨幅达 15.8%，5 年时间翻了一番多。2008 年受金融危机影响，聚丙烯产量减少，2008 年增长率为 -6.62%。2009 年开始，在中央政府拉动内需的政策引导下，聚丙烯产量又开始稳步回升，2016 年中国聚丙烯年产量为 1788 万吨，是世界聚丙烯第一生产国（图 11 - 3）。

中国聚丙烯产能保持快速增长趋势，2008 年只有 644 万吨，2015 年增长到 1778 万吨（图 11 - 4）。近年来煤化工产业快速发展，以煤或甲醇为原料生产聚丙烯的企业超过 10 家。

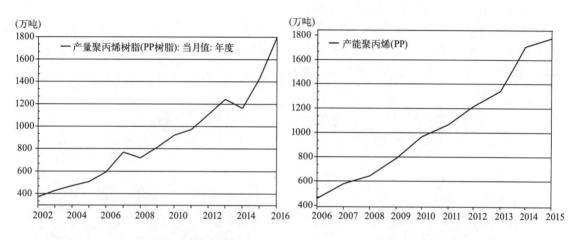

图 11 - 3 2002—2016 年中国聚丙烯产量　　　图 11 - 4 2006—2015 年中国聚丙烯产能

目前中国有聚丙烯生产商 100 多家，年产量超过 40 万吨的有 10 家，分别为镇海、上海、茂名、兰州、扬子、神华宁煤、中沙天津等，这十家厂商产量合计占中国总量的 39%（图 11 - 5）。

2016—2020 年新增的聚丙烯生产装置仍然很多，其中中国石化凭新增产能 155 万吨/年位居榜首，海南洋浦以 65 万吨/年名列第二，上海及扬子石化、青岛乙烯等以 60 万吨/年并列第三。另外煤化工和丙烷脱氢在未来几年也将得到快速发展，其提供的新增聚丙烯产能达到 680 万吨/年左右。预计到 2020 年中国的聚丙烯产能将达到 3100 万吨/年，年需求量在 2580 万吨左右。

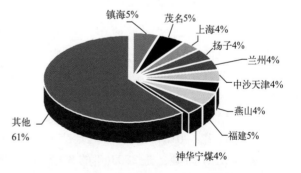

图 11 - 5 2016 年中国聚丙烯生产格局及占比

第三节　聚丙烯的消费

一、世界聚丙烯消费量

世界聚丙烯消费量一直保持强劲上升走势。从 2001 年的 3127 万吨增长至 2017 年的 5375 万吨。2009 年，受国际金融危机和世界经济下行的影响，各大生产厂商开工率持续走低，聚丙烯消费量首次出现负增长；2010 年后世界经济回暖，聚丙烯消费量增长明显。聚丙烯主要消费地区是亚洲、北美和西欧，其中亚洲消费占世界消费总量的半数多，超过西欧和北美成为最重要的聚丙烯销售市场（图 11 - 6）。

2016 年聚丙烯主要用于注塑、薄膜和拉丝及纤维等领域；近年来在欧美地区聚丙烯用于吹塑领域增长较快，而在亚洲地区的需求才刚刚起步。预计未来需求增长仍主要来自于薄膜及纤维，而注塑的增速将有所放缓（图 11 - 7）。

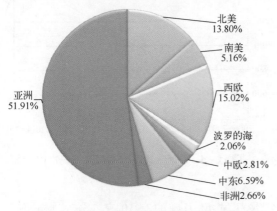

图 11 - 6　2016 年世界聚丙烯消费分布

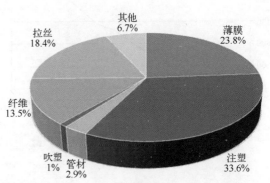

图 11 - 7　2016 年世界聚丙烯消费结构比例

二、中国聚丙烯消费

中国聚丙烯消费图类似于产量图，保持快速增长。2008 年受金融危机影响，聚丙烯需求首次出现负增长。2009 年后在中央拉动内需的政策刺激下，又开始实现快速增长。这种快速增长消费的趋势一直保持着，2016 年中国聚丙烯表观消费量为 2127 万吨，是 2003 年的 3 倍，目前聚丙烯消费同生产一样是世界第一大国（图 11 -8）。

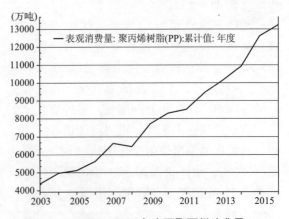

图 11 - 8　2003—2016 年中国聚丙烯消费量

116

三、进出口

中国聚丙烯进口量在 2008 年以前一直都较为稳定，在 285 万吨上下波动。2008 年受金融危机影响，进口量明显下滑。2009 年后聚丙烯进口量有了非常明显的提升。2009—2014 年进口量在 360 万吨上下，2014 年后聚丙烯进口量呈下跌趋势，2016 年进口量为 301 万吨（图 11 -9）。

2016 年中国聚丙烯进口量中，来自韩国、新加坡、沙特阿拉伯的排名前三（图 11 -10）。目前中国聚丙烯生产仍然不能满足内需，需要通过进口来弥补，不过进口依赖度最近几年呈下降趋势，

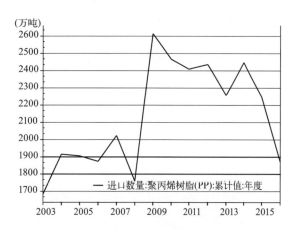

图 11 -9　2003—2016 年中国聚丙烯进口量

这和中国快速增加的产能有密切关系，预计未来进口总量会进一步降低，直至实现产销平衡。

中国聚丙烯进口依赖度自 2003 年以来大致处于下跌走势中，唯独 2009 年例外。2016 年中国聚丙烯进口依赖度为 13.86%，相较于 2003 年的 38.41% 减少了 24.55%，年均减少 1.85%（图 11 -11）。进口依赖度的逐年降低，从侧面表明了中国聚丙烯产业正在稳步发展，产能提升使得聚丙烯逐渐能够自给自足。

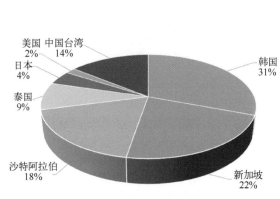

图 11 -10　2016 年中国聚丙烯进口国量分布

图 11 -11　2003—2016 年中国聚丙烯进口依赖度

中国聚丙烯出口量大致呈上升趋势，从 2003 年的 1.2 万吨增长至 2015 年的 16.59 万吨，年均增长率为 24.47%。虽然中国的聚丙烯出口增长速度很快，但是出口量所占生产总量的比重很小，对于聚丙烯价格的走势影响非常小，可以忽略不计。

第四节　聚丙烯期货合约

交易品种	聚丙烯
交易单位	5 吨/手
报价单位	元（人民币）/吨
最小变动价位	1 元/吨
涨跌停板幅度	上一交易日结算价的 4%
合约月份	1—12 月
交易时间	每周一至周五 9：00—11：30，13：30—15：00，以及交易所公布的其他时间
最后交易日	合约月份第 10 个交易日
最后交割日	最后交易日后第 3 个交易日
交割等级	大连商品交易所聚丙烯交割质量标准
交割地点	大连商品交易所聚丙烯指定交割仓库
最低交易保证金	合约价值的 5%
交割方式	实物交割
交易代码	PP
上市交易所	大连商品交易所

第五节　聚丙烯价格的影响因素

一、宏观经济形势

聚丙烯是石油的下游产品，应用领域非常广泛。聚丙烯需求量受制于宏观经济增长水平。经济增长快，对聚丙烯的需求量增加，价格有了支持，反之价格会变得疲软。

二、原油价格

原油是聚丙烯的上游原料，原油价格变动是化工材料变动的主要原因。中国石油消费有一半以上依赖进口，所以人民币汇率的变动对生产聚丙烯的成本也有较大影响。作为聚丙烯的直系原材料，丙烯的价格对于研判聚丙烯价格走势意义重大。

自 2014 年初至 2015 年底，英国布伦特原油处于下降走势，期间在 2015 年 1 月至 2015 年 9 月经历了一个中继形态，10 月向下突破后跌至 2016 年 1 月 20 日的低点，即 25.99 美元/桶。聚丙烯期货的价格走势与其十分相似，也同样是经历了两年下跌

（图 11 - 12）。

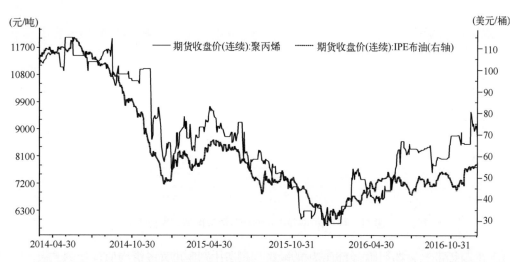

图 11 - 12　2014—2016 年布伦特原油价格（下）与聚丙烯价格走势（上）周 K 线对比

中国原油消费非常依赖进口，以美元标价的原油在发生国际贸易时，汇率就起到了重要作用。2014 年至 2015 年 7 月，美元兑人民币汇率基本保持不变，而此时聚丙烯价格却大跌，这可能是由于商品本身的供求关系导致价格剧烈变化。自 2016 年以来，人民币大幅贬值，这就意味着中国要购进同样的原油，所花的人民币多了，这直接使得聚丙烯的生产成本提高，进而促使聚丙烯价格提高。从图 11 - 13 中可以明显看到，随着 2016 年美元兑人民币汇率的提升，聚丙烯价格也跟着上行，两者相关程度较强。

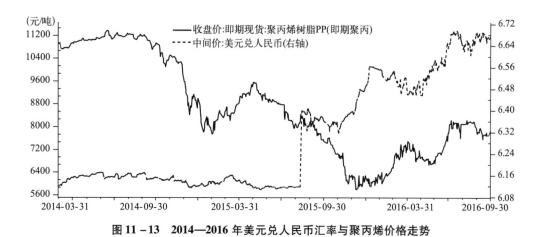

图 11 - 13　2014—2016 年美元兑人民币汇率与聚丙烯价格走势

丙烯是聚丙烯（PP）的直接生产原料，在商品本身的逻辑关系上比原油更为强烈，所以丙烯的价格走势对于聚丙烯影响更加重大。分析近两年的走势，两者相关程度非常高，走势几乎一样，同样是在 2014—2015 年保持下跌，随后反弹（图 11 - 14）。

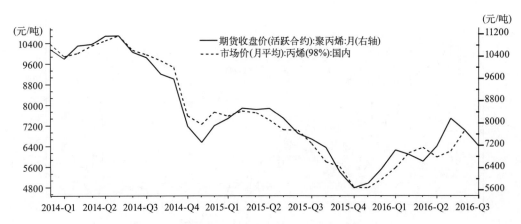

图 11 - 14　2014—2016 年聚丙烯价格与丙烯价格

用聚丙烯的当月期货收盘价作为被解释变量 PP，用英国布伦特原油上月市场价 OIL 作为解释变量，外加常数项 C 构造单因素模型：

$$PP = C_1 \times OIL(-1) + C$$

回归所选用数据来源于万得大宗商品数据库，时间为 2014 年 2 月至 2016 年 8 月，频率为月度。

$$PP = 56.6714 \times OIL(-1) + 4550.9673$$
$$R^2 = 0.8771$$

观察回归结果，我们发现拟合优度为 0.87，结果比较好，此单因素模型对于聚丙烯期货价格预报具有重大意义。

拟合图可以更直观地表达模型拟合情况，模型预报值与真值相差较小，其残差波动也在 1 个方差左右，表示模型构建正确，对事实解释力较强（图 11 - 15）。

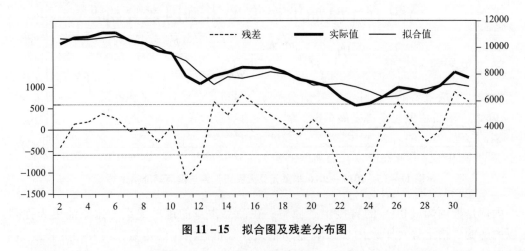

图 11 - 15　拟合图及残差分布图

预报模型结论：聚丙烯当月期货收盘价约为 56.6714 倍的布伦特原油上月市场价

加 4550. 9673。

也就是说，2016 年 9 月 29 日布伦特原油市场价为 48.40 美元/桶，按照此模型计算，2016 年 10 月聚丙烯期货价格大约为 48.40 × 56.6714 + 4550.9673 = 7292.8631 元/吨。

三、库存

库存是短时间内供需平衡的晴雨表。库存增加，表明供过于求，价格变得疲软。库存减少，说明短期内需求超过供给，价格一般会上涨。

四、PP 期货与现货价格

PP 期货价格是以聚丙烯现货做成标准合约为标的而产生的价格，期货 PP 价格受供需影响较大，并有价格发现的作用；期货价格有稳定现货价格的作用。因此两者具有高度的相关性（图 11 – 16）。

设聚丙烯期货价格为 Y，现货价格为 X，作 Granger 因果关系检验。

图 11 – 16　聚丙烯期货价格与现货价格走势图

检验结果表明在 5% 的显著水平下，聚丙烯期货价格与现货价格互为格兰杰原因。建立线性回归模型，结果如下：

$$Y = 151.8689 + 0.978191X$$
$$R^2 = 0.942317$$

五、PP 价格与 PE 价格之间套利机会发现

在石油化工产业链中，提炼出的石油通过乙烯裂解得到的产物是相对固定的，其中就有固定比例的乙烯和丙烯，也就是商品期货中 LLDPE（塑料）和 PP（聚丙烯）的主要原料，LLDPE – PP 间的跨商品套利因此有一定的依据。采用最近三个合约进行研究，发现聚丙烯与塑料价格之比均值为 0.9319，标准差为 0.0478。通过 1809 合约简单说明套利

思想。

图 11 - 17 中①处价比为 0.8813，偏离均值 0.0506，所以聚丙烯价格被低估，塑料价格被高估，此时②处聚丙烯处于上升趋势，开仓做多聚丙烯，做空塑料，待比价回归均值后择机平仓。

图 11 - 17 中③处价比为 0.9816，偏离均值 0.0497，所以聚丙烯价格被高估，塑料价格被低估，此时④处聚丙烯处于一个下跌三角形，开仓做空聚丙烯，做多塑料，待比价回归均值后择机平仓。

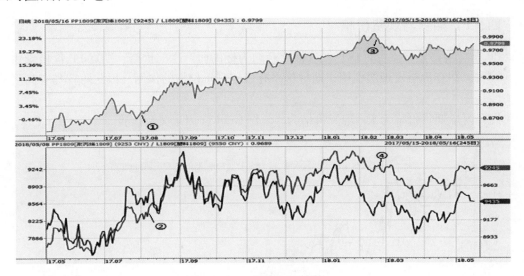

图 11 - 17　聚丙烯塑料套利

第十二章　塑　料

第一节　LLDPE 简介

塑料是以单体为原料，通过加聚或缩聚反应聚合而成的高分子化合物，也叫树脂。一般而言塑料由合成树脂及填料、增塑剂、稳定剂、润滑剂、色料等添加剂组成，可以自由改变成分及形体样式。塑料的主要种类有聚乙烯（PE）、聚丙烯（PP）、高密度聚乙烯（HDPE）、低密度聚乙烯（LDPE）、线性低密度聚乙烯（LL-DPE）、聚氯乙烯（PVC）、通用级聚苯乙烯（GPPS）、聚苯乙烯泡沫（EPS）、耐冲击性聚苯乙烯（HIPS）、聚苯乙烯（PS）

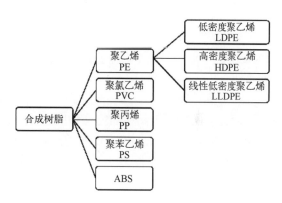

图 12-1　LLDPE 在塑料分类中的位置

等（图 12-1）。大连商品交易所上市交易的线性低密度聚乙烯（LLDPE）是应用广泛的一种塑料。

图 12-2　线性低密度聚乙烯

一、线性低密度聚乙烯 LLDPE

LLDPE 是乙烯与少量高级 α-烯烃（如 1-丁烯、1-己烯、1-辛烯、1-四甲基戊烯等）在催化剂作用下经高压或低压聚合而成的一种共聚物，密度处于 0.915~0.940g/cm³ 之间。LLDPE 产品无毒、无味，呈乳白色颗粒状（图 12-2）。与 LDPE 相比具有强度高、韧性好、刚性强、耐热、耐寒等优点，还具有良好的耐环境应力开裂、耐撕裂强等性能，并可耐酸、碱、有机溶剂等。

二、LLDPE 的分类

按共聚单体类型，LLDPE 主要划分为 3 种共聚物：C4（丁烯-1）、C6（己烯-1）和 C8（辛烯-1）。其中，丁烯共聚物是世界生产量最大的 LLDPE 树脂，而己烯共聚物则是目前增长最快的 LLDPE 品种。与通常使用的丁烯共聚单体相比，以己烯和辛烯作为共聚单体生产的 LLDPE 具有更为优良的性能。LLDPE 树脂的最大用途在于薄膜的生产，以长

链 α - 烯烃（如己烯、辛烯）作为共聚单体生产的 LLDPE 树脂制成的薄膜及制品在拉伸强度、冲击强度、撕裂强度、耐穿刺性、耐环境应力开裂性等许多方面均优于用丁烯作为共聚单体生产的 LLDPE 树脂。

三、LLDPE 的特性

（1）热封性

LLDPE 薄膜热封性良好，只要达到最低的起封温度就具有良好的热封强度，封口抗污染能力强。

（2）熔融性能

熔融性能决定于相对分子质量、相对分子质量分布、长支链等因素。LLDPE 的熔融张力比 LDPE 低，且熔融应力的松弛时间短，注射成型品内残留应力小，因此收缩率小，翘曲也小。

（3）热性能

聚乙烯的熔点与结晶的完全程度、晶粒大小成比例。同样的 LLDPE，共聚物单体的碳数越多，其熔点越高。LLDPE 的熔点比 LDPE 高 10 ~ 15℃，LLDPE 比 LDPE 熔点范围更窄，所以薄膜的热封性能更好。LLDPE 脆化温度比 LDPE、HDPE 都低，可耐受更低的温度。

（4）物理力学性能

LLDPE 的拉伸性能与 LDPE 相比，拉伸数量、拉伸屈服强度大，特别是拉伸断裂强度和断裂伸长率大；密度越低，刚性越差（即更柔软）。就同一密度来说，LLDPE 的耐冲击强度较大，比 C4、C6、C8 共聚单体聚合物冲击强度更高。

LLDPE 薄膜的物理机械性能明显优于 LDPE，其柔软性、韧性、耐寒性、耐穿刺性均优于 LDPE。

四、LLDPE 的用途

（1）薄膜：广泛用于例如生产袋子、垃圾袋、弹性包装物、工业用衬套、巾式衬套和购物袋这一类型的物件上。

（2）模塑：广泛用于注塑与油类食品接触的模塑盖子，滚塑废料容器、燃料箱和化学品槽罐。

（3）管材和电线电缆。

五、LLDPE 生产工艺路径

部分中东国家采用天然气生产路线，我国全部采用石油生产路线（图 12 - 3、图 12 - 4）。

聚乙烯的生产方法主要有 4 种：高压法、气相法、溶液法和淤浆法。目前世界上生产 LLDPE 通常采用气相法和溶液法工艺。代表性的是美国联碳公司的 Unipol 气相法工艺和加拿大杜邦中压溶液法（Sclairtech）工艺。

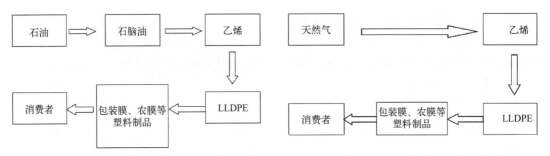

图 12 - 3　LLDPE 的石油生产路线　　　　图 12 - 4　LLDPE 的天然气生产路线

第二节　世界 LLDPE 生产和消费

一、LLDPE 生产

聚乙烯的生产原料是乙烯，用于生产聚乙烯的原料乙烯约占乙烯总消费量的45%，所以研究乙烯的生产格局对于聚乙烯具有重要意义。2017 年世界乙烯总产能达到 1.5 亿吨。从地域上来看，东北亚和北美是世界最大的乙烯生产基地，两地共占了世界45%的乙烯产能；中东和非洲位列其次，合计世界产能占比达到 20%；另外西欧也是重要的乙烯产地，提供了大约 16%的产能（图 12 - 5）。总体来看，东北亚、中东、北美、西欧是世界乙烯重要生产地，对世界乙烯价格及其下游聚乙烯价格有至关重要的影响。

中国聚乙烯产量自 2002—2017 年总体保持快速上升趋势，产量由 2002 年的 354.9 万吨增加至 2017 年的 1147.9 万吨。2014 年产量明显下滑，为 873.4 万吨。这与 2014 年聚乙烯价格大幅下跌有密切关系，利润的减少必然导致生产积极性的下降。2015 年产量快速恢复，达到 1186.8 万吨，约占世界聚乙烯总产量的 15%（图 12 - 6）。

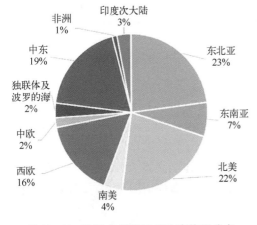

图 12 - 5　2017 年世界乙烯生产格局分布

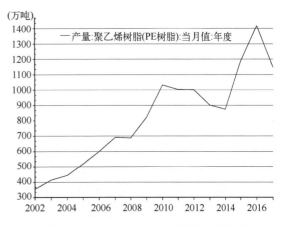

图 12 - 6　2002—2017 年中国聚乙烯产量

2016 年中国聚乙烯产能为 1540 万吨。从地域分布来看，西北地区是中国聚乙烯主要生产地，产能为 395 万吨，占比 26% 位列全国第一，其次是东北、华南，分别以占比 20% 、17% ，排名第二、第三；西南地区产能最少，仅为 60 万吨，占比 4% （图 12 –7）。

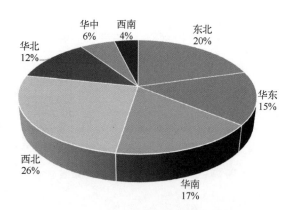

图 12 –7 2016 年中国聚乙烯产能分布

二、世界 LLDPE 消费情况

世界聚乙烯需求量由 2008 年的 6000 多万吨上涨至 2015 年的 9000 万吨，年均涨幅在 5.96% 左右；同产能一样保持稳定上涨趋势（图 12 –8）。

2015 年世界 9000 万吨的聚乙烯消费中，薄膜产品占比高达 49% ，稳居聚乙烯需求第一位。其次是吹塑，占比 13% 。注塑占比 11% ，滚塑占比 2% （图 12 –9）。

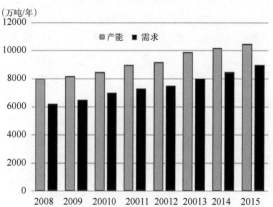

图 12 –8 2008—2015 年世界聚乙烯产能需求

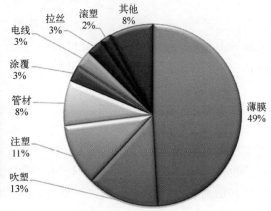

图 12 –9 2015 年世界聚乙烯消费结构比例

三、中国聚乙烯消费

中国聚乙烯表观消费量自 2003 年至今大致保持上升趋势，年均增长率 8.64% 。图 12 –10 中两个较为明显的拐点分别为 2008 年和 2014 年，同比分别下降 0.61% 和 6.29% 。2008 年受世界金融危机影响，聚乙烯消费比较萎靡，此后在政府拉动内需的政策刺激下，消费量快速增长，2009 年同比涨幅达 36.67% 。到 2014 年，由于中国聚乙烯价格的大幅下跌，生产商利润被压缩，纷纷减产，导致消费也随之减少，2014 年消费量仅为 1907 万吨。2015 年，中国聚乙烯表观消费量为 2382 万吨，涨势依旧迅猛。2016 年，聚乙烯消费量为 2385 万吨，几乎与 2015 年持平。

中国聚乙烯消费结构与世界类似，在中国 2016 年 2385 万吨的消费中，薄膜产品仍然占据第一，比例超过一半为 51% ，其次注塑以 13% 排名第二，中空容器和管材占比均在

12%左右（图12-11）。预计未来几年内薄膜产品依旧保持主导地位，值得一提的是，高密度乙烯产品的下游产品呈现需求扩大趋势，其代表为中空容器所占消费比逐渐提高。

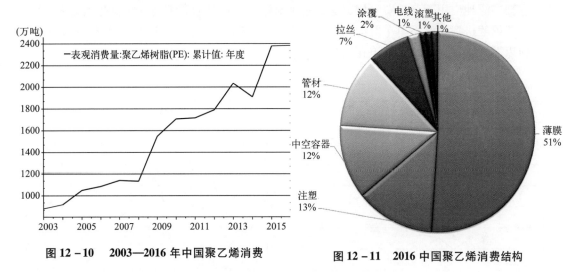

图 12-10　2003—2016 年中国聚乙烯消费

图 12-11　2016 中国聚乙烯消费结构

四、进出口

中国聚乙烯进口量自2009年扩大内需以来增长迅速，这是由于自身产能的增加跟不上消费需求的发展，导致供给缺口扩大，而依赖进口填补。2016年中国聚乙烯总进口量为986万吨，如图12-12所示。

2011年以前中国聚乙烯出口量呈上升趋势，最高点2011年出口量为32万吨。随后有所下滑，近几年出口量在20万~32万吨区间内波动（图12-13）。然而由于中国聚乙烯产能跟不上快速扩张的需求，聚乙烯的消费仍然比较依赖进口，在这样的局面下，其出口量必然难以上升，即使是最高点2011年，其出口量也仅仅占当年产量1003万吨的3.2%。所以在聚乙烯内需无法满足的大背景下，中国出口量的变动对聚乙烯价格影响微小，可以忽略不计。

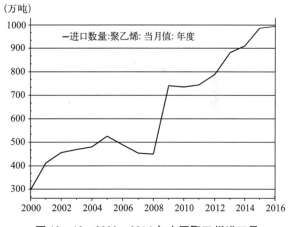

图 12-12　2000—2016 年中国聚乙烯进口量

中国聚乙烯当前局面是无法自给自足的，进口量呈逐年上涨趋势，不过对外依存度近十年来比较稳定，保持在40%~50%之间，并没有随进口量的上升而上升（图12-14）。这从侧面说明了中国聚乙烯产业发展速度较快，目前基本与消费需求的增长速度相等，其新增产能量与新增消费量较为稳定。虽然对外依存度稳定在区间内波动，但即使是这个区间的下限40%，依然是非常高的对外依存绝对值。聚乙烯是产量用量最大的合成树脂之一，它被广泛地应用于各消费领域，这样一个对国民经济具有重要意义的大宗商品有近一半的消费依赖进口，这不单单对国民经济的提升有影响，甚至有可能成为国家大战略的隐患，所以发展中国聚乙烯产能迫在眉睫。

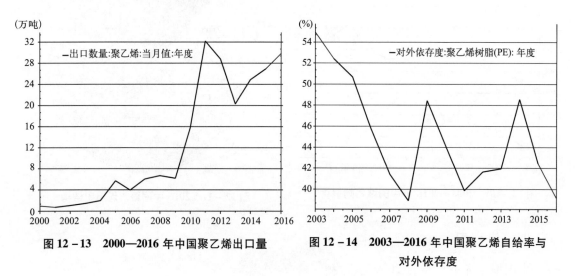

图 12－13　2000—2016 年中国聚乙烯出口量　　　图 12－14　2003—2016 年中国聚乙烯自给率与
对外依存度

第三节　LLDPE 期货合约

交易品种	线型低密度聚乙烯
交易单位	5 吨/手
报价单位	元（人民币）/吨
最小变动价位	5 元/吨
涨跌停板幅度	上一交易日结算价的4%
合约月份	1—12 月
交易时间	每周一至周五 9：00—11：30，13：30—15：00，以及交易所公布的其他时间
最后交易日	合约月份第 10 个交易日
最后交割日	最后交易日后第 3 个交易日
交割等级	大连商品交易所线型低密度聚乙烯交割质量标准
交割地点	大连商品交易所线型低密度聚乙烯指定交割仓库
最低交易保证金	合约价值的5%
交割方式	实物交割
交易代码	L
上市交易所	大连商品交易所

第四节　LLDPE 价格的影响因素

一、宏观经济形势

宏观经济形势决定 LLDPE 的需求。宏观经济增长快，对 LLDPE 需求旺盛，LLDPE 价格就坚挺，反之疲软。2010—2017 年全球第二产业 GDP 增长速度逐渐变缓，LLDPE 期货价格大致呈下跌趋势，从图 12 - 15 可以看出全球经济增长状况与 LLDPE 价格呈同方向变化。

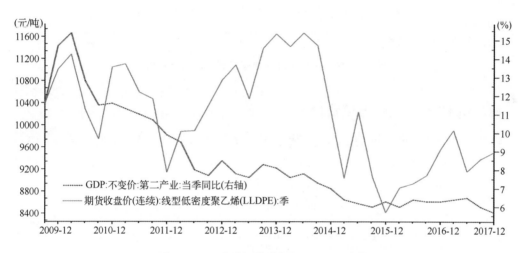

图 12 - 15　全球经济增长与 LLDPE 价格

二、原油价格与聚乙烯价格

原油是聚乙烯的上游产品，两者之间存在长期稳定的均衡关系，且两者价格呈明显的正相关，原材料价格的上涨下跌自然影响成品。

图 12 - 16 显示聚乙烯期货价格与原油期货价格的走势可以很好地吻合。经实证检验得到：在 5% 的显著水平下，聚乙烯期货价格与原油期货价格互为 Granger 因果关系。因此，可用原油价格的滞后一期 $OIL(-1)$ 来预报聚乙烯的当期价格 LL，进行线性回归得到：

$$LL = 7907 + 34.31OIL(-1)$$

且拟合优度较高，回归结果显著。

三、库存

库存在一定程度上可以反映供求平衡关系，是影响工业品价格的最主要因素之一。当库存增加时，表明供大于求，导致价格下跌；当库存减少时，表明供小于求，导致价格上涨。

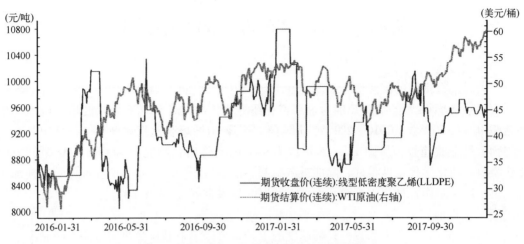

图 12 - 16   2016—2017 年聚乙烯与原油期货价

四、LLDPE 现货价与期货价

聚乙烯现货价与期货价的走势大致吻合，经实证检验得到：在 5% 的显著水平下，聚乙烯现货价格与期货价格互为 Granger 因果关系（图 12 - 17）。因此，可用聚乙烯现货价格的滞后一期 $SPOT$（-1）来预报聚乙烯的当期价格 LL，进行线性回归得到：

$$LL = 3609 + 4.77SPOT(-1)$$

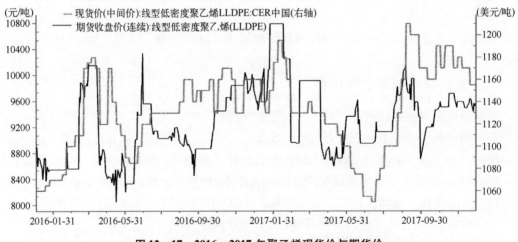

图 12 - 17   2016—2017 年聚乙烯现货价与期货价

五、聚乙烯 LLDPE 与聚丙烯 PP 的套利关系

聚乙烯、聚丙烯与原油关联密切，两者间有一个合理价比。当投机使得价比偏离均值太多时，价比有回到正常值的倾向，这时存在套利的机会。

由表 12 - 1 可知，一般情况下，LLDPE 高于 PP，当 LLDPE 和 PP 的价比偏离均值较大时，价比必向均值回归，因此存在套利机会。以最近一年为例，LLDPE 和 PP 之比的均值为 1.089，标准差为 0.044。下面举例简单说明套利思想。

表 12 - 1　LLDPE 与 PP 指数价比的均值和标准差

历史数据	近 1 年	近 3 年	近 5 年
均值	1.089	1.156	1.130
标准差	0.044	0.086	0.089

在图 12 - 18 中，①处价比高于均值两个标准差，因此 LLDPE 指数被严重高估，PP 指数被严重低估，在②处出现反弹时做多 PP，做空 LLDPE，待比值回归均值择机平仓。③处价比低于均值一个标准差，所以 LLDPE 指数被严重低估，在④处向下突破前期上升趋势时做空 PP，做多 LLDPE，待比值回归均值择机平仓。

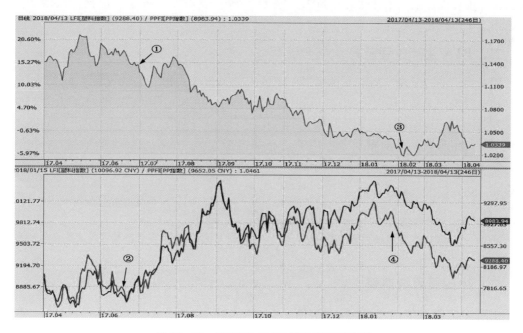

图 12 - 18　LLDPE 与 PP 指数的套利关系

第十三章 PTA

第一节 PTA 概况

一、PTA 的介绍

PTA 是精对苯二甲酸（Pure Terephthalic Acid）的英文简称，分子式：$C_8H_6O_4$。

PTA 在常温下是白色粉状晶体，无毒、易燃，若与空气混合，在一定限度内遇火即燃烧甚至发生爆炸。它的自燃点为 680℃，燃点为 384～421℃。溶于碱溶液，微溶于热乙醇，不溶于水、乙醚、冰醋酸及氯仿。

二、PTA 生产过程及产业链全流程

PTA 为石油的下端产品。石油经过一定的工艺过程生产出石脑油（别名轻汽油），从石脑油中提炼出 MX（混二甲苯），再提炼出 PX（对二甲苯）。PTA 以 PX（配方占 65%～67%）为原料，以醋酸为溶剂，在催化剂的作用下经空气氧化（氧气占 35%～33%），生成粗对苯二甲酸。然后对粗对苯二甲酸进行加氢精制，去除杂质，再经结晶、分离、干燥，制得精对苯二甲酸产品，即 PTA 成品（图 13-1）。

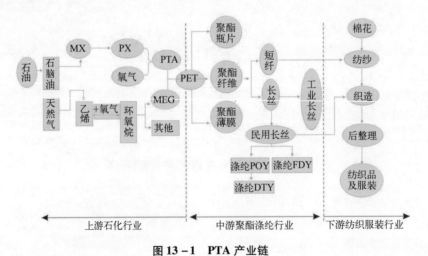

图 13-1 PTA 产业链

三、PTA 的用途

PTA 是重要的大宗有机原料之一，世界上 90% 以上的 PTA 用于生产聚对苯二甲酸乙二醇酯（简称聚酯，PET）。生产 1 吨 PET 需要 0.85～0.86 吨的 PTA 和 0.33～0.34 吨

的 MEG（乙二醇）。聚酯包括纤维切片、聚酯纤维、瓶用切片和薄膜切片（图 13 - 2、图 13 - 3）。在中国市场中，有 75% 的 PTA 用于生产聚酯纤维，主要用来做化纤原料；20% 用于生产瓶级聚酯，主要应用于各种饮料尤其是碳酸饮料的包装；5% 用于膜级聚酯，主要应用于包装材料、胶片和磁带。

图 13 - 2　聚酯纤维

图 13 - 3　聚酯薄片

涤纶的学名为聚对苯二甲酸乙二酯，经过喷丝形成极细的纤维，简称为聚酯纤维，它有长丝和短纤之分，长丝大约占涤纶的 62%；短纤大约占 38%。生产方法有两种：一是 PTA 和 MEG 生产出切片，用切片融解后喷丝而成；二是 PTA 和 MEG 在生产过程中不生产切片，而是直接喷丝而成（图 13 - 4、图 13 - 5、图 13 - 6）。

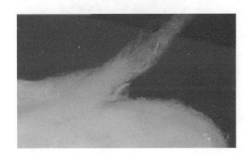

图 13 - 4　聚酯（涤纶）短纤

图 13 - 5　聚酯（涤纶）长丝

涤纶的强度高、弹性好、耐磨、耐日晒、耐酸而不耐碱，所以作为衣着原料尚存一些缺点，如吸湿性和染色性差，易起球等。故涤纶短纤常与棉、毛、麻、粘纤等混纺，从而使其织物既保持了涤纶的坚牢、耐磨、挺括、易收藏等特点，又兼有天然纤维吸湿、保暖、静电少等特点。不仅如此，涤纶还可用于制作特种材料如防弹衣、安全带、轮胎帘子线、渔网、绳索、滤布及缘绝材料等。

图 13 - 6　涤纶纺丝

第二节　PTA 的供给

PTA 作为生产聚酯的主要原料，近十几年来在需求量快速增长的拉动下，产量也迅猛发展。20 世纪 80 年代，世界 PTA 生产主要集中在北美、日本、欧洲和沙特等地区。进入90 年代以后，随着世界聚酯生产中心向亚洲转移，世界 PTA 生产格局发生了根本变化。截至 2014 年，世界 PTA 的生产集中于亚洲、北美和西欧，三地产能占世界的 99% 左右。亚洲 PTA 产能第一，占世界产能的 83%（图 13 – 7）。世界新增的 PTA 几乎都在亚洲，而亚洲的新增产能也基本集中在中国、韩国。中国大陆及台湾地区、印度尼西亚、韩国和印度是亚洲的主要 PTA 生产国和地区，其中中国大陆及台湾地区、韩国的 PTA 产能和产量均占亚洲总产能产量的 73% 左右。而中国占据了整个亚洲地区产量的 58% 左右，是世界PTA 生产中心。

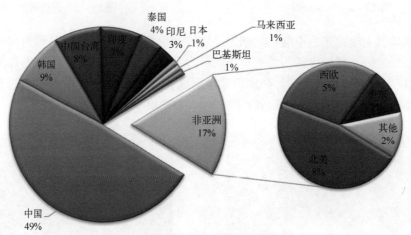

图 13 – 7　2016 年世界 PTA 产能分布

自 2000 年以来，中国 PTA 产能呈快速增长趋势。2010 年到 2014 年几乎井喷式增长。2014 年后增长速度有明显回落，但总体仍处于快速上升趋势中。2016 年中国 PTA 产能为 4903 万吨（图 13 – 8）。

中国 PTA 产量走势与产能类似，均处于上升趋势中，只是有增长放缓的趋势，2016 年产量为 3167 万吨（图 13 – 9）。

2002—2015 年中国 PTA 对外依存度呈下跌趋势，从 2002 年的高点 64% 跌至2015 年的 2.01%。中国 PTA 对外依存度

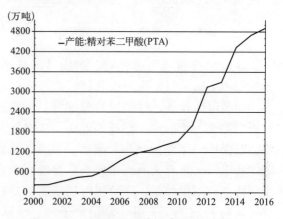

图 13 – 8　2000—2016 年中国 PTA 产能

可分为两个阶段：第一阶段是 1994—2004 年持续上升，自身产能不足，供不应求导致过度依赖进口；第二阶段是 2004 年至今，产能产量大幅提高使得供求局面反转，对外依存度逐年降低（图 13-10）。

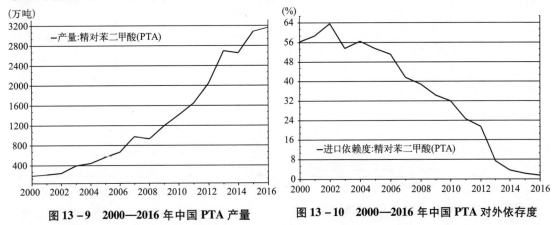

图 13-9　2000—2016 年中国 PTA 产量　　　　图 13-10　2000—2016 年中国 PTA 对外依存度

对外依存度走势图恰恰从侧面反映了中国 PTA 产业的发展进程，中国 PTA 的生产始于 1982 年，中石化北京燕山石化公司从国外引进了 PTA 的生产技术并建成了 3.6 万吨/年的生产设备，在经历了十余年的生产后，该设备由于老化并缺乏有效的市场竞争力等原因于 1998 年停产。此后，上海石化、扬子石化等公司也引进了 PTA 生产技术，并陆续建设了 PTA 生产装置。21 世纪初，中国的 PTA 产量仅为 200 余万吨，消费量却高达 500 万吨，产量不足消费量的一半，供需严重不平衡导致中国 PTA 消费过度依赖进口。这种情况在 2002 年到达顶峰，彼时中国 PTA 的需求量首次突破了千万吨大关，产量却仅为 400 余万吨，600 万吨的需求缺口全部依靠进口来弥补，对外依赖度达到 64%。

也正是随着中国需求的急剧增加，PTA 价格飙升，高利润促使中国 PTA 产能迅速增长，中国 PTA 产业也进入了快速成长期。2005 年以后，随着外企以及恒逸集团等民企大量进入 PTA 领域，中国 PTA 行业呈现出齐头并进、超常发展的趋势，对外依存度大大降低。2016 年产能明显超过产量。

第三节　PTA 的消费与进出口

一、PTA 消费

世界 PTA 总消费量的 98% 以上用于生产聚酯。PTT（聚对苯二甲酸丙二醇酯）与 PBT（聚对苯二甲酸丁二醇酯）在工业化生产规模较小，目前对 PTA 的需求量仅约 200 万吨。预计未来世界 PTA 的消费结构变化不明显，用于生产聚酯的比例仍将超过 90%，分析聚酯的消费对 PTA 的消费同样具有重要参考意义。

自 2004 年开始中国在高利润的驱动下，聚酯产量高速增长，2011 年曾达到 1200 万吨。2011 年后震荡走低，2016 年聚酯产量 1009.20 万吨（图 13-11）。聚酯产量的减产自然带动了 PTA 消费减少。近几年，PTA 产量却保持着持续增长（图 13 – 12），暗含着存在 PTA 供大于求的风险。

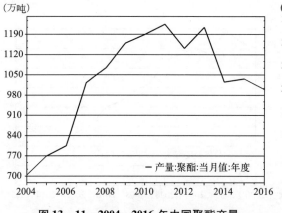

图 13 – 11　2004—2016 年中国聚酯产量

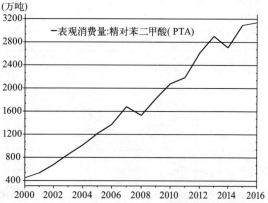

图 13 – 12　2000—2016 年中国 PTA 表观消费量

二、PTA 进出口

2010 年以前中国非常依赖进口 PTA 缓解日益增加的需求缺口，PTA 贸易逆差巨大，2007 年逆差为 600 万吨。由于 PTA 产能产量的大幅提高，中国 PTA 的进出口格局近年来发生了翻天覆地的变化。进口量从 2011 年的 537 万吨逆差快速下降至 2016 年的 24.8 万吨顺差，年均减少 93.6 万吨。

总体来看，中国是 PTA 产销大国，生产的 PTA 以内需为主，进出口总量所占产销量比不到 4%，所以进出口量对于中国 PTA 的价格影响基本可忽略不计（图 13 –13）。

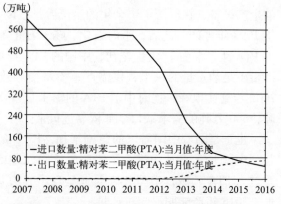

图 13 – 13　2007—2016 年 PTA 进出口量对比

第四节　PTA 期货合约

交易品种	精对苯二甲酸（PTA）
交易单位	5 吨/手
报价单位	元（人民币）/吨
最小变动价位	2 元/吨
每日价格波动限制	上一交易日结算价 ±4% 及《郑州商品交易所期货交易风险控制管理办法》相关规定

续表

最低交易保证金	合约价值的 5%		
合约交割月份	1—12 月		
交易时间	每周一至周五（北京时间法定节假日除外）上午 9:00—11:30 下午 1:30—3:00 以及交易所规定的其他时间		
最后交易日	合约交割月份的第 10 个交易日		
最后交割日	合约交割月份的第 12 个交易日		
交割品级	符合工业用精对苯二甲酸 SH/T1612.1 - 2005 质量标准的优等品 PTA， 详见《郑州商品交易所期货交割细则》		
交割地点	交易所指定交割仓库		
交割方式	实物交割		
交易代码	TA		
上市交易所	郑州商品交易所		

第五节　PTA 价格的影响因素

一、供给与需求

2011 年前中国 PTA 产能满足不了消费需求，价格坚挺。2011 年后产能急剧增加，超过了需求量的 30% ，价格逐渐疲软（图 13 - 14）。

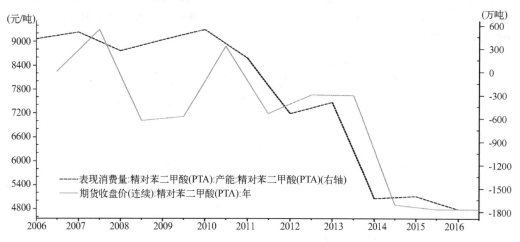

图 13 - 14　2006—2016 年产能缺口与 PTA 价格（产能缺口 = 消费量 - 生产能力）

二、原油价格

PTA 是原油的下游产品。原油价格的变动影响 PTA 的生产成本（图 13 - 15）。

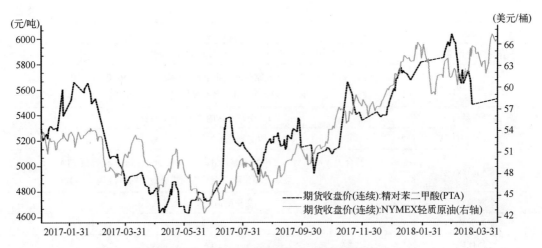

图 13 – 15　2017—2018 年 PTA 价格与原油价格

设 Y_t 为 PTA 价格，X_t 为原油价格，作 Granger 因果关系检验，结果表明原油价格是 PTA 价格的格兰杰原因，即从统计学意义上看，原油价格对 PTA 价格有预测作用。

PTA 价格对当期原油价格回归得到：

$$Y_t = 2648.763 + 49.08647\,X_t$$

拟合良好。

三、棉花与 PTA

棉花同 PTA 一样，都是纺织业的重要原料。从产业链组成来看，受到共同的下游纺织行业影响。厂商可选择不同棉花和化纤配比生产不同的涤棉，两者互为替代品关系价格走势相互关联（图 13 – 16）。

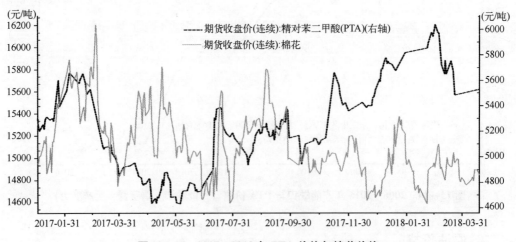

图 13 – 16　2017—2018 年 PTA 价格与棉花价格

设 Y_t 为 PTA 价格，X_t 为棉花价格，作 Granger 因果关系检验，结果表明棉花价格是 PTA 价格的格兰杰原因，即从统计学意义上看，棉花价格对 PTA 价格有预测作用。

PTA 价格对滞后 12 期棉花价格回归得到

$$Y_t = 15721.04 - 0.693739\, X_{t-12}$$

四、PTA 库存与价格

库存反映供求平衡关系，库存增加，总体而言供大于求，价格疲软；反之，供不应求时价格坚挺（图 13 – 17）。

图 13 – 17　2015—2018 年 1 月 PTA 价格与库存天数

五、PTA 现货与期货价格

PTA 期货价格与现货价格波动具有高度吻合性，印证了期现具有同向性（图 13 – 18）。

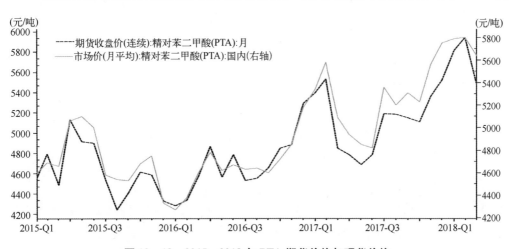

图 13 – 18　2015—2018 年 PTA 期货价格与现货价格

六、去产能政策

2015 年 12 月中央经济工作会议提出五大任务，其中积极稳妥化解产能过剩居于首位。已上市的几个化工品期货中，PTA 最先进入产能整合时期。2015 年，PTA 中国产能 4693 万吨，PTA 满负荷开工率约在 70% 左右，有效产能约 3360 万吨。只有化解产能过剩，PTA 价格才能走出低迷局面。

第十四章 甲 醇

第一节 甲醇概述

一、甲醇的定义及分类

甲醇，又名木精、木醇，英文名为 Methanol 或 Methyl Alcohol，化学分子式为 CH_3-OH，为无色、略带醇香气味的挥发性液体，沸点为 $64.5 \sim 64.7℃$，能溶于水，在汽油中有较大的溶解度，有毒、易燃，其蒸汽与空气能形成爆炸混合物。甲醇是由合成气生产的重要化学品之一，既是重要的化工原料，也是一种燃料。

甲醇大体上有工业甲醇、燃料甲醇和变性甲醇之分，目前以工业甲醇为主。凡是以煤、焦油、天然气、轻油、重油等为原料合成的，其质量指标符合国标 GB 338—2004 要求的，都是工业甲醇。随着可再生资源的开发利用，利用农作物秸秆、速生林木及林木废弃物、城市有机垃圾等也可以气化合成甲醇。粗甲醇经脱水精制、作为燃料使用的无水甲醇，称为燃料甲醇。燃料甲醇未加变性剂，成本往往要比工业甲醇低，因为对它只有可燃烧和无水的要求。变性甲醇是指加入了甲醇变性剂的燃料甲醇或工业甲醇。由于甲醇和汽油、柴油不互溶，尤其在低温潮湿环境中发生分层（相分离）现象而造成发动机不能正常工作，因此燃料甲醇（或工业甲醇）变性后才能加入汽油、柴油使用。变性燃料甲醇是在工业用甲醇中加入一定比例的车用甲醇汽油添加剂后，专门用于调配车用甲醇汽油的甲醇。

二、甲醇的物理及化学性质

醇是由烃基和羟基两部分组成的。按烃基的类型，醇可分为饱和醇、不饱和醇、脂环醇和芳香醇。按醇分子中所含羟基的数目可分为一元醇、二元醇和三元醇。二元醇以上统称多元醇。甲醇是有机物醇类中最简单的一元饱和醇。

甲醇是一种无色、透明、易燃、易挥发的有毒液体，略有酒精气味。分子量为 32.04，相对密度为 0.792（20/4℃），熔点为 -97.8℃，沸点为 64.5℃，闪点为 12.22℃，自燃点为 463.89℃，蒸汽密度为 1.11，蒸气压为 13.33kPa（100mmHg 21.2℃），蒸汽与空气混合物爆炸极限为 6.0% ~ 36.5%（体积）。能与水、乙醇、乙醚、苯、酮、卤代烃和许多其他有机溶剂相混溶，遇热、明火或氧化剂易燃烧。燃烧反应式为：$2CH_3OH + 3O_2 \rightarrow 2CO_2 + 4H_2O$。甲醇燃烧时无烟，火焰呈蓝色。

甲醇化学性质较活泼，具有脂肪族伯醇的一般性质，能发生氧化、酯化、羰基化等化学反应，其连有羟基的碳原子上的三个氢原子均可被一一氧化，或脱氢生成甲醛，再氧化成甲酸，甲酸氧化的最终产物是二氧化碳和水。甲醇不具酸性，其分子组成虽有能作为碱性特征的羟基，但也不呈碱性，对酚酞及石蕊均呈中性。试剂甲醇常密封保存在棕色瓶中置于较冷处。

甲醇经呼吸道、胃肠道和皮肤吸收可致人中毒。甲醇的健康危害主要是对中枢神经系统有麻醉作用；对视神经和视网膜有特殊选择作用，引起病变；可致代谢性酸中毒。甲醇毒性对人体的神经系统和血液系统影响最大，其蒸汽能损害人的呼吸道黏膜和视力。人误饮 5～10ml 甲醇就会严重中毒，造成双目失明，大量饮入会导致死亡。空气中常规允许浓度为 $5mg/m^3$；甲醇工业废水经处理才能排放，处理后的甲醇允许含量不应大于 $200mg/L$。在有甲醇蒸汽的现场短时间工作时，要配戴防毒面具、橡皮手套、防护眼镜等安全用具。包装容器应有"易燃液体""有毒品"等危险品标志。

三、甲醇的生产工艺

甲醇生产的主要原料是一氧化碳和氢气，转化过程不产生任何副产品，没有污染物排放。

自 1923 年开始工业化生产以来，甲醇合成的原料路线经历了很大变化。20 世纪 50 年代以前多以煤和焦炭为原料；50 年代以后，以天然气为原料的甲醇生产流程被广泛应用；进入 60 年代以来，以重油为原料的甲醇装置有所发展。目前，欧美、中东地区国家主要采用天然气为原料生产甲醇，该工艺具备投资低、无污染的优点，且无须过多考虑副产物销路。中国一次能源结构具有"富煤贫油少气"特征，缺少廉价的天然气资源，随着石油资源紧缺、油价持续上涨，在大力发展煤炭洁净利用技术的背景下，当前并且今后较长一段时间内煤炭仍是中国甲醇生产最重要的原料。此外，中国还有部分企业采用焦炉煤气为原料生产甲醇，这也是中国独有的甲醇制取技术。

目前中国以煤为原料的甲醇装置产能占中国总产能的 65%，以天然气为原料的占 19%，以焦炉气为原料的占 16%。

在煤制甲醇工艺中，煤与来自空气中的氧气在气化炉内制得高 CO 含量的粗煤气，按照一定碳氢比加入 H_2，经净化工序将多余的 CO_2 和硫化物脱除后得到甲醇合成气，再经过压缩、合成等工序制得含水粗甲醇，经过精馏工序精制得到产品甲醇（图 14-1）。

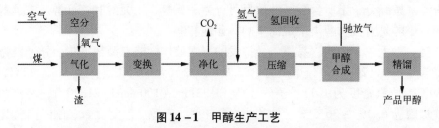

图 14-1　甲醇生产工艺

以天然气为原料制取甲醇的生产工艺主要由预转化、转化、压缩、合成和精馏等单元组成。天然气经预转化脱硫后，只需调整合适的水碳比，转化后的合成气即达到甲醇合成的要求。因此天然气制甲醇工艺技术可靠、流程短、设备少、操作简单，适合于建设大型或超大型甲醇装置。

目前，世界上只有中国拥有大规模地采用焦炉煤气制取甲醇的技术。焦炉煤气制取甲醇的关键技术是将焦炉煤气中的甲烷及少量多碳烃转化为一氧化碳和氢气。基本工艺是焦炉煤气首先经低压压缩，然后进行有机硫加 H_2 转化为无机硫，精脱硫后加压催化部分氧化，使焦炉气中的烃类进行转化，使之成为 CO 和 H_2，加压合成粗甲醇，经过精馏产出产品甲醇。

四、甲醇的用途

甲醇是一种重要的有机化工原料，应用广泛，可以用来生产甲醛、二甲醚、醋酸、甲基叔丁基醚（MTBE）、二甲基甲酰胺（DMF）、甲胺、氯甲烷、对苯二甲酸二甲酯、甲基丙烯酸甲酯、合成橡胶等一系列有机化工产品；甲醇不但是重要的化工原料，而且是优良的能源和车用燃料，可以加入汽油掺烧或代替汽油作为动力燃料；近年来甲醇制烯烃技术正日益受到重视；甲醇也是生产敌百虫、甲基对硫磷、多菌灵等农药的原料；甲醇经生物发酵可生产甲醇蛋白，用作饲料添加剂。此外，近年来，C1 化学的发展，由甲醇出发合成乙二醇、乙醛、乙醇等工艺路线（现多由乙烯出发制得）正日益受到关注（图 14 - 2）。

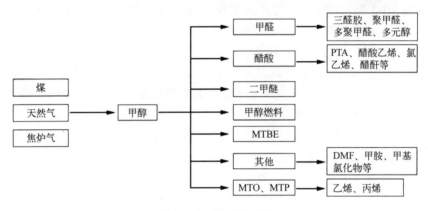

图 14 - 2　甲醇的用途

五、甲醇的包装、储存及运输

工业甲醇应用干燥、清洁的铁制槽车、船、铁桶等包装，并定期清洗和干燥。工业甲醇应贮存在干燥、通风、低温的危险品仓库中，避免日光照射并隔绝热源、二氧化碳、水蒸气和火种。贮存温度应不超过 30℃，贮存期限通常不超过 6 个月。

工业甲醇的远距离运输，常采用装有甲醇槽车的火车；短途运输通常用装有卧式甲醇贮槽的汽车。槽车、船、铁桶在装运甲醇过程中应在螺丝口加胶皮垫密封，防止甲醇漏损，严防明火。运输工具应有接地设施。工业甲醇产品包装容器上应涂有牢固的标志，其内容包括：生产厂名称、产品名称、本标准编号以及符合 GB 190 规定的"易燃液体"和"有毒品"标志等。

六、甲醇的经济及社会意义

（1）甲醇是最基本的有机化工原料，自身产业链长，涉及化工、建材、能源、医药、农药等众多行业，在国民经济中具有重要地位。

（2）甲醇在传统化工领域应用广泛，是甲醛、二甲醚、醋酸、MTBE、DMF、氯甲烷、甲胺等一系列化工产品的上游原料，在化工领域具有重要的基础性地位。据统计，以甲醇为原料的一次加工产品已有近30种，以甲醇为原料进行深加工的产品可达上百种。

（3）甲醇在新兴替代能源领域大有作为。为保障中国能源安全，国家大力推动可替代能源发展，作为甲醇深加工产品的二甲醚、甲醇燃料（单独使用或与汽油柴油掺混）等，均具有良好的传统能源替代性和可操作性。

当前，《车用燃料甲醇》《车用甲醇汽油（M85）》《城镇燃气二甲醚国家标准》等一系列国家标准的颁布实施，使得甲醇作为替代能源原料具有政策依据，发展前景广阔。目前全国已有山西、上海、浙江、新疆、陕西、四川、甘肃、内蒙古等省区在进行甲醇燃料试点及推广工作。

（4）以甲醇为原料生产低碳烯烃，对于中国乙烯工业的健康持续发展具有重要意义。甲醇制烯烃的MTO工艺和甲醇制丙烯的MTP工艺，是重要的C1化工技术，也是以煤替代石油生产乙烯、丙烯等产品的核心技术。随着中国国民经济的发展及对低碳烯烃需求的日益增长，作为乙烯生产原料的石脑油、轻柴油等原料资源，面临着越来越严重的短缺局面，已成为制约中国乙烯工业发展的主要瓶颈之一，同时国际油价的节节攀升也使得MTO/MTP项目的经济性更具竞争力。因此，甲醇制低碳烯烃（MTO/MTP）项目已经成为众多煤化工项目产业链中的重要一环。

（5）其他方面。甲醇作为重要的有机化工原料，还能用于防漆剂、除锈剂、防冻剂以及饲料添加剂等领域。

例如以甲醇为原料经微生物发酵生产的甲醇蛋白被称为第二代单细胞蛋白，与天然蛋白相比，营养价值高，它的粗蛋白含量比鱼粉和大豆高得多，而且含有丰富的氨基酸以及丰富的矿物质和维生素，可以代替鱼粉、大豆、骨粉、肉类和脱脂奶粉。

第二节　甲醇的供给

一、甲醇上游部分产品产量

甲醇上游产品主要有天然气和原煤。天然气是国际甲醇生产的主要原料，天然气制甲醇装置具有规模大、成本低、产品质量好的优点；中东、南美等具有丰富天然气地区已成为世界甲醇工业的核心。天然气的主要成分为甲烷，通常占85%～95%，是一种无色、无味、无毒、热值高、燃烧稳定、洁净环保的优质能源，热值为8500kCal/m³，其次为乙烷、丙烷、丁烷等。天然气是优质的燃料和化工原料。天然气无色，比空气轻，不溶于水。1立方米气田天然气的重量只有同体积空气的55%左右。1立方米油田伴生气的重量只有同体积空气的 75% 左右。天然气可液化,液化后其体积将缩小为气态的 1/600。

煤炭在甲醇生产中既作为原料用于气化,也是作为燃料。传统的甲醇生产设备的气化用煤以无烟块煤为主,而随着甲醇生产工艺和生产设备的升级,大型装置的投产,越来越多的其他煤种和无烟末煤型煤被用于气化用煤,甲醇的生产成本也越来越低。

1. 世界天然气产量

1999—2012 年,世界天然气产量大致处在稳步增产过程中,2013 年世界天然气产量出现减产,从 1240000 百万立方米减至 1120000 百万立方米,减幅达 9.7%,2015 年天然气产量重新恢复增产并创出新高,达 1300000 百万立方米左右(图 14 - 3)。

从世界天然气分布上看,世界天然气的主要产地位于美洲,其天然气产量占世界比重超过世界 75%,达 77%,其次为欧洲 17%、亚洲及大洋洲 6%。

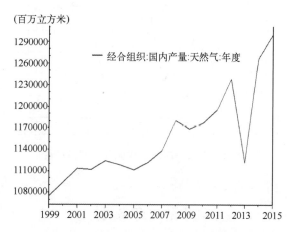

图 14 - 3　1999—2015 年天然气世界产量

2. 中国天然气产量及其季节性

2000 年以来,中国天然气产量处在增产过程中,由 2000 年的 277 亿立方米增至 2017 年的 1474 亿立方米。天然气作为生产甲醇的主要原料,其产量的增加对甲醇的产量有一定的促进作用(图 14 - 4)。

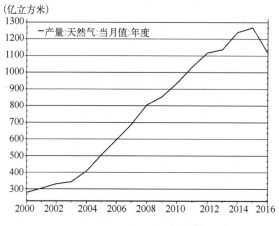

图 14 - 4　2000—2016 年中国天然气产量

中国天然气产量具有明显的时间特点,2 月的产量相对于 1 月较低,3 月的产量相对于 2 月有所增加,4 月减产幅度是全年最大月份,5、6、7、8、9 五个月处于全年的低点,10 月产量开始上升,11、12 月产量逐步抬高恢复至年初水平附近(图 14 - 5)。

3. 中国原煤产量及其季节性

1986—1997 年,中国原煤产量处于增产阶段;1997—2000 年,产量有所减少;2000—2011 年,产量较前期增产速度加快,产量超过 32 亿吨;2014 年产量有所回落,2015 年产量高于 2014 年,

原煤产量维持在 32 亿~36 亿吨间波动。

另外,原煤产量有明显的变化特点,其 1 月均为产煤低点,随后开始增产至 10 月份左右,原煤产量再次开始回落(图 14 - 6)。

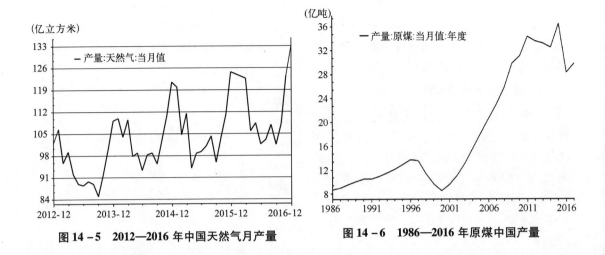

图 14-5 2012—2016 年中国天然气月产量　　　图 14-6 1986—2016 年原煤中国产量

二、中国甲醇生产格局

中国甲醇主要产地位于内蒙古、山东、河南、山西、宁夏、海南、重庆、陕西等地。

2000—2016 年，中国甲醇的年产量处于增产阶段，从月度看期间仅有 2012—2013 年间有所回落。2016 年，中国甲醇年总产量已经达到了 3500 万吨以上（图 14-7）。整体上看，甲醇的产量与价格呈现反向变动关系，尤其在 2013 年以来，产量不断上升，价格呈下跌趋势，一路跌至 1639 元/吨的历史性低点。

中国甲醇产量逐年攀升，其中内蒙古和山东、宁夏、陕西等地产量占有份额较大，分别占有 22%、20%、16%、11%，其总产量占有全国的 69%（图 14-8）。

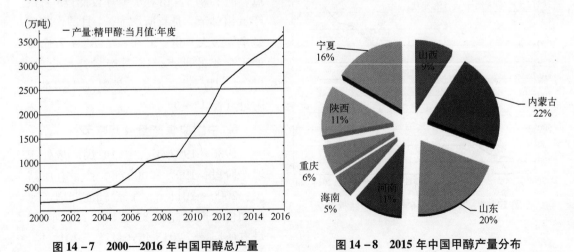

图 14-7 2000—2016 年中国甲醇总产量　　　图 14-8 2015 年中国甲醇产量分布

第三节 甲醇的需求

甲醇的下游产品主要有冰醋酸、乙烯、家具、人造板、胶合板。

冰醋酸，又称冰乙酸，广泛存在于自然界，它是一种有机化合物，是典型的脂肪酸。被公认为食醋内酸味及刺激性气味的来源。在家庭中，乙酸稀溶液常被用作除垢剂。食品工业方面，在食品添加剂列表 E260 中，乙酸是规定的一种酸度调节剂。

乙烯是世界上产量最大的化学产品之一，乙烯工业是石油化工产业的核心，乙烯产品占石化产品的 75% 以上，在国民经济中占有重要的地位。世界上已将乙烯产量作为衡量一个国家石油化工发展水平的重要标志之一。

人造板以木材或其他非木材植物为原料，经一定机械加工分离成各种单元材料后，施加或不施加胶黏剂和其他添加剂胶合而成的板材或模压制品。主要包括胶合板、刨花（碎料）板和纤维板等三大类产品，其延伸产品和深加工产品达上百种。

胶合板是家具常用材料之一，是一种人造板。常用的有三合板、五合板等，可供飞机、船舶、火车、汽车、建筑和包装箱等作用材。

一、中国冰醋酸产量

2000 年至今，冰醋酸产量一直处于上升阶段。2000—2008 年增速较为缓慢，2008—2011 年间，产量增速较前期明显提高，2016 年中国冰乙酸产量已达 5000 千吨，创出新高（图 14 - 9）。

二、中国乙烯产量

2000—2007 年间，中国乙烯产量稳步增加，逐年创出新高；2007—2010 年产量维持在 1000 万吨上方；2010—2013 年，中国乙烯产量再一次增加，增速较前期提高；2014—2016 年产量又有所回落至 1477 万吨左右（图 14 - 10）。

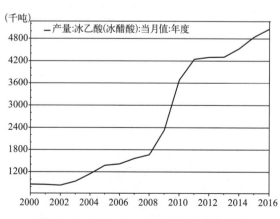

图 14 - 9　2000—2016 年中国冰醋酸产量

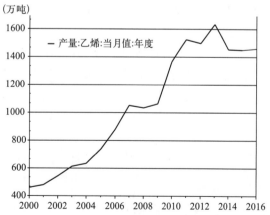

图 14 - 10　2000—2016 年中国乙烯产量

三、中国家具产量

2003—2010 年，中国家具产量持续上升，逐年创出新高，2010 年产量达到 72000 万件以上后，年产量开始减少，2012—2016 年减产的速度有所降低，截至 2016 年家具年产量已减少至 46000 万件左右（图 14 - 11）。

四、中国胶合板产量

2000—2016 年中国胶合板产量处于上升趋势中，增速逐年提高，并有加速上升的趋势。截至 2015 年，胶合板产量创出新高至 16000 万 m³ 左右（图 14 - 12）。

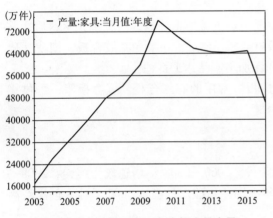

图 14 - 11　2003—2016 年中国家具产量

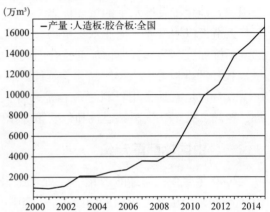

图 14 - 12　2000—2015 年中国胶合板产量

五、中国人造板产量

2004—2012 年，中国人造板产量也处于快速上升阶段，增速逐年提高，2012 年至 2014 年产量有所减少，2014 年减产速度较 2013 年有所加快，2013—2014 年间，人造板和胶合板产量波动出现相反方向（图 14 - 13）。

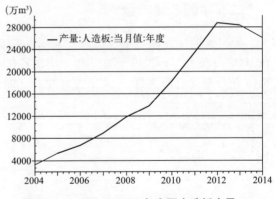

图 14 - 13　2004—2014 年中国人造板产量

第四节　甲醇进出口状况

一、甲醇出口情况

1995—2002 年间，中国甲醇出口量非常少，2002—2007 年，中国甲醇出口量增加至

560 千吨；2007—2009 年，出口量再次减少，直至 2012 年，出口量重新增长且创出历史新高 760 千吨；2013 年至今，出口量再一次大幅回落至 200 千吨以下（图 14 - 14）。

2016 年，中国甲醇主要出口面向美国、韩国、日本等地，三国出口总量达总出口量的 78%，其中中国对韩国的甲醇出口量达到了总出口量的 43%，对美国出口量达 20%，对日本出口 15%（图 14 - 15）。

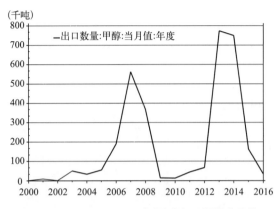

图 14 - 14 2000—2016 年甲醇出口数量当月值

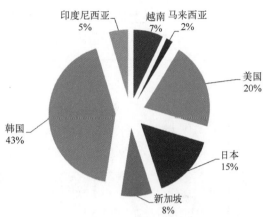

图 14 - 15 2016 年中国甲醇出口量分布

二、甲醇进口情况

1995—2002 年，中国甲醇进口量缓慢增长；2002—2007 年，中国甲醇进口量减少至 800 千吨左右；2007—2011 年，甲醇进口量上升至 5600 千吨以上，增速较前期明显提高；2011 年至 2014 年间进口量有所回落；2016 年，中国甲醇进口量回升至 8700 千吨左右（图 14 - 16）。

中国甲醇主要进口国有伊朗、沙特阿拉伯、阿曼、新西兰等地，伊朗是中国甲醇的最大进口国，2015 年四个国家进口总量达到总进口量的 83%。2015 年中国甲醇进口量占总消费量的 17% 左右（图 14 - 17）。

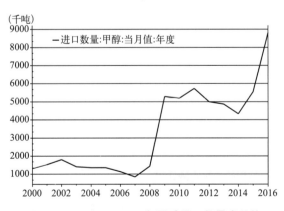

图 14 - 16 2000—2016 年甲醇进口数量当月值

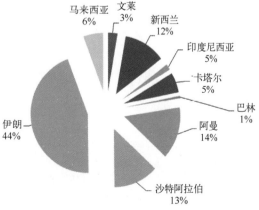

图 14 - 17 2015 年中国甲醇进口量分布

第五节　甲醇价格的影响因素

一、宏观经济形势

甲醇是重要的工业原料和燃料。甲醇需求量与经济增长息息相关。经济不景气，甲醇需求量减少，价格下跌。经济增长快，甲醇需求量增加，价格坚挺（图14-18）。

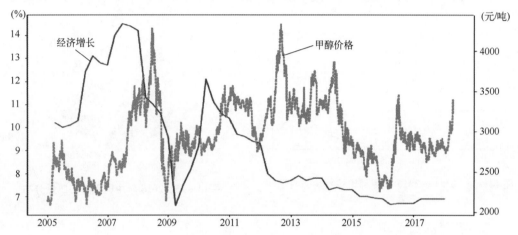

图14-18　经济增长率（左）与甲醇价格比较

二、原油价格

国际上使用天然气和原油来生产甲醇占绝大多数。甲醇价格受天然气和原油价格影响较大（图14-19）。

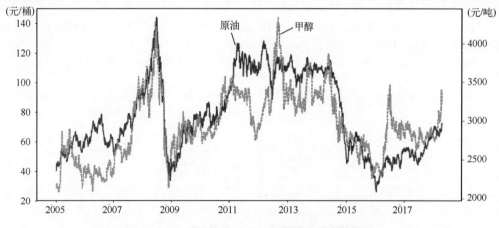

图14-19　原油价格（左）与甲醇价格走势比较

用 Y 表示甲醇价格，X 表示原油价格，进行回归，可以得到如下的回归数据：

$$Y = 15.4 * X + 1330.4$$

拟合情况较好。回归式表明国际原油价格每变动 1 美元/桶，甲醇同方向变动 15.4 元/吨。

对原油价格序列和甲醇价格序列进行格兰杰因果关系检验，检验发现，在 5% 的水平下，原油价格是甲醇的格兰杰原因。

三、库存与甲醇价格

库存一般与商品价格呈反向的关系，库存高，则价格偏低；库存低，则价格偏高。但也不是完全同步的一个状态，一般来说价格序列存在一定的滞后性（图 14 - 20）。

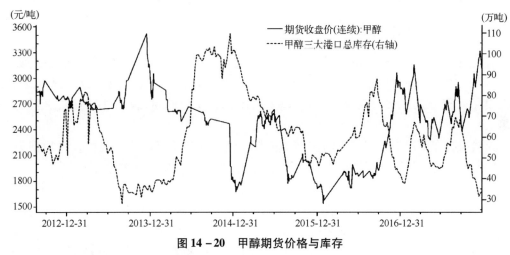

图 14 - 20　甲醇期货价格与库存

四、原煤价格与甲醇价格

我国甲醇的重要来源是原煤，原煤价格和甲醇价格的相关度也会比较高，图 14 - 21 即为原煤价格和甲醇价格的一个走势比较，可以发现两者呈现强烈的正相关性，从大趋势上来考虑，两者基本走势一致。

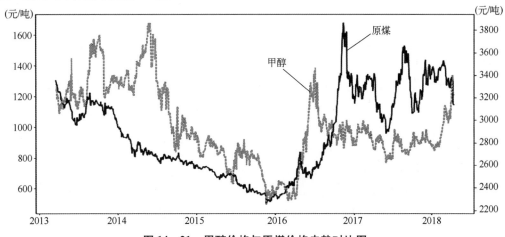

图 14 - 21　甲醇价格与原煤价格走势对比图

第十五章　橡　胶

第一节　天然橡胶概况

一、天然橡胶自然属性

天然橡胶，是指从巴西橡胶树上采集的天然胶乳，经过凝固、干燥等加工工序而制成的弹性固状物；是一种以聚异戊二烯为主要成分的天然高分子化合物，分子式$(C_5H_8)_n$，其橡胶烃（聚异戊二烯）含量在90%以上，还含有少量的蛋白质、脂肪酸、糖分及灰分等。

天然橡胶在常温下具有较高的弹性，稍带塑性；有非常好的机械强度，滞后损失小；在多次变形时生热低，耐屈挠性很好。天然橡胶是非极性物质，电绝缘性能良好。

天然橡胶有不饱和双键，是一种化学反应能力较强的物质，光、热、臭氧、辐射、屈挠变形等能促进橡胶老化，铜、锰等金属也能促进橡胶老化。但添加了防老剂的天然橡胶，有时在阳光下曝晒两个月依然看不出多大变化，在仓库内贮存3年后仍可以照常使用。天然橡胶有较好的耐碱性能，但不耐浓强酸。天然橡胶是非极性材料，只能耐一些极性溶剂，而在非极性溶剂中则溶胀；因此，其耐油性和耐溶剂性很差。一般说来，烃、卤代烃、二硫化碳、醚、高级酮和高级脂肪酸对天然橡胶均有溶解作用，但其溶解度则受塑炼程度的影响；而低级酮、低级酯及醇类对天然橡胶则是非溶剂。

二、天然橡胶种类

橡胶按原料分为天然橡胶和合成橡胶。天然橡胶按形态可以分为：固体天然橡胶（胶片与颗粒胶）和浓缩胶乳两大类。乳胶为橡胶的胶体状水分散体。在日常使用中，固体天然橡胶占了绝大部分。

胶片按制造工艺和外形的不同，可分为烟胶片、风干胶片、白皱片、褐皱片等。烟胶片是天然橡胶中最具代表性的品种，一度曾是用量最大、应用最广的一个胶种，烟胶片一般按外形，分为特级、一级、二级、三级、四级、五级等共六级。

颗粒胶即标准胶SMR，也称技术分级橡胶TSR，是按国际上统一的理化效能、指标来分级的；理化性能包括杂质含量、塑性初值、塑性保持率、氮含量、挥发分含量、灰分含量及色泽指数等，其中以杂质含量为主导性指标。根据国标GB/T 8081—2008，技术分级橡胶（TSR）的分级应根据TSR的性能和生产TSR所用的原料而定。

三、橡胶用途

天然橡胶具有工业品和农产品的双重特征，是与钢铁、石油、煤炭合称为四大工业原料的战略物资。由于其具有良好的物理化学特性，尤其是优良的回弹性、绝缘性、隔水性及可塑性等特性，经过适当处理后还具有耐油、耐酸、耐碱、耐热、耐寒、耐压、耐磨等宝贵性质，天然橡胶具有广泛用途。日常生活中使用的雨鞋、暖水袋、松紧带，医疗卫生行业所用的外科医生手套、输血管、避孕套，交通运输上使用的各种轮胎，工业上使用的传送带、运输带、耐酸和耐碱手套，农业上使用的排灌胶管、氨水袋，气象测量用的探空气球，科学试验用的密封、防震设备，国防上使用的飞机、坦克、大炮、防毒面具，甚至连火箭、人造地球卫星和宇宙飞船等高精尖科学技术产品都离不开天然橡胶。目前，世界上部分或完全用天然橡胶制成的物品已达 7 万种以上。

第二节　世界天然橡胶生产

一、天然橡胶树的生长

1. 生长环境气候

橡胶树原产于南美洲北纬 5°至南纬 15°，西经 48°至 78°之间的亚马逊河流域。该地区位于赤道附近，太阳辐射强烈，全年温度高，年变幅小。橡胶树属多年生热带植物，生长需要气温高而稳定，降雨量充沛，雨日多，旱期短，风少而小，日照适中，年日照时数 1966 ~ 2513 小时。目前天然橡胶主要种植国家包括泰国、印度尼西亚、马来西亚等东南亚国家及中国、印度、斯里兰卡等少数亚洲国家和尼日利亚等少数非洲国家。中国云南、广东、广西三省的南部，以及海南省和台湾等海拔 500 米以下的避风地带均有栽培。

2. 生长过程

天然橡胶树的生长过程一般分为苗期、幼树期、初产期、旺产期和衰老期。苗期是从种子（或芽片）发芽到开始分枝的一段时期，约一年半到两年时间。幼树期是从开始分枝到开割前的一段时期，为 4 ~ 5 年时间。初产期是从开割到产量趋于稳定的一段时期。实生树的初产期为 8 ~ 10 年，芽接树为 3 ~ 5 年。实生树割完原生皮需 8 ~ 19 年，原生皮的产量不如第一次生皮的产量高；而芽接树则较快地达到高产时期，而且第一次再生皮的产量逐年上升。实生树从 14 ~ 16 龄、芽接树从 9 ~ 12 龄起，至产量明显下降时止为旺产期，经 20 ~ 25 年时间。衰老期是从 30 ~ 40 龄起至胶树失去经济价值为止的一段时间。

3. 橡胶开割停割时间

开割时间自北向南开始，中国云南省在次年 3 月中下旬首先开割，4 月初海南省陆续开割。东南亚地区，4 月中旬越南、泰国北部地区陆续进入开割，到 4 月底 5 月初泰国南部地区、马来半岛、印度尼西亚的赤道以北地区，主要是棉兰一带陆续开割。南半球的印度尼西亚巨港地区在当年的 12 月中旬便开始陆续开割了。

停割自北向南开始，首先中国云南地区在 11 月中旬左右开始进入停割期；然后是 12 月中旬或月底中国海南省进入停割期。东南亚气候湿热，胶树一年四季都能割胶，但产量在一年中有周期性的波动变化。次年的 1 月底 2 月初越南、泰国北部进入停割期，2 月中旬泰国南部、马来半岛、印度尼西亚的赤道以北地区，主要是棉兰一带进入停割期。印度尼西亚的赤道以南地区主要是巨港区域，因处于南半球有所差别，停割期从 9 月底开始，10 月底 11 月初停割。

世界天胶产量在 2—5 月期间产量最低。主产区都处于停割期，消费消耗的基本是库存。遇特殊气象的影响，比如厄尔尼诺天气、拉尼娜天气等则有变化。

二、世界天然橡胶生产

天然橡胶生产国协会（Association of Natrual Rubber Producing Countries，ANRPC）是亚洲生产和输出天然橡胶国家建立的经济合作组织。产量占世界产量的绝大部分，成员国有柬埔寨、中国、印度、印度尼西亚、马来西亚、巴布亚新几内亚、菲律宾、新加坡、斯里兰卡、泰国和越南。

天然橡胶 ANRPC 成员国产量从 2003 年的 7483.4 千吨至 2015 年一直呈上涨趋势。2013 年最高到达 11168.3 千吨。期间 2003—2006 年、2009—2013 年都增长迅速。2008—2009 年、2013—2014 年产量都有下降。2015 年略有回升，达 11042.30 千吨（图 15 - 1）。

天然橡胶产量存在一个季节性的规律（图 15 - 2）。根据 2010 年以来的月度产量统计，每年的 8 月到 11 月份是每年产胶的高峰季，每年的 2 月到 4 月是胶产量最低的时候。这与世界割胶的综合时间有关，2 月到 4 月份主产区都处于停割期。

图 15 - 1　2003—2015 年 ANRPC 天然橡胶生产量

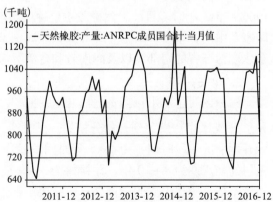

图 15 - 2　2010—2016 年 ANRPC 月度天然橡胶生产量

天然橡胶 ANRPC 成员国开割面积从 2003—2015 年一直呈上涨趋势，2015 年的开割面积达到 8663.4 千公顷。期间 2006—2007 年增长缓慢，2008—2009 年开割面积减小，从 7073.1 千公顷减到了 6966.3 千公顷，此后一直处于上升趋势（图 15 - 3）。

随着世界经济的发展和人口的增加，对天然胶的需求越来越大，再加上每年的自然灾害、病害虫害、自然老化死亡会使橡胶树的数量减少。所以每年橡胶产区都会补新种植，每年的补新种植面积也一定程度上反映了橡胶供需的变化。世界主要生产国橡胶补新面积从2003—2008年一直增加。受金融危机影响，2008—2009年补新面积减少了22.4%。2009年开始迅速回升，2011年最高达到了408.4千公顷。2012年开始补新面积一直减少，2016年仅为71.8千公顷（图15-4）。

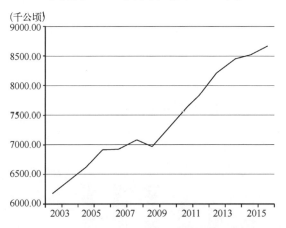

图15-3 2003—2016年ANRPC天然橡胶开割面积

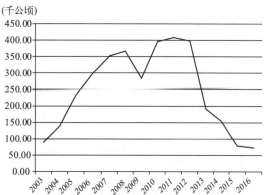

图15-4 2003—2016年世界天然橡胶补新种植面积

世界天然橡胶生产国主要有印度尼西亚、泰国、马来西亚、印度、越南、中国、斯里兰卡、菲律宾和柬埔寨。印度尼西亚和泰国一直是产量最多的两个国家。2015年两国的总产量达到了7618.7千吨，占到主产国的69%。其中泰国产量为4473.30千吨，占41%，印度尼西亚为3145.40千吨，占28%，中国产量占7%（图15-5）。

泰国天然橡胶种植面积从2003年的2019千公顷增至2016年的3090千公顷，增长幅达到50%。2007—2008年种植面积从2458千公顷缩减到了2198.6千公顷，缩减幅度达10.55%。2008年后又开始回升（图15-6）。

泰国天然橡胶产量从2008年的310万吨到2015年的440万吨以上，呈现一个增产的趋势（图15-7）。其中2010—2013年增长迅速，平均每年涨幅达到8.6%。泰国天然胶产量在世界产量占比2003年至2008年一直下降，最低时到了30.56%，2015年产量占比到达了36.2%（图15-8）。

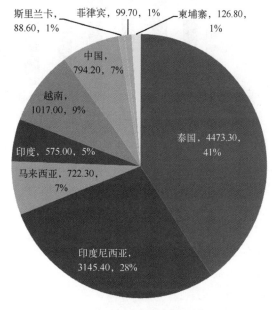

图15-5 2016年天然橡胶各国产量比例

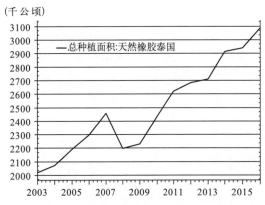

图 15 - 6　2003—2016 年泰国天然橡胶种植总面积

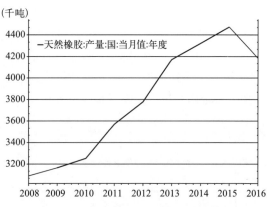

图 15 - 7　2008—2016 年泰国天然橡胶产量

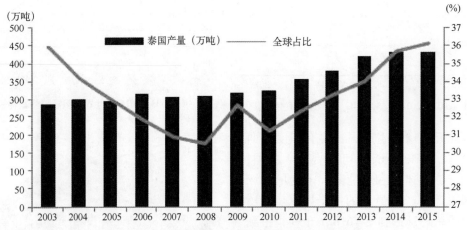

图 15 - 8　2003—2015 年泰国天然橡胶占全球比重

印度尼西亚天然橡胶产量 2015 年为 3165 千吨，相比 2003 年的 1792 千吨增长了
47.02%。期间大致呈上升趋势，2008—2009 年和 2013—2014 年两段时间产量有所减少（图 15 - 9）。

中国天然橡胶产量 2003—2008 年一直在 50 万吨和 60 万吨之间来回波动，2008 年后快速上涨，最高在 2013 年达到了 86.5 万吨。2014—2016 年一直减产，2016 年天然橡胶产量为 77.4 万吨（图 15 - 10）。

中国天然橡胶种植面积 2003—2014 年一直增加，2006—2012 年增长速度最快。2014—2015 年种植面积略微减少，减少了

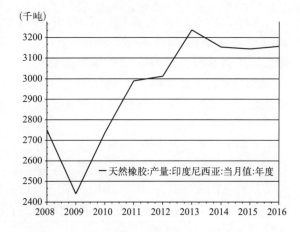

图 15 - 9　2008—2016 年印度尼西亚天然橡胶产量

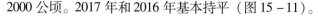

2000 公顷。2017 年和 2016 年基本持平（图 15－11）。

图 15－10　2003—2016 年中国天然橡胶产量　　　　图 15－11　2003—2017 年中国天然橡胶种植面积

第三节　天然橡胶的消费

中国天然橡胶消费量从 2007 年到 2014 年一直增长，2014 年达到 480.4 万吨，相比 2007 年增长了 78.5%。2015 年的消费量下降，减少了 22.4 万吨，2016 年又上升至 490 万吨（图 15－12）。

世界主要天然橡胶消费国家是中国、日本、泰国、美国、印度、欧洲，其中中国天然橡胶的消费量占到了 38%（图 15－13），亚洲地区的消费量占到了将近 60%。

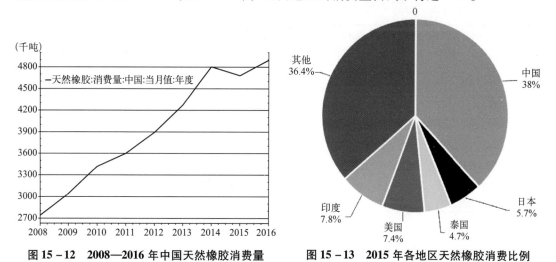

图 15－12　2008—2016 年中国天然橡胶消费量　　图 15－13　2015 年各地区天然橡胶消费比例

天然橡胶在世界范围内的消费结构中轮胎的比重最大，占到了 47.6%。其次是建筑类，占到了 15.4%（图 15－14）。

中国汽车产量从 2000 年开始迅速上涨，2013 年达到了 2400 万辆左右，平均每年增幅为 20.7%；2013 年至 2014 年略有下滑，但在 2016 年重回 2400 万辆（图 15 – 15）。中国目前大概有 500 多家中大型轮胎企业，其中有 300 家生产汽车轮胎的有 3C 认证。从 2008 年开始，中国就一直是世界轮胎产量最大的国家。中国橡胶轮胎外胎从 2008—2013 年一直呈增长趋势，2013 年达到最高值 97058.23 万条。2014 年和 2015 年连续

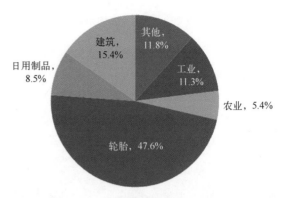

图 15 – 14   天然橡胶消费结构比例

两年下降，2015 年的产量为 80420.99 万条，2016 年产量略有回升，到达了 83050.87 万条（图 15 – 16）。

图 15 – 15   2000—2016 年中国汽车产量

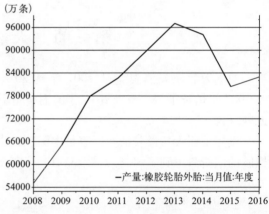

图 15 – 16   2008—2016 年中国橡胶轮胎外胎月产值

第四节   天然橡胶期货

交易品种	天然橡胶
交易单位	10 吨/手
报价单位	元（人民币）/吨
最小变动价位	5 元/吨
每日价格最大波动限制	不超过上一交易日结算价 ±3%
合约交割月份	1、3、4、5、6、7、8、9、10、11 月
交易时间	上午 9:00—11:30 下午 1:30～3:00
最后交易日	合约交割月份的 15 日（遇法定假日顺延）
交割日期	最后交易日后连续 5 个工作日

续表

交易品种	天然橡胶
交割品级	标准品：1. 国产天然橡胶（SCR WF），质量符合国标 GB/T 8081—2008。 2. 进口 3 号烟胶片（RSS3），质量符合 《天然橡胶等级的品质与包装国际标准（绿皮书）》（1979 年版）
交割地点	交易所指定交割仓库
最低交易保证金	合约价值的 5%
交割方式	实物交割
交易代码	RU
上市交易所	上海期货交易所

第五节　影响天然橡胶期货价格的主要因素

一、世界经济增长

天然橡胶是重要的生产资料，有广泛的用途。天然橡胶的用量受较多因素的影响，总体而言与世界经济增长情况关系密切，世界经济增长良好，天然橡胶的需求增加，整体价格上移（图 15 - 17）。

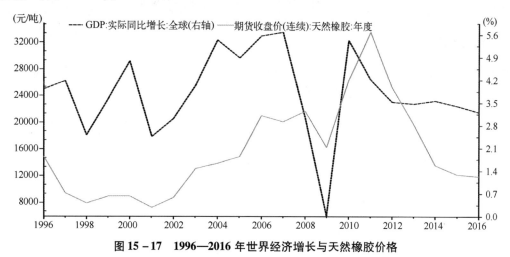

图 15 - 17　1996—2016 年世界经济增长与天然橡胶价格

二、天然橡胶的开割面积和产量

天然橡胶树苗种植五年后开始产胶。开割面积增加，产胶量随之上升，使得天然橡胶的供应得到大幅增加，天然橡胶价格回落的可能性较大。2008 年后天然橡胶走了一波剧烈上涨行情，与期新植面积橡胶树现在开始进入产胶期。

三、汽车产量、保有量与轮胎产量

天然橡胶近半数用于轮胎生产，天然橡胶价格与汽车产量、保有量与轮胎用量紧密相关。

轮胎产量越高，说明对天然橡胶的需求量越高，整体价格上移；反之，天然橡胶价格低迷（图 15 - 18）。

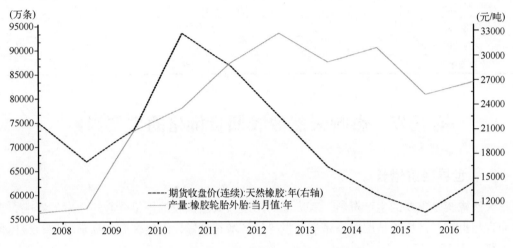

图 15 - 18   2007—2017 年轮胎产量与天然橡胶价格

四、库存

供求平衡情况反映在库存上。库存增加，供大于求的局面可能性增加，价格低迷；反之，价格上升（图 15 - 19、图 15 - 20）。

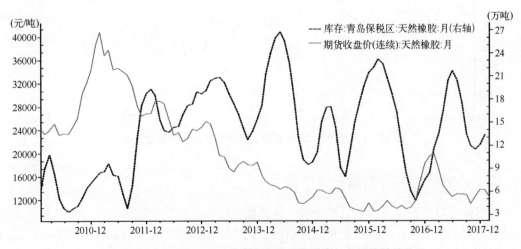

图 15 - 19   2010—2017 年青岛保税仓库库存与天然橡胶价格

图 15 - 20　2010—2017 年上海期货交易所库存与天然橡胶价格

五、日本橡胶期货价格与中国期货价格

日本东京工业品交易所天然橡胶期货市场比上海市场早一个小时开市，其价格走势对中国橡胶期货价格有参考意义。

设上期所橡胶期货收盘价（连续）为 CN，东京橡胶 RSS3 期货收盘价（连续）为 JP，作 Granger 因果关系检验。结果表明，上期所橡胶期货收盘价与东京橡胶 RSS3 期货收盘价互为格兰杰原因，即从统计学意义上看，上期所橡胶期货收盘价与东京橡胶 RSS3 期货收盘价相互存在预测关系（图 15 - 21）。

对当期的价格进行回归得到

$$CN_t = 64.375JP_t - 492.3 + 8$$

拟合效果良好。

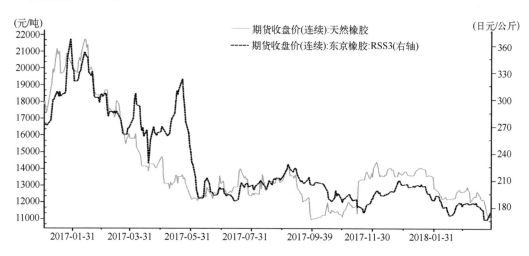

图 15 - 21　2017—2018 年上交所橡胶与东京橡胶期货价格

六、天然橡胶与合成橡胶

合成橡胶是原油的加工品，与天然橡胶是互补关系。合成橡胶价格影响天然橡胶价格走势，两者价格波动存在一致性（图15－22）。

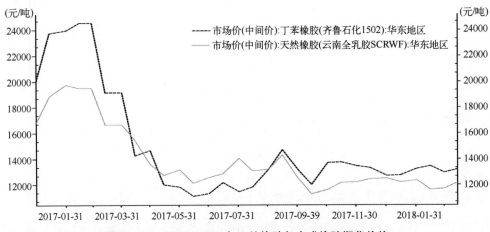

图 15－22　2017—2018 年天然橡胶与合成橡胶期货价格

七、天然橡胶现货与期货

影响橡胶期货价格最直接的因素就是橡胶现货的价格，设 Y 为天然橡胶期货收盘价（连续），X 为天然橡胶现货价，作 Granger 因果关系检验，结果表明天然橡胶现货价是期货价的格兰杰原因，即从统计学意义上看，天然橡胶现货价对期货价具有预测作用（图15－23）。

图 15－23　2017—2018 年天然橡胶现货与期货价格

第十六章　沥　青

第一节　沥青概况

一、沥青分类与性质

沥青分为天然沥青和石油沥青两大类，作为胶黏剂用的主要是石油沥青。

石油沥青是棕色至黑色有光泽的树枝状物质，在温度足够低时呈脆性，断面平整呈介壳纹（图16-1至图16-3）。

工程中采用的沥青绝大多数是石油沥青，石油沥青是复杂的碳氢化合物与其他非金属衍生物组成的混合物。

图16-1　天然沥青1

图16-2　天然沥青2

石油沥青又分为纯地沥青和吹制地沥青两类。纯地沥青为原油经过减压蒸馏法除去液体成分后的残存物；吹制地沥青为重质原油经过加热并吹入空气后氧化聚合而成的高分子化合物质。实际应用时按针入度进行分类。吹制地沥青较易形成乳胶，从胶接膜的性能来看，耐热性、耐候性以及耐冲击性还是纯地沥青好。

石油沥青由不同分子量的碳氢化合物及其非金属衍生物组成。石油沥青理化性质如下：

图16-3　石油沥青

沸点（℃）：470；

相对密度（水=1）：1.15~1.25；

闪点（℃）：204.4；

引燃温度（℃）：485；

溶解性：属于憎水性物质，不透水，也几乎不溶于水、丙酮、乙醚、稀乙醇，溶于二硫化碳、四氯化碳和氢氧化钠。

沥青本身具有中等毒性。沥青及其烟气对皮肤黏膜有刺激性，有光毒作用和致癌作用。

沥青的主要技术指标有针入度、延度、软化点、吸水/透水性、黏结性、大气稳定性、溶解度、闪点、燃点和自然发火温度等。

以沥青配置的胶黏剂有热熔型，溶剂型和乳液型三类。

热熔型沥青胶是将沥青在高温下熔融，加入溶剂混合均匀而制成的。

乳液型沥青胶是在沥青中加入乳化剂（如脂肪酸盐或铵盐等）、分散剂（如表面活性剂、膨润土等），使沥青在水中形成稳定、分散乳液的一种沥青胶。它无毒、无污染，与玻璃布联合使用，以代替油毡沥青，在建筑工业有较广的用途，具有良好的防水性和耐久性。

沥青的价格低廉，耐水性和耐碱性优良，耐久性好，在土木施工中被大量应用，尤其在道路桥梁、房屋的建筑中应用最为广泛。

二、沥青生产流程

从石油原油中提炼出沥青的过程是：将原油脱盐后在常压蒸馏塔内分离出低沸点的馏分（汽油、柴油等），留在塔底的高沸点馏分进一步加热后送入减压蒸馏塔内分离出轻油和润滑油，留在减压塔内高沸点残留物便是直馏沥青。若将空气吹进减压渣油中，在230~280℃下，直馏沥青发生脱氢、氧化、重缩合反应，便得到高黏度高弹性的硬质沥青。这种沥青叫吹制沥青或叫氧化沥青（图16-4）。

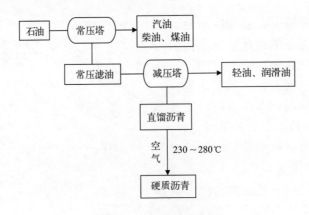

图16-4 沥青生产流程

三、石油沥青的主要用途

沥青具有很好的黏结性、绝缘性、隔热性、防渗、防水、防腐、防锈等性能，有广泛的用途。

石油沥青的主要用途是作基础建设材料、修建公路。除铺设道路外，沥青在建筑业、农业、水利工程、铁路、采掘、制造业等行业也有广泛应用。修建房屋时，石油沥青做防水层；修建冷藏库时，用沥青和木屑混合制成隔热层；地下管道涂上沥青可以防锈；水库水坝铺上一层沥青可以防渗、防漏；沥青与其他材料混合可以削减沥青油漆、沥青油毡、沥青橡胶、沥青涂料、沥青绝缘胶等。石油沥青进一步处理加工，可制得炼钢必需的石油焦，也可提供制造宇宙飞船必需的碳素纤维。

第二节　沥青的生产

改革开放以来我国经济高速增长，沥青产量呈几何倍数增加。1990 年国内沥青产量为273 万吨，2000 年增加到 468 万吨，年均增长 5.5%。2000 年后沥青产量加速增长，2016年达到 3264.9 万吨（图 16 - 5）。

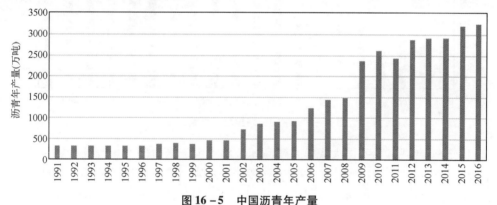

图 16 - 5　中国沥青年产量

我国沥青生产企业主要分布在华东、东北和华南，资源缺口主要集中在华中、西南和华北地区。华东和华南地区是原油和沥青进口集散地，资源充足；东北地区炼厂集中，本地产量最大；华中和西南地区炼油厂缺乏（图 16 - 6）。

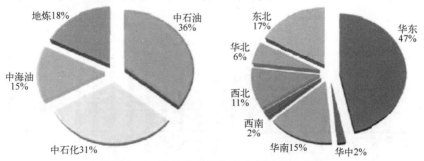

图 16 - 6　2012 年中国沥青产量区域分布图

我国沥青生产商主要为中石油、中石化和中海油三大集团，三大集团年生产力约占国内总产量的78%左右；地方炼油厂产量约占国内总产的18%左右。

第三节　沥青的消费

石油沥青的消费主要在公路、市政、机场和建筑防水四个领域。公路建设是拉动沥青消费增长的主要力量（图16-7）。2012年我国沥青表观消费量为2126万吨，其中道路用量为1875万吨，占总量的88%。近年来道路以外的沥青消费量逐年上涨，逐渐形成沥青消费量多元化的局面。

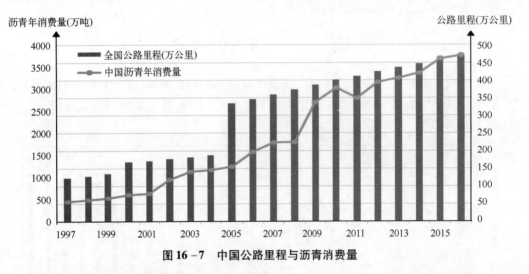

图16-7　中国公路里程与沥青消费量

20世纪90年代开始我国大规模兴建高速公路。由于当时国产重胶沥青数量少，质量稳定性差，沥青进口量迅速增加，1994年突破10万吨，2010年则达到409万吨。近几年国内大炼厂生产品质量和数量不断提高，进口沥青数量虽然不减，但对外依存度下降（图16-8、图16-9）。

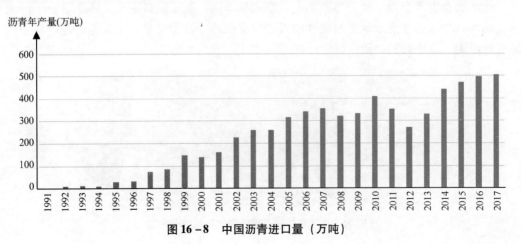

图16-8　中国沥青进口量（万吨）

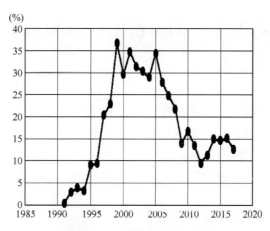

图 16 – 9 中国沥青对外依存度

第四节 沥青期货合约

交易品种	石油沥青
交易单位	10 吨/手
报价单位	元（人民币）/吨
最小变动价位	2 元/吨
每日价格最大波动限制	不超过上一交易日结算价 ±3%
合约交割月份	24 个月以内，其中最近 1—6 个月为连续月份合约，6 个月以后为季月合约
交易时间	上午 9:00—11:30，下午 1:30—3:00 和交易所规定的其他交易时间
最后交易日	合约交割月份的 15 日（遇法定假日顺延）
交割日期	最后交易日后连续 5 个工作日
交割品级	70 号 A 级道路石油沥青，具体内容见 《上海期货交易所石油沥青期货交割实施细则（试行)》
交割地点	交易所指定交割地点
最低交易保证金	合约价值的 4%
交割方式	实物交割
交易代码	BU
上市交易所	上海期货交易所

第五节　沥青价格的影响因素

一、原油价格

原油是沥青生产的上游产品，是沥青生产成本的主要部分。原油价格涨跌是沥青价格变动的重要指向（图 16 – 10）。设中国上海期货交易所沥青价格指数为 Y，美国 WTI 原油价格指数为 X，选用 2017 年 3 月 19 日至 2018 年 3 月 19 日的日收市价格数据作 Granger 因果关系检验，结果表明原油价格是沥青价格的单向 Granger 原因，即原油价格对沥青的价格有预测作用。

作 Y 与 X 间的简单线性回归，结果为：

$$Y = 500.6 + 34.1X$$

数据拟合情况良好，原油价格每桶涨 1 个美元，沥青价格约涨 34 元/吨。

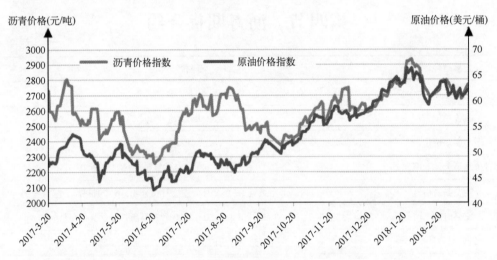

图 16 – 10　2017—2018 年沥青价格与原油价格
数据来源：文华财经

二、库存

供求平衡情况反映在库存上。库存增加，供大于求的可能性增加，导致价格低迷；库存减少，反映需求旺盛，价格上升的机会增加，如图 16 – 11 所示。

三、季节性

沥青价格具有很强的季节性变化，总体呈现的趋势是第一季度与第四季度易涨，第二季度与第三季度易跌，这与需求的季节性变化密不可分。第一季度由于气候转暖，工程陆续开工，沥青的需求量逐渐增大；第二季度受到梅雨季节的影响，公路施工困难，对沥青

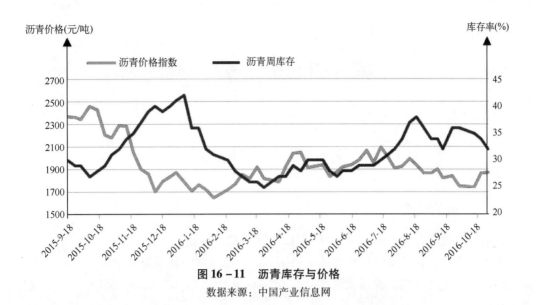

图 16 - 11　沥青库存与价格
数据来源：中国产业信息网

的需求量减少；第三季度气候炎热，天气持续放晴，适合大面积的公路施工，为一年中沥青需求量最高的时候，也是市场供应量最高的时段；而第四季度沥青进入冬储，天气寒冷无法施工，需求量持续低迷，市场供应量亦低。

四、原油 CFTC 多空净持仓与沥青价格

美国期货委员会关于原油非商业多空净持仓反映了市场上投机因素对未来原油期货价格的预期，与沥青期货价格波动具有高度关联性，这是原油与沥青的上下游关系决定的，市场上投资者对原油价格的预期对沥青价格变化有很大的引导作用，如图 16 - 12 所示。

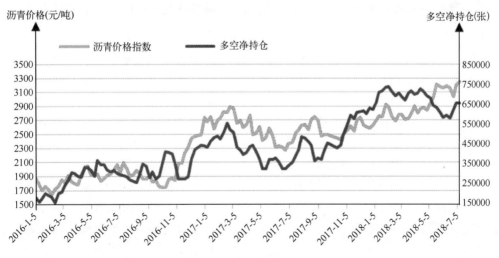

图 16 - 12　2016/1—2018/7 原油 CFTC 多空净持仓与沥青价格
数据来源：美国商品期货交易委员会（CFTC）

第十七章　玻　璃

第一节　玻璃概述

一、玻璃的概念

玻璃，英文名称为 Glass，在中国古代亦称琉璃，日语汉字以硝子代表。是一种较为透明的固体物质，在熔融时形成连续网格结构，冷却过程中黏度逐渐增大并硬化而不结晶的硅酸盐类非金属材料。普通玻璃化学氧化物的组成为 $Na_2O \cdot CaO \cdot 6SiO_2$，主要成分是二氧化硅。

玻璃在日常环境中呈化学惰性，亦不会与生物起作用，因此用途非常广泛。玻璃一般不溶于酸（例外：氢氟酸与玻璃反应生成 SiF_4，从而导致玻璃的腐蚀），但溶于强碱，例如氢氧化铯。制造工艺是将各种配比好的原料经过融化，迅速冷却，各分子因为没有足够时间形成晶体而形成玻璃。玻璃在常温下是固体，它是一种易碎的东西，摩氏硬度为 6.5。

二、玻璃的原料

玻璃原料比较复杂，按其作用可分为主要原料与辅助原料。主要原料构成玻璃的主体并确定玻璃的主要物理化学性质，辅助原料赋予玻璃特殊性质和给生产工艺带来方便。

1. 主要原料

（1）硅砂或硼砂。硅砂或硼砂引入玻璃的主要成分是氧化硅或氧化硼，它们在燃烧中能单独熔融成玻璃主体，决定了玻璃的主要性质，相应地称为硅酸盐玻璃或硼酸盐玻璃。

（2）纯碱或芒硝。纯碱和芒硝引入玻璃的主要成分是氧化钠，它们在煅烧中能与硅砂等酸性氧化物形成易熔的复盐，起了助熔作用，使玻璃易于成型。但如含量过多，将使玻璃热膨胀率增大，抗拉度下降。

（3）石灰石、白云石、长石等。石灰石引入玻璃的主要成分是氧化钙，增强玻璃化学稳定性和机械强度，但含量过多使玻璃析晶和降低耐热性。白云石作为引入氧化镁的原料，能提高玻璃的透明度、减少热膨胀及提高耐水性。长石作为引入氧化铝的原料，它可以控制熔化温度，同时也可提高耐久性。此外，长石还可提供氧化钾成分，提高玻璃的热膨胀性能。

（4）碎玻璃。一般来说，制造玻璃时不是全部用新原料，而是掺入 15% ~30% 的碎玻璃，以降低玻璃熔化温度。

2. 辅助原料

（1）脱色剂。原料中的杂质如铁的氧化物会给玻璃带来色泽，常用纯碱、碳酸钠、氧化钴、氧化镍等作脱色剂，它们在玻璃中呈现与原来颜色的补色，使玻璃变成无色。此外，还有与着色杂质能形成浅色化合物的减色剂，如碳酸钠能与氧化铁氧化成二氧化二铁，使玻璃由绿色变成黄色。

（2）着色剂。某些金属氧化物能直接溶于玻璃溶液中使玻璃着色。如氧化铁使玻璃呈现黄色或绿色，氧化锰能呈现紫色，氧化钴能呈现蓝色，氧化镍能呈现棕色，氧化铜和氧化铬能呈现绿色等。

（3）澄清剂。澄清剂能降低玻璃熔液的黏度，使化学反应所产生的气泡易于逸出而澄清。常用的澄清剂有白砒、硫酸钠、硝酸钠、铵盐、二氧化锰等。

（4）乳浊剂。乳浊剂能使玻璃变成乳白色半透明体。常用乳浊剂有冰晶石、氟硅酸钠、磷化锡等。它们能形成 $0.1 \sim 1.0 \mu m$ 的颗粒，悬浮于玻璃中，使玻璃乳浊化。

三、玻璃的生产工艺及生产流程（图 17 –1）

（1）原料预加工。将块状原料（石英砂、纯碱、石灰石、长石等）粉碎，使潮湿原

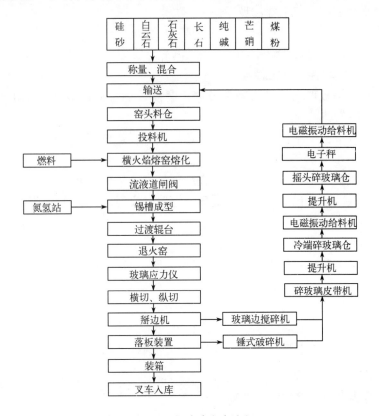

图 17 – 1　玻璃生产流程

料干燥，将含铁原料进行除铁处理，以保证玻璃质量。

（2）配合料制备。根据产品的不同，配合料的组成略有区别。例如普通浮法玻璃的配合料（按照 1 重量箱即 50 公斤计算），需要消耗石英砂 33.55 公斤、石灰石 2.96 公斤、白云石 8.57 公斤、纯碱 11.39 公斤、芒硝 0.55 公斤、长石 3.45 公斤、碳粉 0.03 公斤等。

（3）熔制。玻璃配合料在池窑或坩埚窑内进行高温（1550~1600℃）加热，使之形成均匀、无气泡并符合成型要求的液态玻璃。

（4）成型。将液态玻璃加工成所要求形状的制品，如平板玻璃、各种器皿等。

（5）热处理。通过退火、淬火等工艺，消除或产生玻璃内部的应力、分相或晶化，以及改变玻璃的结构状态。

四、玻璃的分类

玻璃的品种很多，可以按制品结构与性能、生产工艺等方面来分类。

（一）按制品结构与性能分类

1. 平板玻璃

（1）普通平板玻璃，包括浮法玻璃。

（2）钢化玻璃，属于安全玻璃。为提高玻璃的强度，通常使用化学或物理的方法，在玻璃表面形成压应力，玻璃承受外力时首先抵消表层应力，从而提高了承载能力，增强玻璃自身抗风压性、寒暑性、冲击性等。

（3）表面加工平板玻璃，包括磨光玻璃、磨砂玻璃、喷砂玻璃、磨花玻璃、压花玻璃、冰花玻璃、蚀刻玻璃等。

（4）掺入特殊成分的平板玻璃，包括彩色玻璃、吸热玻璃、光致变色玻璃、太阳能玻璃等。

（5）夹物平板玻璃，包括夹丝玻璃、夹层玻璃、电热玻璃等。

（6）复层平板玻璃，包括普通镜面玻璃、镀膜热反射玻璃、镭射玻璃、釉面玻璃、涂层玻璃、覆膜（覆玻璃贴膜）玻璃等。

2. 玻璃制成品

（1）平板玻璃制品，包括中空玻璃、玻璃磨花、雕花、彩绘、弯制等制品及幕墙、门窗制品等。

（2）不透明玻璃制品和异型玻璃制品，包括玻璃锦砖（马赛克）、玻璃实心砖、玻璃空心砖、水晶玻璃制品、玻璃微珠制品、玻璃雕塑等。

（3）玻璃绝热、隔音材料，包括泡沫玻璃和玻璃纤维制品等。

（二）按生产工艺分类

玻璃主要分为平板玻璃和特种玻璃。

1. 平板玻璃

按照生产工艺，平板玻璃主要分为压延、有槽垂直引上、对辊（也称旭法）、无槽垂直引上、平拉和浮法玻璃等。

压延法是将熔窑中的玻璃液经压延辊辊压成型、退火而制成，主要用于制造夹丝（网）玻璃和压花玻璃。

有槽垂直引上法、对辊法、无槽垂直引上法等工艺基本相似，是使玻璃液分别通过槽子砖或辊子、或采用引砖固定板根，靠引上机的石棉辊子将玻璃带向上拉引，经退火、冷却连续地生产出平板玻璃。平拉法是将玻璃垂直引上后，借助转向辊使玻璃带转为水平方向。这些方法在 20 世纪 70 年代以前是通用的平板玻璃生产工艺。

浮法是将玻璃液漂浮在金属液面上制得平板玻璃的一种新方法。它是将玻璃液从池窑连续地流入并漂浮在有还原性气体保护的金属锡液面上，依靠玻璃的表面张力、重力及机械拉引力的综合作用，拉制成不同厚度的玻璃带，经退火、冷却而制成平板玻璃。由于这种玻璃在成型时，上表面在自由空间形成火抛表面，下表面与熔融的锡液接触，因而表面平滑，厚度均匀，不产生光畸变。受厚度均匀、上下表面平整平行，加上劳动生产率高及利于管理等方面因素的影响，浮法玻璃正成为玻璃制造方式的主流。目前浮法技术中，英国的皮尔金顿浮法玻璃生产工艺、美国 PPG 浮法玻璃生产工艺和中国的洛阳浮法玻璃生产工艺并称为世界浮法玻璃生产的三大工艺。

按照厚度（毫米（mm）在日常中也称为厘，如 3 厘玻璃就是指厚度 3mm 的玻璃）和用途，平板玻璃分类如下：

（1） 2 ~ 4mm 玻璃，主要用于画框表面。

（2） 5 ~ 6mm 玻璃，主要用于外墙窗户、门扇等小面积透光造型等。

（3） 7 ~ 9mm 玻璃，主要用于室内屏风等较大面积但又有框架保护的造型之中。

（4） 9 ~ 10mm 玻璃，主要用于室内大面积隔断、栏杆等装修项目。

（5） 11 ~ 12mm 玻璃，主要用于地弹簧玻璃门和一些活动人流较大的隔断。

（6） 15mm 以上玻璃，一般市面上销售较少，往往需要订单生产供应，主要用于较大面积的地弹簧玻璃门、外墙整块玻璃墙面。

2. 特种玻璃

特种玻璃品种众多，主要有钢化玻璃、中空玻璃、夹层玻璃、加丝加网玻璃、夹胶玻璃、彩釉玻璃、印刷玻璃、灯具玻璃、家电玻璃、家什玻璃、卫浴玻璃、工艺玻璃、汽车玻璃、磨砂玻璃等等。

五、玻璃的主要用途

在人们的日常生活中，玻璃及其制品无处不在。最为广泛的应用是在建筑和装饰领域（门窗、幕墙、隔断、镜片等装饰）、汽车制造领域、新能源领域（太阳能制品）、家电及电子产品制造、日常生活（各种瓶罐盘）等。

建筑和装饰领域是玻璃的最大下游行业，目前 70% 左右的浮法玻璃应用于此行业。汽车及新能源领域的玻璃应用也在逐渐扩大。

1. 建筑用玻璃

随着人们对建筑要求的提高，公共建筑及民用建筑的玻璃使用量日益增多。从一次性使用的玻璃幕墙、门窗、阳台，到二次性使用的浴室、橱柜、灯具等装修，大大地增加了玻璃使用量和使用品种。

2. 汽车玻璃

汽车玻璃作为汽车的一个重要组成部分，占据了汽车行业3%的总成本。中国汽车玻璃行业的市场需求量以19%左右的平均速度增长。

3. 太阳能玻璃

太阳能玻璃主要是指用于太阳能光伏发电和太阳能光热组件的封装或盖板玻璃。其中，太阳能光伏发电组件用太阳能玻璃又分为晶体硅太阳能电池组件用和薄膜太阳能电池组件用两大类。前者主要是使用太阳能超白压花玻璃，后者主要是使用超白浮法玻璃。

4. LOW－E玻璃

LOW－E玻璃又称低辐射镀膜玻璃，就世界范围而言，LOW－E玻璃的生产和应用正处于高速增长时期。从国家住房和城乡建设部的要求来看，今后绿色节能建筑要成为中国建筑的主流，住建部将推行节能标志认证及相应的税收优惠政策来推广节能建筑。

第二节　平板玻璃供给与需求

一、玻璃生产供给

我国的平板玻璃生产发展分为三个阶段：第一阶段是新中国成立之后至1979年的30年；第二阶段为1980—1999年的20年；第三阶段为2000年之后。第三阶段为以浮法生产为主导的生产工艺阶段，也是产量爆发的增长阶段。

仅2015—2017年浮法玻璃生产线从339条增至361条，如图17－2所示。

玻璃产能分布依次为华北、华东、华南、东北、西南、西北地区。

二、玻璃消费需求

玻璃消费领域主要分为房地产、汽车与出口，其中房地产对玻璃的需求贡献量

图17－2　2010—2017年浮法玻璃生产线总数

最大，汽车次之。平板玻璃主要用于住房门窗装饰等（图17－3、图17－4）。

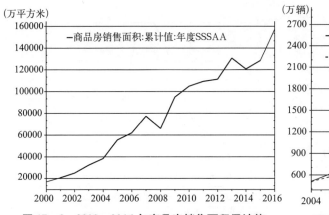

图 17-3　2000—2016 年商品房销售面积累计值

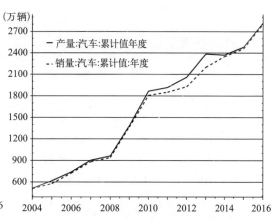

图 17-4　2004—2016 年汽车产量与销量

玻璃销量具有明显的时间特点，年初 2 月份是玻璃消费量的低点，每年的 8 月是消费的高峰（图 17-5）。

三、中国玻璃生产

中国平板玻璃 2001 年产量为 2 亿重量箱，到 2011 年产量超过 7 亿重量箱，增长速度极快。2012 年至 2017 年增长速度放慢，2017 年年产量为 7.9 亿重量箱（图 17-6）。浮法玻璃 2008 年年产量为 4 亿重量箱，2016 年增至 6.1 亿重量箱（图 17-7）。

图 17-5　2013—2017 年浮法玻璃销量

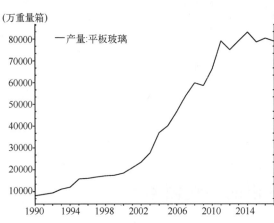

图 17-6　1990—2017 年平板玻璃年总产量

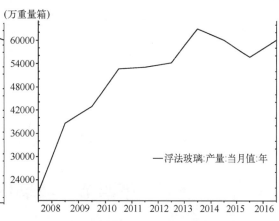

图 17-7　2008—2016 年浮法玻璃年总产量

四、玻璃的进出口

1995—2001 年，中国平板玻璃的出口量 4 千万平方米上下；2001—2007 年，中国平板玻璃的出口量快速飙升至 3.1 亿平方米以上；2009 年金融危机中国玻璃出口量快速回落至 1.7 亿平方米左右；2010 年后，出口量开始缓慢上升，2017 年平板玻璃出口为 2.1 亿平方米（图 17 - 8）。

（万平方米）

—出口数量:平板玻璃:当月值:年度

图 17 - 8　2000—2016 年中国平板玻璃出口量

第三节　玻璃期货合约

交易品种	平板玻璃（简称"玻璃"）
交易单位	20 吨/手
报价单位	元（人民币）/吨
最小变动价位	1 元/吨
每日价格波动限制	上一交易日结算价 ±4% 及《郑州商品交易所期货交易风险控制管理办法》相关规定
最低交易保证金	合约价值的5%
合约交割月份	1—12 月
交易时间	每周一至周五（北京时间法定节假日除外）9:00—11:30　1:30—3:00 以及交易所规定的其他时间最后交易日上午9:00—11:30
最后交易日	合约交割月份的第 10 个交易日
最后交割日	合约交割月份的第 12 个交易日
交割品级	见《郑州商品交易所期货交割细则》
交割地点	交易所指定交割地点
交割方式	实物交割
交易代码	FG
上市交易所	郑州商品交易所

第四节　玻璃价格的影响因素

玻璃尤其是平板玻璃生产市场是完全竞争市场，供求关系决定玻璃价格走势。玻璃生产受制于需求端的变化，产能过剩价格就会下跌，供不应求价格自然上涨。

一、房地产建成销售面积

设玻璃价格为 Y，房屋销售面积为 X，作 Granger 因果关系检验，结果表明 X 与 Y 间互为 Granger 因果关系，即从统计意义上两者相互存在预测作用，且房屋销售面积对玻璃价格存在更为明显的预测作用（图 17 −9）。

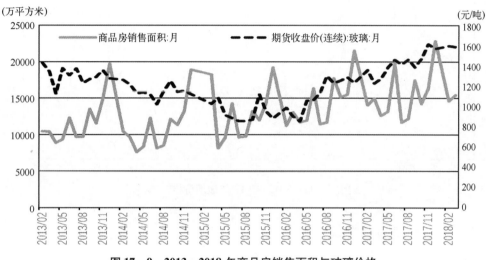

图 17 −9　2013—2018 年商品房销售面积与玻璃价格

二、生产线开工率

生产线开工率一定程度上反映了需求的变动，当市场上对玻璃的需求旺盛时，玻璃价格走高，生产线开工率就会上升，反之，开工率降低（图 17 −10）。

图 17 −10　2016—2017 年玻璃价格与生产线开工率

三、库存

库存增加表明消费疲软，价格下跌；库存减少表明消费旺盛，价格上扬（图 17 – 11）。

图 17 – 11 2013—2017 年玻璃价格与库存

四、玻璃价格与螺纹钢价格

玻璃和螺纹钢同是房地产业的主要建筑材料，一荣俱荣、一衰俱衰。

玻璃指数价格和螺纹钢指数价格走势（图 17 – 12）。

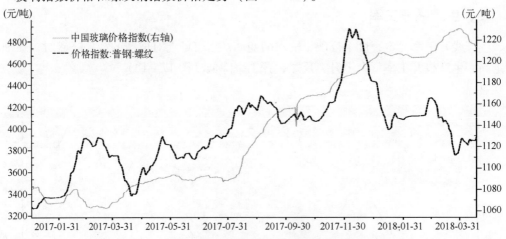

图 17 – 12 2017—2018 年螺纹钢价格指数于玻璃价格指数

设 Y 为玻璃价格指数，X 为螺纹钢价格指数，作 Granger 因果关系检验，结果表明螺纹钢价格指数是玻璃价格指数的格兰杰原因，即从统计学意义上看，螺纹钢价格对玻璃价格有预测作用。

对当期的螺纹钢价格指数回归得到：

$$Y_t = 728.6983 + 0.102232 X_t$$

虽然有预测作用，但它们的相关系数较低，表明预测效能低。

五、国家政策

对玻璃行业来说，国家政策层面有两个因素一直影响着玻璃价格的走势，一是政府对楼市的调控，二是大力推进城镇化。由于玻璃下游70%以上消费于房地产行业，而地产行业对政策的依赖性很强，因此很大程度上影响了玻璃价格的走势。

第十八章　白　糖

第一节　白糖概况

一、白糖的特性、分类及用途

白砂糖，指的是从甘蔗或甜菜中提取糖汁，经过滤、沉淀、蒸发、结晶、脱色和干燥等工艺而制成的蔗糖含量99%以上的高纯度白色粒状晶体。按其晶粒大小又分粗砂、中砂和细砂。糖是烹调过程中重要的调味品，能增加菜肴的甜味及鲜味，增添制品的色泽，是制作菜肴特别是甜菜品种的主要调味原料。白砂糖是食糖中质量最好的一种。其颗粒为结晶状，均匀，颜色洁白，甜味纯正，甜度稍低于红糖。绵白糖为粉末状，适合于烹调之用，甜度与白砂糖相近。绵白糖有精制绵白糖和土法制的绵白糖两种。前者色泽洁白，晶粒细软，质量较好；后者色泽微黄稍暗，质量较差。白砂糖和绵白糖只是结晶体大小不同，白砂糖的结晶颗粒大，含水分很少，而绵白糖的结晶颗粒小，含水分较多。

按国家生产许可证发放要求白糖分为白砂糖、绵白糖、赤砂糖、多晶体冰糖、单晶体冰糖、方糖、冰片糖、黄砂糖（广东）、加工红糖（浙江）。

白糖是日常生活中必不可少的物质品，是烹饪中基本的调味品，也是食品加工中广泛使用的添加剂，具有食用价值、食疗价值和药性价值。白糖性平，味甘，有润肺生津、化痰止咳、解毒等功效。

二、食糖生产原料

生产食糖的原料主要是甘蔗和甜菜。甘蔗是适宜种植在热带和亚热带的作物，其整个生长发育过程需要较高的温度和充沛的雨量，一般要求全年温度高于10℃，活动积温为5500～6500℃，年日照时数1400小时以上，年降雨量1200毫米以上。地球上热带和亚热带地区的许多国家都种植甘蔗，主要分布在南美、加勒比海、大洋洲、非洲的大多数发展中国家和少数发达地区。甜菜生长于温带地区。主要分布在欧洲和北美洲的发达国家，如欧盟、美国北部和加拿大，少量在亚洲地区，如日本、俄罗斯和中国北方等。

一些国家如中国、美国、日本、埃及、西班牙、阿根廷和巴基斯坦既生产甘蔗糖又生产甜菜糖。中国是世界上最早使用甘蔗制糖的国家之一，已有2000多年的历史，而用甜菜制糖的历史只有几十年。

三、食糖生产法

食糖生产主要分为甘蔗制糖和甜菜制糖。

甘蔗制糖有两种方法：一种是用亚硫酸法或者碳酸法直接生产白糖（一步法）；另一种是先用石灰法制造原糖，然后在精炼厂再回溶、提净，再次结晶成为精炼糖（二步法）。欧美等发达国家制糖一般采用二步法，中国糖厂全部采用一步法。

甜菜制糖一般采用渗出法提糖或用碳酸法澄清直接生产白糖，不生产原糖。

四、制糖生产期

由于所处纬度和气候不同，全球主要食糖输出国（地区）的制糖生产期（糖料收获期）存在一定的差异。世界主要食糖生产国（地区）榨季起止时间如表 18 – 1 所示。

表 18 – 1　世界主要食糖生产国（地区）榨季起止时间

国家（地区）	开榨—收榨时间	食糖生产销售时间
巴西	中南部为 5 月至 12 月，东北部为 9 月至翌年 4 月	5 月初至翌年 4 月末
印度	11 月至翌年 9 月	10 月初至翌年 9 月末
泰国	11 月至翌年 1 月	12 月初至翌年 11 月末
中国	甘蔗糖为 11 月至翌年 4 月，甜菜糖为 10 月至翌年 2 月	10 月初至翌年 9 月末
欧盟	7 月至翌年 1 月	8 月初至翌年 7 月末
美国	10 月至翌年 4 月	10 月初至翌年 9 月末
墨西哥	11 月至翌年 7 月	11 月初至翌年 10 月末
俄罗斯	8 月至翌年 1 月	9 月初至翌年 8 月末

一般，全球食糖生产销售年度从 9 月至翌年 8 月计算。中国食糖的生产销售年度从每年的 10 月初到翌年的 9 月末。

五、白砂糖保存

白砂糖存放时间的长短受气候条件、加工质量、保管条件等多种因素影响。加工质量好、气候条件好、保管条件好的情况下，白砂糖可存放 2 ~ 3 年；而在加工质量差、气候条件差、保管条件差的情况下，只能保存半年左右。

目前，中国白砂糖的出厂质量大都能达到国标（GB317—2006）一级标准，但是受加工工艺的影响，在相同的储存条件下不同工厂生产的一级白砂糖保质期也会存在较大的差异。白砂糖保管不善或保存时间过长容易出现如下问题：一是受潮、溶化、流浆、结块；二是色值变化，颜色变黄；三是污染，理化指标及卫生指标超标。

第二节　白砂糖的生产

一、甘蔗的生长特性

甘蔗的生长发育一般分为五个时期，即发芽期、幼苗期、分蘖期、生长期和成熟期。

第一年用种茎种植后长成的甘蔗称为新植蔗，而第二年后利用砍收后甘蔗留在地下的蔗蔸的蔗芽，在适宜的环境下萌发出土，通过人工栽培和管理后长成的甘蔗称为宿根蔗。甘蔗栽培一般下种一年后可以收获多期。有的甘蔗品种宿根性很强，可能保留宿根 3～5 年。新植甘蔗又因下种的季节不同而分为春植蔗、夏植蔗、秋植蔗、冬植蔗。由于种植期与砍收期的不同使得甘蔗的生长期存在较大差异，最长的达 18 个月，最短的只有 7 个月，一般为 10～11 个月。正是由于生长期的差异，所以不同植期的甘蔗产量及含糖量也不尽相同。

宿根性导致食糖生产具有周期性，大致上以 5～6 年为一个生产周期，一般前 2～3 年表现为连续增产，后 2～3 年表现为连续减产。

二、全球白糖产量与分布

从 2000 年开始到 2016 年全球白糖的产量呈上升趋势。2000 年全球白糖产量为 13572.2 万吨，2015 年增至 17746.2 万吨，最近两年略有回落（图 18－1）。

2017 年全球白糖产量中，巴西占 22.83%，印度占 12.95%，欧盟 27 国占 9.62%，其次为泰国、中国和美国，分别占比 5.85%、5.42% 和 4.74%（图 18－2）。

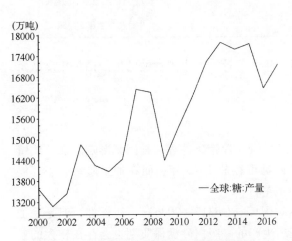

图 18－1　2000—2016 年全球白砂糖产量

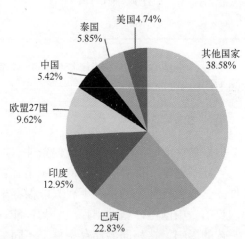

图 18－2　2017 年全球白砂糖生产格局及占比

2000—2017 年中国白砂糖产量波动较大。2000 年不到 700 万吨，2008 年产量近 1500 万吨，2017 年糖产量又小于 1000 万吨（图 18－3）。

2017 年，中国甘蔗糖产量中广西占 83.45%，广东占 9.5%，云南占 6.36%，海南占 0.58%（图 18 – 4）。

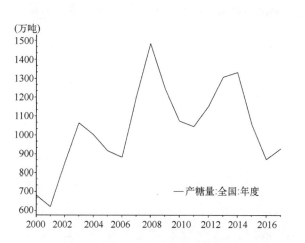

图 18 – 3　2000—2017 年中国白砂糖产量

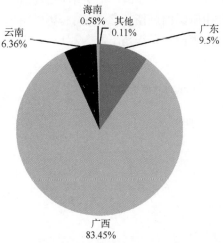

图 18 – 4　2017 年中国甘蔗糖格局及占比

第三节　白砂糖的消费

2000 年到 2017 年全球白糖消费量逐年增加。2017 年全球白砂糖消费量约 17.162 亿吨（图 18 – 5）。

全球白糖消费中，印度居首位，为 14.86%；欧盟 27 国居第二位，为 10.9%；中国居第三位，为 9.09%；其次为美国、巴西和泰国，依次为 6.52%、6.15% 和 1.57%（图 18 – 6）。

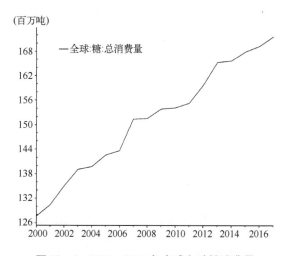

图 18 – 5　2000—2017 年全球白砂糖消费量

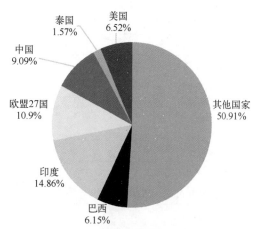

图 18 – 6　2017 年全球白砂糖消费比例

中国白糖消费量自 2000 年后呈上升趋势，2014 年达到 1533 万吨。近几年略有减少
（图 18 – 7）。中国白糖消费结构饮料居首位，成品糖、罐头、糖果、糕点居其次。

由于国内蔗糖产量下降，2010 年后白糖进口量逐年增加。2016 年进口量 460 万吨。
国内白糖出口量震荡下降，2017 年出口约 8 万吨，对价格影响很小（图 18 – 8）。

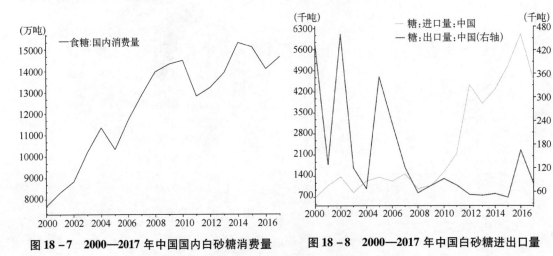

图 18 – 7　2000—2017 年中国国内白砂糖消费量　　　图 18 – 8　2000—2017 年中国白砂糖进出口量

第四节　白砂糖期货合约

交易品种	白砂糖
交易单位	10 吨/手
报价单位	元（人民币）/ 吨
最小变动价位	1 元 / 吨
每日价格最大波动限制	不超过上一个交易日结算价 ±4%
合约交割月份	1、3、5、7、9、11 月
交易时间	每周一至周五　上午 9：00 — 11：30（法定节假日除外）　下午 1：30 —3：00
最后交易日	合约交割月份的第 10 个交易日
最后交割日	合约交割月份的第 12 个交易日
交割品级	标准品：一级白糖（符合 GB317—2006）；替代品及升贴水见《郑州商品交易所期货交割细则》
交割地点	交易所指定仓库
最低交易保证金	合约价值的 6%
交割方式	实物交割
交易代码	SR
上市交易所	郑州商品交易所

第五节　白糖价格的影响因素

一、国际白糖价格

近几年国内白糖产量变动较大，进口量超过国产白糖量的 50%。国内白糖生产成本高于国际市场水平，国际白糖价格对国内白糖产生重要影响。图 18 - 9 为美国 11 号糖与国内白糖走势对比，两者整体走势相似。

图 18 - 9　国内糖与美国 11 号价格走势

二、全球白砂糖供求平衡与糖价

全球白糖消费量呈直线上升趋势，平均年消费量增长约 1.82%，增长速度相对稳定。白糖产量则波动较大，供求不平衡导致糖价波动幅度很大。图 18 - 10 为全球白糖产量减消费量与白糖价格对比图。图中看出供大于求时价格下跌，供不应求时价格上涨。

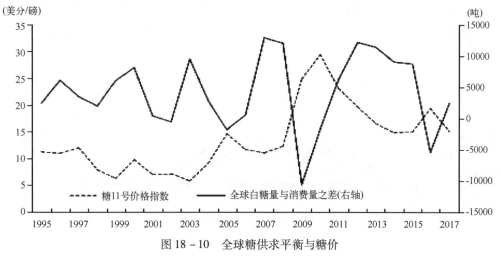

图 18 - 10　全球糖供求平衡与糖价

三、年末库存与年消费量之比

供求平衡结果体现在库存上。年末库存与年消费量之比是度量库存相对高低的较好指标。年末库存与年消费量之比走低，次年价格上扬，年末库存与年消费之比上升则表明供大于求，次年价格走低，如图 18-11 所示。

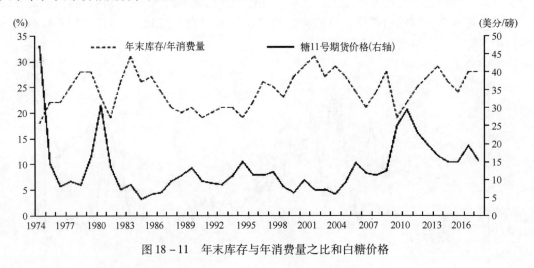

图 18-11　年末库存与年消费量之比和白糖价格

四、白糖价格波动的周期性

白糖主要由甘蔗压榨提汁加工而成。甘蔗是宿根性很强的植物，一般栽种一期后收获多期。宿根蔗与新植蔗产糖量有差别。因此，白糖产量波动有一定的周期性，价格则呈现出 5~6 年一个周期的涨跌，如图 8-12 所示。

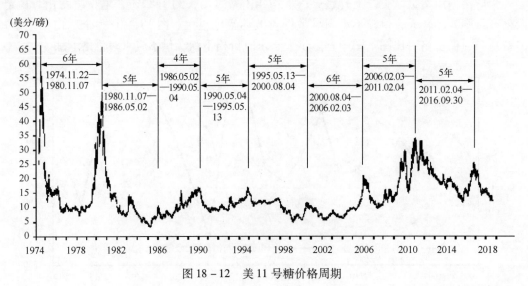

图 18-12　美 11 号糖价格周期

<header>白 糖 第十八章</header>

五、CFTC 非商业多空净持仓与美国 11 号糖价

美 11 号白糖期货非商业多空净持仓变化反映投机市场对白糖价格走势倾向的看法。一般说来，非商业多头与空头持仓之差减少代表投机市场对后市看淡，如图 18－13 所示。

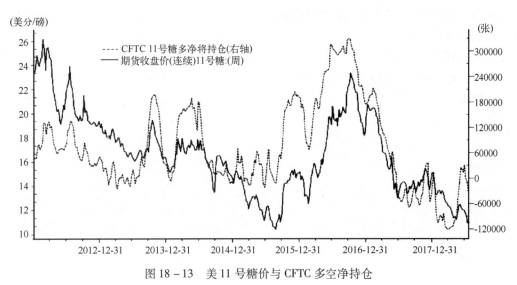

图 18－13　美 11 号糖价与 CFTC 多空净持仓

六、白糖现货价与淀粉糖

白糖现货价与期货价在期货合约交割时理论上要会合的，现货价与期货价相互影响总体走势一致。国内白糖现货期走势如图 18－14 所示。淀粉糖由玉米淀粉加工而得，是白砂糖的替代品。淀粉糖价格走低会拉动白砂糖价格。

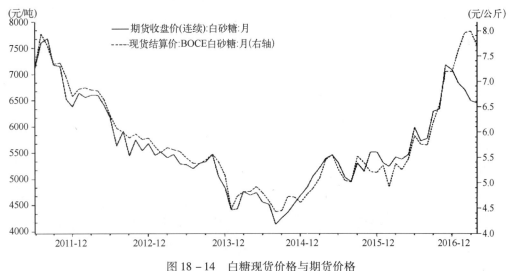

图 18－14　白糖现货价格与期货价格

七、国家白糖产业相关政策

在国际市场中，由于美国、日本等国不愿意开放白糖市场，阻碍了国际自由贸易，导致国际市场上白糖价格跌宕起伏。国家发展改革委、农业部联合发布了《糖料蔗主产区生产发展规划（2015—2020）》，把支持糖业发展上升为国家战略。国家采取一系列措施对糖业进行宏观调控，主要有四方面：一是甘蔗原料与糖销售挂钩，把生产和销售环节融为一体，达到共同进步、共同繁荣的效果；二是建立食糖储备制度，确保国家宏观调控政策实施；三是出台食糖指导价和自律价，抵制投机行为，保障广大消费者的根本利益；四是国家发改委统一安排食糖进口额，均衡国内食糖供求关系。因此中国白糖政策严格控制着糖价走势。

第十九章　鸡　蛋

第一节　鸡蛋概况

一、鸡蛋的特性

鸡蛋是母鸡所产的卵，外层有一层硬壳，壳内有气室，包裹着卵白和卵黄。鸡蛋富含胆固醇，营养丰富。一个鸡蛋重约 50 克，其中约含有蛋白质 7 克。鸡蛋蛋白质的氨基酸比例与人体生理所需求的氨基酸比例相近，极易为消化系统吸收，因此鸡蛋蛋白质利用率高达 98% 以上。

鸡蛋还含有丰富的维生素，对于人体生长发育有很好的作用。每日只需一个鸡蛋就可以为人体提供很好的营养。

二、鸡蛋的组成

鸡蛋的蛋壳呈椭圆形，主要成分为碳酸钙。鸡蛋在醋或一些酸性溶液中浸泡一段时间后，蛋壳会消失，就变成无壳鸡蛋，只剩下一层薄膜。

蛋清又称蛋白，是壳膜包裹的半流动胶状物质。蛋清中含较少蛋白质，主要是卵白蛋白。蛋清中还含有少量钙、磷、铁等对人体有益的物质。蛋清中蛋白质的浓度不一，靠近蛋黄的部分，浓度较高；靠近蛋壳的部分，浓度较稀。

蛋黄多居于蛋白的中央，由系带悬于两极。蛋黄主要组成物质为卵黄磷蛋白，含有较多脂肪。蛋黄含有维生素 A 和维生素 D，且有较高含量的铁、磷、硫和钙等有益物质，对人体营养价值较高。

三、鸡蛋的分类

鸡蛋分土鸡蛋和洋鸡蛋。土鸡蛋指的是农家散养的土鸡所生的蛋，洋鸡蛋指的是养鸡场或养鸡专业户用合成饲料养的鸡生的蛋。从外观上基本无法区别土鸡蛋与洋鸡蛋。一般来说，土鸡蛋的蛋黄占蛋体比例大，洋鸡蛋的蛋黄占蛋体比例相对小，呈浅黄色。

鸡蛋按颜色分类有绿壳蛋、白壳蛋、褐壳蛋以及七彩蛋。绿壳蛋，是蛋壳呈绿色的鸡蛋；白壳蛋是蛋壳浅色、白色的鸡蛋，此鸡蛋蛋壳薄、胆固醇低；褐壳蛋是市面上比较常见的鸡蛋；七彩蛋则是野鸡下的蛋，蛋壳五颜六色。

四、鸡蛋的营养价值

鸡蛋既含有丰富的蛋白质，又含有维生素和人体必需的无机物。鸡蛋的热量很低，拥有磷、锌、铁、蛋白质、维生素 D、维生素 E、维生素 A、维生素 B、维生素 B2、维生素 B6 多种人体必需元素。

食用价值中，卵黄的价值最高。鸡蛋味甘，归脾、胃经，可补肺养血、滋阴润燥，具有一定的医疗效用。

第二节 中国鸡蛋生产消费

改革开放以来，伴随经济的高速发展，我国禽蛋产量也快速增长。联合国粮农组织数据显示，1980 年我国鸡蛋产量只有 234 万吨，2014 年达到 2494 万吨，增长 10 倍多。鸡蛋产量占禽蛋产量的 86% 左右。据国家统计局统计数据，1982—2016 年全国禽蛋产量及人均消费量（图 19 - 1）。

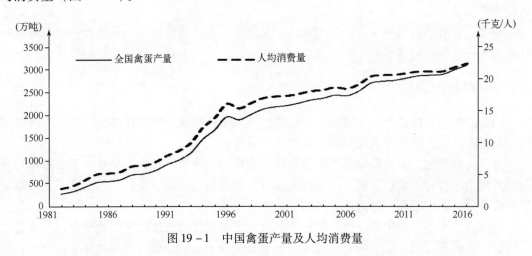

图 19 - 1 中国禽蛋产量及人均消费量

禽蛋生产区中，山东、河南、河北、辽宁排在前四位，分别约占总产量的 14.2%、13.6%、12.5%、9.3%；其次为江苏、湖北和四川三省，分别占总产量的 6.4%、5.4%、4.8%。这七个省的产量约占全国产量的 2/3。

国家统计局统计数据表明，我国农村居民家庭人均蛋类消费最多的是山东省，年人均超过 10 公斤；西藏农村居民家庭年人均蛋消费量最少，不超过 1 公斤。上海市统计局统计数据表明，上海城市居民家庭人均年鲜蛋消费量最近十年间稳定在 10 公斤水平。

鸡蛋消费结构中餐饮业消费量约占总量的 2/3，食品和其他产业消费量约占 1/3。2017 年全国年人均鸡蛋消费量约为 22 公斤，每人平均每天消费超过 1 个鸡蛋，能满足人体营养需要。全国禽蛋产量近几年几乎停止增长，亦反映了国内消费市场趋于饱和。

第三节　鸡蛋期货合约

交易品种	鲜鸡蛋
交易单位	5 吨/手
报价单位	元（人民币）/500 千克
最小变动价位	1 元/500 千克
涨跌停板幅度	上一交易日结算价的 4%
合约月份	1—12 月
交易时间	每周一至周五上午 9：00—11：30，下午 13：30—15：00，以及交易所规定的其他时间
最后交易日	合约月份倒数第 4 个交易日
最后交割日	最后交易日后第 3 个交易日
交割等级	大连商品交易所鸡蛋交割质量标准
交割地点	大连商品交易所鸡蛋指定交割仓库
最低交易保证金	合约价值的 5%
交割方式	实物交割
交易代码	JD
上市交易所	大连商品交易所

第四节　鸡蛋价格的影响因素及套利实现

一、期现价格变动

影响鸡蛋期货价格最直接的因素就是鸡蛋现货的价格，选取 2013 年 11 月至 2017 年 9 月的月度数据来进行实证分析。

根据期货与现货价格的对比，对其价差进行平方根检验，发现两者存在长期稳定的均衡关系，即存在期现套利的机会。对两者进行格兰杰因果关系检验，发现期货价格是现货价格的格兰杰原因，即从统计学意义上看，期货价格对现货价格具有预测作用，印证了期货的价格发现功能。

若现货蛋价对滞后 4 期的期货价格进行回归，参数显著，效果良好。

$$Y_t = 0.001779\, X_{t-4} + 2.553157$$

这里现货蛋价单位为元/千克，期货蛋价单位为元/500 千克。

二、饲料价格变动

1. 豆粕影响作用分析

设 JD 为鸡蛋现货价格（元/千克），DP 为豆粕现货价格（元/千克）。对两者进行格

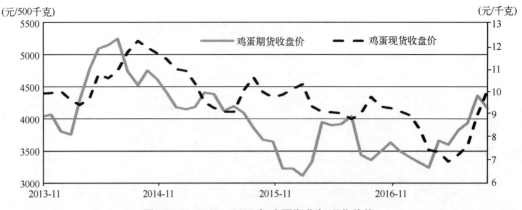

图 19 - 2　2013—2017 年鸡蛋期货与现货价格

兰杰因果关系检验，发现豆粕价格是鸡蛋价格的格兰杰原因，即从统计学意义上看，豆粕价格对鸡蛋价格具有预测作用。

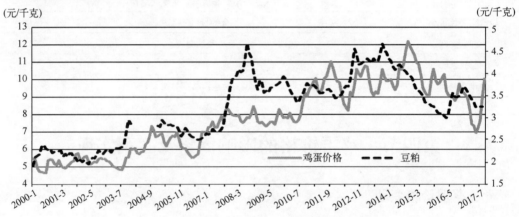

图 19 - 3　2000—2017 年鸡蛋价格与豆粕价格

对滞后 1 期的豆粕价格进行回归，发现参数显著，效果良好。

$$JD_t = 2.169444\,DP_{t-1} + 0.867032$$

2. 玉米影响作用分析

设 JD 为鸡蛋现货价格（元/千克），YM 为玉米现货价格（元/千克）。对两者进行格兰杰因果关系检验，玉米价格是鸡蛋价格的格兰杰原因，即从统计学意义上看玉米价格对鸡蛋价格具有强烈的预测作用。

用滞后 2 期的玉米价格对鸡蛋价格回归，参数非常显著，效果优于豆粕对鸡蛋的回归。

$$JD_t = 3.517807\,YM_{t-2} + 1.649537$$

3. 蛋鸡配合饲料影响作用分析

设 JD 为鸡蛋现货价格（元/千克），SL 为蛋鸡配合饲料价格（元/千克）。

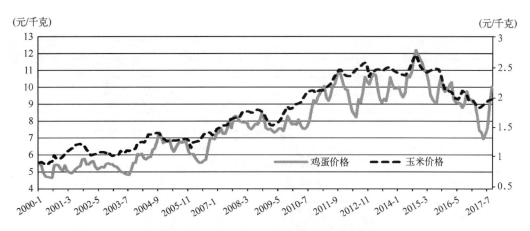

图 19 - 4　2000—2017 年鸡蛋价格与玉米价格

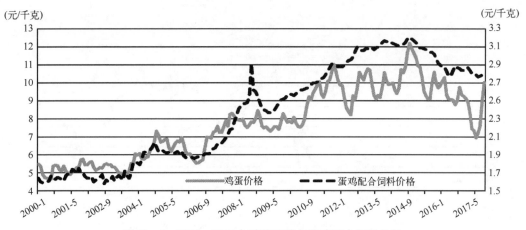

图 19 - 5　2000—2017 年鸡蛋价格与蛋鸡配合饲料价格

　　对两者进行格兰杰因果关系检验，发现蛋鸡配合饲料价格是鸡蛋价格的格兰杰原因，即从统计学意义上看，蛋鸡配合饲料价格对鸡蛋价格具有预测作用。

　　对滞后 1 期的蛋鸡配合饲料价格进行回归，参数显著，效果优于豆粕，差于玉米。

$$JD_t = 3.265716\, SL_{t-1} - 0.005611$$

4. 鸡蛋现货价格移动平均后的效果分析

$$MA10_t = 3.480073\, YM_{t-6} + 1.709079$$

　　计算 JD 的 10 期移动平均 $MA10$（图 19 - 6），分别与三种关联商品价格作图（图 19 - 7 至图 19 - 9）。由于 $MA10$ 能够较好地反映鸡蛋价格的平均变化水平（略微滞后于真实平均水平），从图上可得玉米现货价格与鸡蛋现货平均价格的波动比较吻合（玉米变化略微提前于 $MA10$ 变化），拟合优度高达 0.953，因此可以通过玉米价格定量预报鸡蛋均价，再通过鸡蛋期现的同向性预报期货均价。

图 19 - 6　2000—2017 年鸡蛋价格与 *MA*10

图 19 - 7　2000—2017 年豆粕价格与 *MA*10

三、季节性因素

鸡蛋现货的价格具有很强的季节性。根据2000 年1 月到2017 年9 月历史数据的统计，鸡蛋现货价格最高点出现在 9 月份与 1 月份，最低点出现在 5 月份的概率相当高（表 19 - 1）。7、8 月份由于受到高温天气影响，鸡蛋产量较其他月份有明显下降；并且高温季节鸡蛋储存的难度上升，限制了鸡蛋的库存水平，供应受到影响。而中秋节、国庆节和开学季临近，鸡蛋消费需求大幅增加，供需双重作用下，蛋价一般在 9 月份达到年内最高点；每年 9 月之后，蛋价一般出现小幅回调；到 1 月份左右，受到春节传统节日的影响蛋价会小幅上升，有时候甚至会达到一年最高点；春节过后需求明显减少，蛋价会有明显的回落；到 5 月份由于气候逐渐转暖，蛋鸡产蛋率升高，蛋价到达一年的低点。对于不同的季节价格特点，鸡蛋生产商和企业可以在期货市场上采用套期保值方法，规避市场风险。

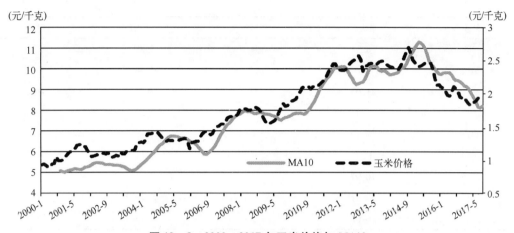

图 19-8 2000—2017 年玉米价格与 *MA*10

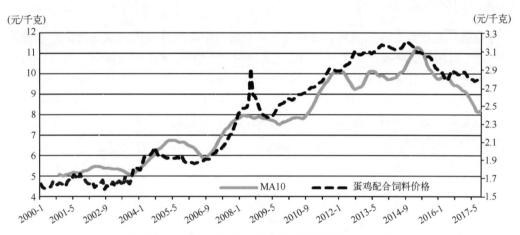

图 19-9 2000—2017 年蛋鸡配合饲料价格与 *MA*10

表 19-1 鸡蛋现货价格最大最小值及对应月份

年份	最大值	月份	最小值	月份
2000	5.49	1	4.66	7
2001	5.77	10	4.92	4
2002	5.63	2	5.15	4
2003	6.06	11	4.83	7
2004	7.33	9	5.74	3
2005	6.97	9	6.04	12
2006	7.26	12	5.54	4
2007	8.31	9	7.25	3、4
2008	8.47	9	7.5	12

续表

年份	最大值	月份	最小值	月份
2009	8.3	9	7.31	3
2010	9.63	12	7.54	5
2011	11.03	9	9.2	4
2012	10.6	9	8.23	5
2013	10.79	1	9.1	5
2014	12.2	9	9.41	3
2015	10.97	1	9.11	6、7
2016	10.31	2	8.79	7
2017	10.05	9	6.95	5

四、周期性因素

根据蛋价阶段低点与低点间，最高点与高点时间距离统计分析，发现蛋价基本遵循以3年为一个周期的变动规律（图19-10）。2012年开始蛋价波动较为剧烈，但滤去噪音后仍旧遵循此周期规律从周期开始的。3年一次的行情，前一年可以布局买入做多，第二年见高点平仓卖出；下半周期可以做卖出为主的投机或套利交易。从图19-10可见，蛋价的每一波上涨下跌，幅度都在20%~50%之间，这种程度的波动幅度，对于期货而言，利润空间已经相当可观。

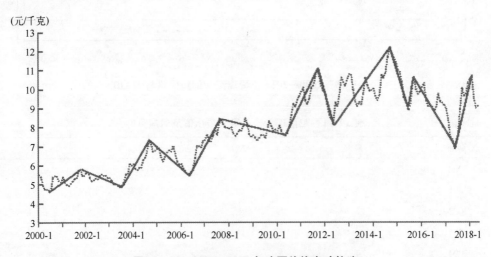

图19-10 2000—2017年鸡蛋价格变动轨迹

五、鸡蛋替代品价格情况

鸡蛋最重要的替代品是猪肉，鸡蛋价格与猪肉价格保持在一定的相对水平上（图

19 – 11）。当鸡蛋价格相对高时，人们会减少对鸡蛋的消费，转而消费猪肉。当鸡蛋价格相对低时，人们会增加对鸡蛋的消费，对猪肉的消费减少（图 19 – 12）。

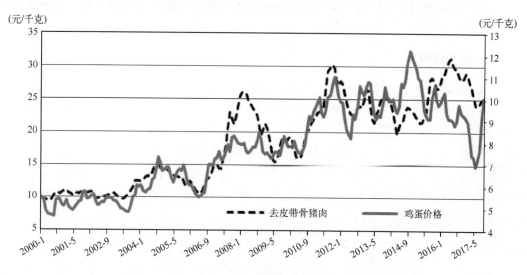

图 19 – 11　2000—2017 年鸡蛋价格与去皮带骨猪肉价格

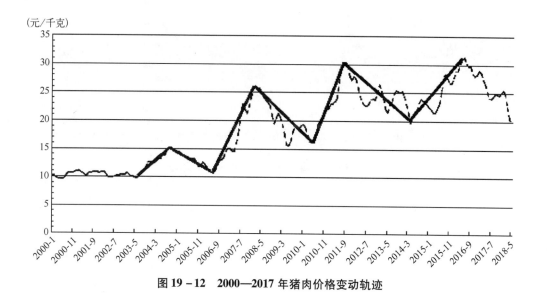

图 19 – 12　2000—2017 年猪肉价格变动轨迹

六、蛋鸡储栏量

蛋鸡的储栏量是鸡蛋潜在供应量的一个重要指标，可以预测出鸡蛋的生产情况，从而达到预测鸡蛋未来价格的目的。不同批次的蛋鸡有相应的储栏量，通过计算，可以预测未来鸡蛋的总体生产量，和往年同期水平相比，可以得出鸡蛋产量是过剩还是不足，借此来预测未来价格涨跌。对于蛋鸡养殖户而言可以合理分配资源，获得最好生产效益。

七、禽流感因素

当发生禽流感时，人们对于鸡蛋消费量大幅度降低，鸡蛋价格大幅下跌；当禽流感过后，鸡的存栏量不足，在短期鸡蛋价格会快速上涨。

八、跨期套利

鸡蛋 05 和 09 合约是一组稳定关系良好的跨期套利期货对，鸡蛋 05 合约上市日期为当年 5 月份至下一年 5 月份，鸡蛋 09 合约上市日期是当年 9 月份至下一年 9 月份，两者共同交易时间为当年 9 月份至下一年 5 月份（图 19 – 13）。根据两个合约的收盘价作价差折线图，除去小成交量收盘价、极端值和不重叠日期，发现价差在 432.7 附近波动，标准差大约为 92.7。平均 6 个月就会出现一次绝佳套利机会。根据相对价差判断合约的贵贱，当价差偏离均值超过 2 个标准差是即可进行双边操作，买入贱的合约，卖出贵的合约，待价差回归均值时进行平仓来获得收益。

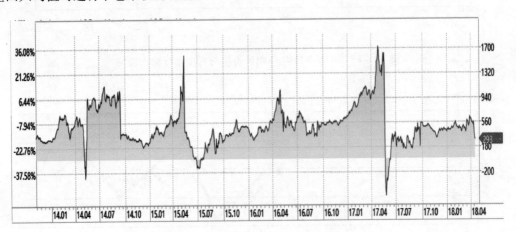

图 19 – 13　鸡蛋 05 与 09 合约价差变动

第二十章　豆　粕

第一节　豆粕概述

豆粕是大豆提取豆油后得到的一种副产品。按照提取的方法不同，可以分为一浸豆粕和二浸豆粕两种。以浸提法提取豆油后的副产品为一浸豆粕；以先压榨取油，再浸提取油所得的副产品为二浸豆粕。一浸豆粕生产工艺较为先进，蛋白质含量高，是国内目前现货市场上的主要品种。

豆粕一般呈不规则碎片状，颜色为浅黄色或浅褐色，具有烤大豆香味。豆粕是棉籽粕、花生粕、菜粕等 12 种油粕饲料产品中产量最大、用途最广的一种。作为一种高蛋白质原料，豆粕不仅是用作牲畜与家禽饲料的主要原料，还可以用于制作糕点食品、健康食品以及化妆品，此外，豆粕还作为抗菌素原料使用。近些年，水产养殖对豆粕的消费需求也呈快速增长态势。

豆粕中含蛋白质 43% 左右，赖氨酸 2.5% ～ 3.0%，色氨酸 0.6% ～ 0.7%，蛋氨酸 0.5% ～ 0.7%，胱氨酸 0.5% ～ 0.8%；胡萝卜素较少，仅 0.2 ～ 0.4mg/kg，硫胺素、核黄素各 3 ～ 6mg/kg，烟酸 15 ～ 30mg/kg，胆碱 2200 ～ 2800mg/kg。豆粕中较缺乏蛋氨酸，粗纤维主要来自豆皮，无氮浸出物主要是二糖、三糖、四糖，淀粉含量低，矿物质含量低，钙少磷多，维生素 A、B、B2 较少。

大约 85% 的豆粕用于家禽和猪的饲养。豆粕中富含的多种氨基酸对家禽和猪摄入营养很有好处。实验表明，在不需额外加入动物性蛋白的情况下，仅豆粕中含有的氨基酸就足以平衡家禽和猪的食谱，促进它们的营养吸收。生猪饲料中，有时也会加入动物性蛋白作为额外的蛋白质添加剂，但总体看来，豆粕得到了最大限度的利用。只有当其他粕类单位蛋白成本远低于豆粕时，人们才会考虑使用其他粕类作为豆粕替代品。

奶牛的饲料中，味道鲜美、易于消化的豆粕能够提高出奶量。在肉用牛的饲料中，豆粕也是最重要的油籽粕之一。牛的饲养过程中，有时候并不需要高质量的豆粕，其他粕类可以达到同样的喂养效果，因此豆粕在牛饲养中的地位要略逊于生猪饲养中的地位。

最近几年，豆粕也被广泛应用于水产养殖业中。豆粕中含有的多种氨基酸，例如蛋胺酸和胱氨酸能够充分满足鱼类对氨基酸的特殊需要。由于鱼捕捞过度，全球鱼粉减产，供给的短缺使鱼粉价格居高不下，具有高蛋白质的豆粕已经开始取代鱼粉，在水产养殖业中发挥越来越重要的作用。

豆粕还被用于制成宠物食品。简单的玉米、豆粕混合食物与使用动物高蛋白制成的食品对宠物来说，具有相同的价值。实验表明，豆粕具有同猪肉一样的高蛋白，却不含影响营养消化的低糖酸盐。

第二节　豆粕的生产与消费

一、全球豆粕生产与消费

2000—2017 年全球豆粕的产量呈上升趋势。2000 年全球豆粕产量为 107.81 百万吨，2017 年增至 216.18 百万吨（图 20 - 1）。

2017 年全球豆粕产量中，中国占 30.07%，美国占 18.91%，阿根廷占 15.36%，巴西占 14.48%（图 20 - 2）。

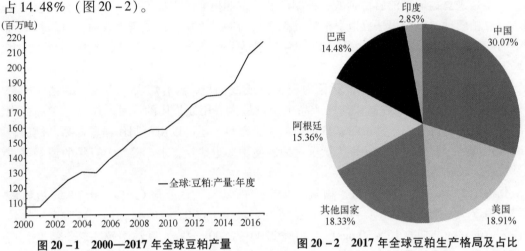

图 20 - 1　2000—2017 年全球豆粕产量　　图 20 - 2　2017 年全球豆粕生产格局及占比

2000 年到 2017 年全球豆粕消费量逐年增加，2017 年全球豆粕消费量为 214.03 百万吨（图 20 - 3）。

全球豆粕消费中，中国居首位，占 31.82%；美国居第二位，占 14.04%；巴西居第三位，占 7.6%（图 20 - 4）。

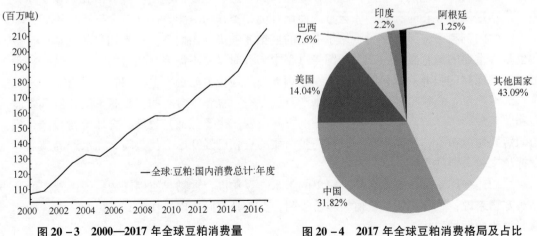

图 20 - 3　2000—2017 年全球豆粕消费量　　图 20 - 4　2017 年全球豆粕消费格局及占比

二、中国豆粕生产与消费

2000—2017 年中国豆粕的产量呈上升趋势（图 20 - 5）。2000 年中国豆粕产量为 16.55 百万吨，2017 年增至 68.62 百万吨。

2000—2017 年中国豆粕消费量与产量趋势增长，2000 年消费量为 16.28 百万吨，2017 年增长至 68.1 百万吨（图 20 - 6）。

由于国内豆粕产量过剩，2010 年后豆粕出口量震荡增加（图 20 - 7）。2017 年出口量为 200 万吨。国内豆粕进口量从 2010 年后逐渐下降，2017 年进口约 5 万吨。相对于总消费量而言，进出口量都很小，对价格影响很小。

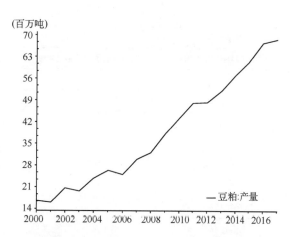

图 20 - 5　2000—2017 年中国豆粕产量

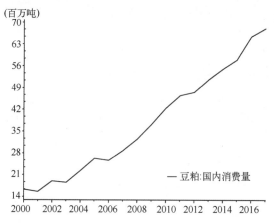

图 20 - 6　2000—2017 年中国豆粕消费量

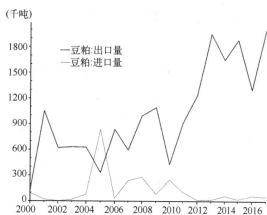

图 20 - 7　2000—2017 年中国豆粕进口量和出口量

第三节　豆粕期货合约

交易品种	豆粕
交易单位	10 吨/手
报价单位	元（人民币）/吨
最小变动价位	1 元/吨
涨跌停板幅度	上一交易日结算价的 4%
合约月份	1、3、5、7、8、9、11、12 月

续表

交易品种	豆粕
交易时间	每周一至周五上午9:00—11:30,下午13:30—15:00,以及交易所公布的其他时间
最后交易日	合约月份第10个交易日
最后交割日	最后交易日后第3个交易日
交割等级	大连商品交易所豆粕交割质量标准
交割地点	大连商品交易所指定交割仓库
最低交易保证金	合约价值的5%
交割方式	实物交割
交易代码	M
上市交易所	大连商品交易所

第四节 豆粕价格的影响因素

一、豆粕的需求量

中国豆粕主要用作家禽与生猪饲料。豆粕产量与生猪出栏量及鸡鸭等禽蛋、禽肉产量有关。由图 20 - 8、图 20 - 9 可以发现豆粕的消费量与禽蛋产量的走势关联性较高。

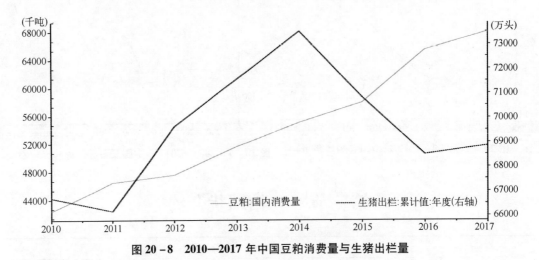

图 20 - 8　2010—2017 年中国豆粕消费量与生猪出栏量

二、大连豆粕期货价格与 CBOT 大豆期货价格

国内豆粕主要是进口大豆生产出来的。做大连豆粕期货价格与 CBOT 大豆的 Granger 因果关系检验,设豆粕期货价格为 Y,CBOT 大豆价格为 X,检验结果,表明在 5% 的显著性水平下,CBOT 大豆价格是豆粕期货价格的格兰杰原因(图 20 - 10)。

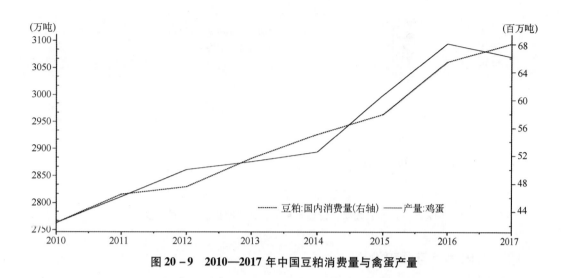

图 20 – 9　2010—2017 年中国豆粕消费量与禽蛋产量

图 20 – 10　豆粕期货价格与 CBOT 大豆价格走势图

建立线性回归模型，结果如下：

$$Y = 2.786X + 49.193$$

用 CBOT 大豆价格解释大连豆粕价格，效果不错。

三、豆粕价格与大豆价格

大连豆二期货合约标的物是非转基因大豆，豆粕主要是进口大豆压榨物。两者价格存在一定的相关性（图 20 – 11），进行大连豆粕期货价格与豆二期货价格的 Granger 因果关系检验，在 5% 的显著性水平下，豆粕是豆二的格兰杰原因。设国内豆粕指数为 Y，豆二指数为 X，建立回归模型：

$$Y = 1424.628 + 0.3899X$$

拟合优度显示用豆粕价格解释豆粕价格不如 CBOT 大豆价格好。

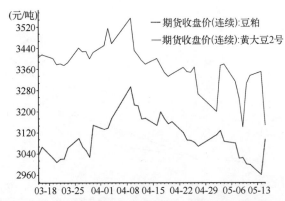

图 20 - 11 豆粕期货价格与黄大豆 2 号期货价格价格走势图

四、豆粕库存与豆粕价格

库存反映供求平衡情况，一般来说，库存增加反映需求小于供给，后续价格走低，库存减少，后续价格总体上升的可能性增加。从年末库存/消费量与豆粕价格关系图看，前一期年末库存/消费量增加，次年价格走低的可能性较大（图 20 - 12）。

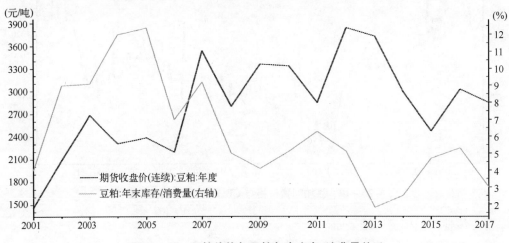

图 20 - 12 豆粕价格与豆粕年末库存/消费量关系

五、豆粕期货价格与豆粕现货价格

从图 20 - 13 可以看出，豆粕现货价格与期货价格存在一定的相关性。

设豆粕现货价格为 X，期货价格为 Y，建立线性回归模型，结果如下：

$$Y = 14.286 + 0.941X$$

六、豆粕期货价格与 CBOT 大豆多空净持仓

CBOT 大豆多空净持仓的变化对 CBOT 豆粕价格的变动有很强的指向影响（图 20 - 14）。

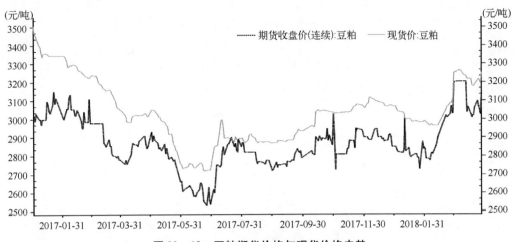

图 20 – 13　豆粕期货价格与现货价格走势

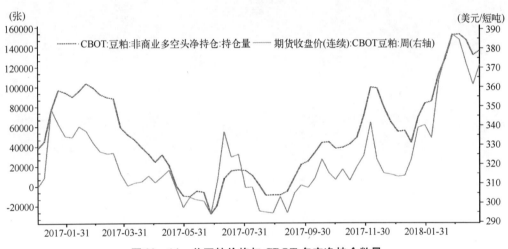

图 20 – 14　美豆粕价格与 CBOT 多空净持仓数量

设 CBOT 豆粕价格为 Y，大豆 CBOT 多空净持仓的单数为 X，建立线性回归模型，结果如下：

$$Y = 301.1659 + 0.0004X$$
$$R^2 = 0.7744$$

CBOT 大豆多空净持仓对 CBOT 豆粕价格有显著性解释效果，对大连豆粕价格有方向性指导作用。

七、豆粕与菜粕间的套利发现

对豆粕期货和菜粕期货最近 9 个主力期货合约研究发现，豆粕收盘价与菜粕收盘价价差的均值为 497，标准差为 65。豆粕与菜粕有相互替代关系，当投机使得两者价格差偏离正常值时存在套利机会。以 1809 合约简单说明套利思想。

图 20 - 15 中，①处豆粕与菜粕价差为 453，偏离均值为 44，所以豆粕 1809 价格被低估，在②处价格出现反弹，做多豆粕 1809，做空菜粕 1809，待差值回归均值选择平仓获利。

图 20 - 15 中③处豆粕与菜粕差值为 548，偏离均值为 51，所以豆粕 1809 价格被高估，在④处前期上升趋势线被突破时做空豆粕 1809，做多菜粕 1809，待差值回归均值选择平仓获利。

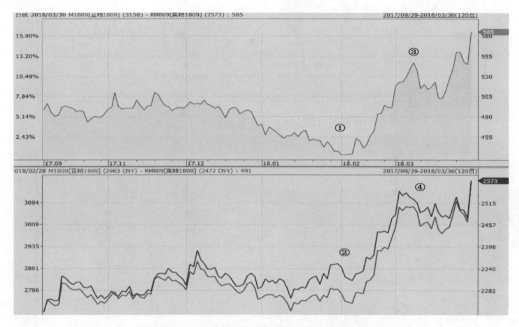

图 20 - 15　豆粕 1809 与菜粕 1809 套利关系

第二十一章　菜籽粕

第一节　菜籽粕概述

一、菜籽粕定义

油菜籽经过机械压榨提取油脂后的残渣称为菜籽饼。菜籽饼通常有两种：一种是使用小型或 95 型及 200 型压榨机压榨后得到的菜籽饼，含油率一般为 5%～8%，个别可达到10%；另一种是目前国内绝大多数油厂使用的 202 型或 338 型预压榨榨油机榨油后得到的菜籽饼，通常称做预榨菜籽饼，含油率一般为 15%～18%。预榨菜籽饼由于含油率高，只是生产过程中的中间产品，油厂通常会直接输送到浸出车间进一步提取剩余油脂，菜籽饼浸出提油后的残渣称为菜籽粕。

菜籽粕一般呈黄色或浅褐色，形状为碎片或粗粉末并夹杂小颗粒。

二、菜籽粕分类

根据菜籽粕中芥酸和硫代葡萄糖苷含量不同，通常将菜籽粕分为普通菜籽粕和"双低菜籽粕"。

三、菜籽粕中的成分

（一）主要成分

普通菜籽粕主要成分中，粗蛋白质含量 35%～40%，碳水化合物含量 20%～25%，粗灰分含量 5%～8%，粗脂肪含量 1%～3%，水分含量低于 12%。

（二）营养成分

1. 蛋白质

菜籽粕中的主要营养成分为蛋白质，是一种重要的饲料蛋白质原料，一般菜籽粕粗蛋白含量在 35%～40%，菜籽蛋白氨基酸组成比较平衡，几乎不存在限制性氨基酸，菜籽蛋白效价为 3～5，比大豆蛋白还高，与其他油料粕相比，菜籽粕中的含硫氨基酸含量最高，蛋氨酸也较高。

2. 碳水化合物

菜籽粕含有超过 20% 的碳水化合物，可作为动物饲料的部分能量来源，但由于粗纤维含量较高，一般在 10%～14%，加上 8% 左右的不易消化的戊聚糖，导致其有效能值相对较低，可利用能量水平低于豆粕和花生粕，但高于棉粕。

3. 矿物质

菜籽粕中含有多种矿物质，尤其是钙、磷、硒、锰含量较高，铁和锌含量也较高，但磷含量的 60%～70% 为植物磷，利用率相对较低。

4. 维生素

菜籽粕中维生素含量较高，尤其是烟酸、胆碱、叶酸、核黄素、硫胺素含量均比豆粕高。

四、菜籽粕生产工艺及发展

20 世纪 70 年代之前，菜籽制油工艺主要是一次压榨法，部分地区采用土榨法，菜籽榨油后得到的菜籽饼直接作为饲料或肥料使用。

20 世纪 70 年代以来，浸出法制油得到大量应用。菜籽加工行业普遍采用预榨取浸出工艺，菜籽饼经浸出后获得的菜籽粕产量明显提高，统计数据显示，目前中国菜籽饼粕市场中，菜籽粕所占比重超过 90%，菜籽饼所占比重 10%（图 21 -1）。

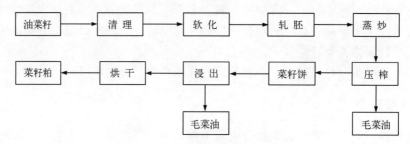

图 21 -1　油菜籽预榨取浸出工艺

五、菜籽粕的用途

（一）饲料蛋白质

菜籽粕是一种重要的饲料蛋白质原料，在水产饲料中使用最为广泛，由于其蛋白质氨基酸组成合理，价格便宜，在家禽饲料、猪饲料和反刍动物饲料中也得到使用。

1. 水产品饲料

菜籽粕在水产养殖行业应用最为广泛。统计数据显示，中国水产饲料养殖行业菜籽粕用量占到菜籽粕产量的一半以上。在鱼类养殖的配合饲料中菜籽粕的添加量可达到 30%～40%，部分养殖户甚至直接将菜籽粕用来喂鱼。

2. 禽类饲料

在禽的配合饲料中使用菜籽粕，应根据有毒有害物质含量限制其用量，如摄入有害物质过多，则可能造成鸡甲状腺肿大、甲状腺及肾脏上皮细胞脱落、肝脏出血等现象，表现为生长抑制、破蛋、软蛋增加、死亡率上升等症状，一般幼雏应避免使用菜籽粕，肉鸡使用量在 10% 以下，蛋鸡、种鸡在 8% 左右，鸭饲料中菜籽粕用量一般在10%～15%。

3. 猪饲料

一般未经脱毒处理的菜籽粕的用量应控制在5%以下，而经脱毒处理的菜籽粕或新型"双低"品种菜籽粕，用量可到10%~15%。

4. 反刍家畜饲料

菜籽粕对牛、羊适口性差，长期过量使用会引起甲状腺肿大，一般肉牛、奶牛精料的菜籽粕用量不应超过5%~20%。

（二）生产菜籽蛋白

菜籽蛋白是一种营养价值较高的全价蛋白，几乎不存在限制性氨基酸，与世界粮农组织（FAO）和全球卫生组织（WHO）所推荐的蛋白质非常接近，菜籽蛋白的效率比值（PER），蛋白质净利用率（NPU）、蛋白质生物价（BV）均高于其他植物蛋白，经过脱壳脱毒制取的菜籽蛋白质具有较好的功能特性，可应用于肉制品、烘焙食品中，还可以用来生产酱油等。

用来提取菜籽蛋白的菜籽粕生产工艺与普通菜籽粕的有较大区别，首先要对油菜籽进行脱壳分离，然后进行低温压榨和溶剂浸出，得到的菜籽粕还要进行脱毒，提取蛋白等工艺处理。

（三）提取化工原料

由于菜籽粕中质酸和单宁含量较高，可以通过对菜籽粕深加工，进一步提取质酸钙和单宁等化工原料。

（四）生产有机肥

菜籽粕中80%以上为有机物，可以使用菜籽粕生产有机肥料。

第二节　菜籽粕的供给

2007—2017年全球菜籽粕的产量总体呈现上升趋势，从2007年的2.7千万吨增长至2017年4千多万吨。2007—2009年产量增速较快，2013—2017年全球菜籽粕的产量基本处于一个平稳的状态（图21-2）。

2000—2008年中国菜籽粕的产量一直在630万吨至790万吨之间徘徊；2009年之后菜籽粕的产量开始加速上升，2017年产量增至1140万吨（图21-3）。

中国的菜籽粕产量占全球总产量的比重逐步增加，2007年占比不到24%，2017年达到28%（图21-4）。

菜籽粕的主要生产国家（地区）为欧盟、中国、加拿大，这三个国家（地区）的产量已经占全球总产量的76%。2015年欧盟27国产量为1385万吨，占比36%，中国产量为1095万吨，占比28%，加拿大产量为466.5万吨，占比12%，美国和其他国家地区的产量占全球总产量的24%（图21-5）。

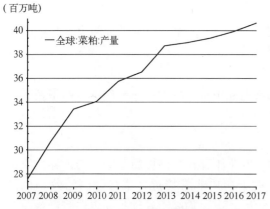

图 21 – 2　2007—2017 年全球菜籽粕产量

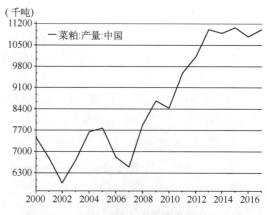

图 21 – 3　2000—2017 年中国菜籽粕的产量

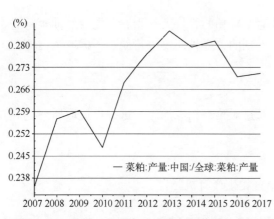

图 21 – 4　2007—2017 年中国菜籽粕产量的占比

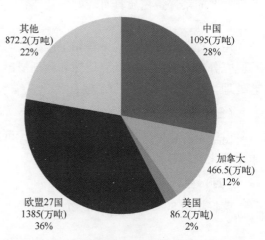

图 21 – 5　2015 年全球菜籽粕产量的分布格局

第三节　菜籽粕的消费

全球菜籽粕的消费量在 2007—2013 年间总体呈现上升趋势，2013—2016 年全球菜籽粕的消费量基本处于一个平稳的状态（图 21 –6）。

2015 年全球菜籽粕的主要消费国家和地区分别为欧盟 27 国、中国、美国，这三个国家（地区）的消费量已经占全球总消费量的 74%。2015 年欧盟 27 国的消费量为 1385 万吨，占比 35%；中国的消费量为 1103.5 万吨，占比 28%；美

图 21 – 6　2007—2016 年全球菜籽粕的消费量

国的消费量为440.7万吨，占比11%；加拿大和其他国家地区的消费量占全球总消费量的26%（图21-7）。

中国菜籽粕的消费量2007年之后开始加速上升，2013年中国的消费量增至1128.7万吨，相对2007年增加量达40%。最近几年消费量一直维持在1000万吨以上（图21-8）。

中国菜籽粕的消费量占全球消费量的比重不断增加，从2007年的24%增至目前的28%左右。

菜籽粕主要用于工业生产和生物饲料，2015年中国菜籽粕的96%用于饲料，4%用于工业生产。

2000—2001年中国菜籽粕的进口量为0；2002—2006年逐渐增加至32.8万吨，2010年中国的进口量达到峰值141.3万吨（图21-9），占当年消费总量的14%。之后进口量在10万吨至100万吨间波动，进口占总消费比小于10%。

从2000年开始中国菜籽粕出口量一直处于下降的趋势，2010年之后出口量一直处于10万吨之下，与消费量相比显得微不足道（图21-10）。

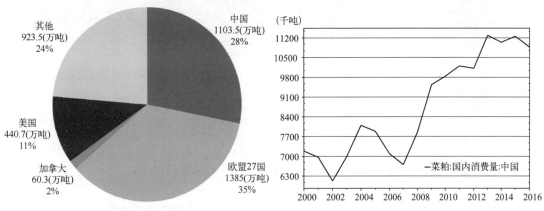

图21-7　2015年全球菜籽粕的消费结构

图21-8　2000—2016年中国菜籽粕的消费量

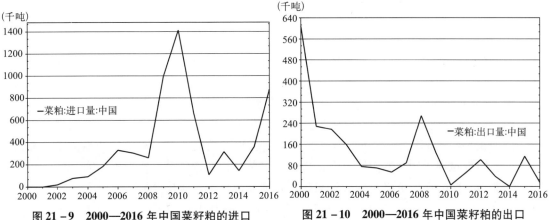

图21-9　2000—2016年中国菜籽粕的进口

图21-10　2000—2016年中国菜籽粕的出口

第四节　郑州商品交易所菜籽粕期货合约

表 21 – 1　2000 – 2016 中国菜籽粕的出口

交易品种	菜籽粕（简称"菜籽粕"）
交易单位	10 吨/手
报价单位	元（人民币）/吨
最小变动价位	1 元/吨
每日价格波动限制	上一交易日结算价 ±4% 及《郑州商品交易所期货交易风险控制管理办法》相关规定
最低交易保证金	合约价值的 5%
合约交割月份	1、3、5、7、8、9、11 月
交易时间	每周一至周五（北京时间，法定节假日除外）上午 9:00—11:30　下午 1:30—3:00
最后交易日	合约交割月份的第 10 个交易日
最后交割日	合约交割月份的第 12 个交易日
交割品级	见《郑州商品交易所期货交割细则》
交割地点	交易所指定交割地点
交割方式	实物交割
交易代码	RM
上市交易所	郑州商品交易所

第五节　菜籽粕价格的影响因素

商品价格根本上是由供需关系所决定，供给与需求的偏离会导致价格的涨跌。菜籽粕价格的供给层面受到产量、库存、进口等因素的影响，需求层面受到消费量、出口等因素的影响。供需的差距一定程度上通过商品的价格定量反映出来。

一、现货价格

影响菜籽粕期货价格最直接的因素就是菜籽粕现货的价格，选取 2012 年 12 月至 2018 年 2 月的月度数据来进行实证分析（图 21 – 11）。

设 Y_t 为菜籽粕现货价格（元/吨），X_t 为菜籽粕活跃月平均收盘价。

图 21 – 11 中期货和现货价格波动存在明显的一致性，对两者进行格兰杰因果关系检验，发现在 5% 的显著性水平下两者互为格兰杰因果，说明两者互有预测关系。单从显著性上看，期货对现货的预测作用更强，也说明了菜籽粕期货具有价格发现功能。

用滞后 1 期的期货价格对现货价回归，发现参数显著，效果良好。

$$Y_t = -132.4846 + 1.138375 X_{t-1}$$

图 21 - 11　2013 - 2017 年菜籽粕期货与现货价格

二、菜籽粕期货与豆粕期货价格

菜籽粕期货价格与豆粕期货价格的波动趋势几乎一致，我们从图 21 - 12 中可以看出，2012—2017 年当中只有极少数的时间有背离，绝大部分时间走势一致。

设 CP_t 为菜籽粕收盘价，DP_t 为豆粕收盘价。

图 21 - 12　2013—2017 年菜籽粕期货与豆粕期货价格

对两者进行格兰杰因果关系检验，发现在 5% 的显著性水平下两者互为格兰杰原因，说明两者互有预测关系。

用当期的豆粕价格对菜粕价格进行回归，发现参数显著，效果良好。

$$CP_t = 0.638512\, DP_t + 449.4577$$

三、菜籽粕期货与菜油期货相关性分析

设 CP_t 为菜籽粕收盘价，CY_t 为菜油收盘价。

对两者进行格兰杰因果关系检验，发现不存在格兰杰因果关系，即从统计学意义上看，两者价格变动的先后性不明确（图 21 - 13）。

对当期的菜油价格进行回归，发现参数显著，但解释效果明显差于豆粕。

图 21 - 13　2016—2018 年菜籽粕期货与菜油期货价格

$$CP_t = 0.187305\ CY_t + 1148.668$$

四、菜籽粕期货与美豆粕期货价格

设 CP_t 为菜籽粕收盘价，MDP_t 为美豆粕收盘价。

对两者进行格兰杰因果关系检验，发现美豆粕价格是菜籽粕的格兰杰原因，即从统计学意义上看，美豆粕价格对菜籽粕价格具有预测作用（图 21 - 14）。

图 21 - 14　2016—2018 年菜籽粕期货与美豆粕期货价格

对滞后 1 期的美豆粕价格进行回归，发现效果较好，参数显著，解释效果略差于豆粕明显优于菜油。

$$CP_t = 4.887477\ MDP_{t-1} + 724.0740$$

五、菜籽粕期货与美大豆期货价格

设 CP_t 为菜籽粕收盘价，MDD_t 为美大豆活收盘价。

对两者进行格兰杰因果关系检验，发现在 5% 的显著性水平下两者互为格兰杰因果，说明两者互有预测关系，但从显著性上看，美大豆对菜籽粕的预测作用更强（图 21 – 15）。

图 21 – 15 2013—2017 年菜籽粕期货与美大豆期货价格

对滞后 1 期的美大豆价格进行回归，发现拟合较好，参数显著，解释效果略差于美豆粕。

$$CP_t = 2.768921\, MDD_{t-1} + -425.5320$$

六、豆粕菜粕跨商品套利分析

菜籽粕 05 和豆粕 05 合约是一组稳定关系良好的跨期套利期货对，05 合约上市日期是当年 5 月份至下一年 5 月份，将两个合约的重叠日期收盘价作差绘成折线图，发现价差从 2015 年以来在均值 487 附近上下波动，即豆粕 05 合约收盘价从长期均衡关系来讲应比菜籽粕 05 合约贵 487 元/吨，根据相对价差判断合约的贵贱，进行双边操作，多贱空贵，待价差回归均值进行平仓来获得收益的同时控制风险。最近绝佳的套利点出现在 2018 年 3 月 7 日附近（图 21 – 16）。

图 21 – 16 2016—2018 年菜籽粕 05 与豆粕 05 价差

第二十二章　玉　米

第一节　玉米概述

一、玉米

玉米为禾本科植物，属一年生草本植物。全球三大谷物中，玉米总产量和平均单产均居第二位。玉米的种植范围广，播种面积北美最多，其次为亚洲、拉丁美洲和欧洲。玉米占全球粗粮产量的65%以上，占中国粗粮产量的90%。玉米籽粒中淀粉占70%~75%，蛋白质占10%，脂肪占4%~5%，维生素占2%左右。以玉米为原料制成的加工产品有3000种以上。玉米是制作复合饲料的最主要原料，一般占65%~70%。

玉米是全球最重要的食粮之一，特别是在非洲、拉丁美洲的一些国家。现今全球约有1/3人口以玉米为主要粮食。

玉米根据种植时间的不同分春玉米和秋玉米。春玉米4月下旬4月上旬播种，8月下旬可收获。秋玉米最迟不能迟于7月中旬播种，10月中下旬收获。

二、玉米用途

除了初级食品、饲料用途外，采用物理、化学方法和发酵工程等工艺技术对玉米进行深度加工，是玉米的另一大用途。玉米深加工产品主要有玉米淀粉、玉米蛋白粉、变性淀粉、玉米淀粉糖、玉米油、食用酒精、燃料乙醇、谷氨酸、赖氨酸、聚乳酸、木糖醇、化工醇、蛋白饲料、纤维饲料等数千个品种，其深加工产品广泛应用于纺织、汽车、食品、医药、材料等行业。

第二节　玉米的生产

一、国际生产情况

从1992年至今，全球玉米产量呈上升趋势，2016年全球玉米产量已经达到10.20亿吨（图22-1）。

全球玉米生产主要依靠两个国家：美国和中国。2015年，美国产量占全球产量的35.5%，中国产量占全球产量的23.1%，其余依次为巴西（6.9%）、欧盟27国（6%）、阿根廷（3%）、墨西哥（2.7%）等（图22-2）。中美两个国家的产量总和已经超过全球的一半。

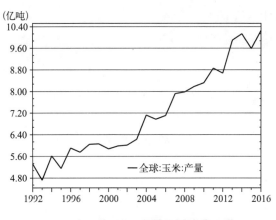

图 22-1 1992—2016 年全球玉米产量

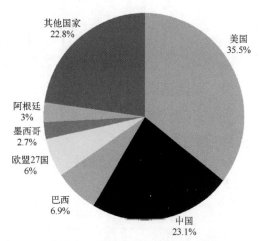

图 22-2 2015 年全球玉米产量分布

二、国内生产情况

中国玉米种植地域分布很广，从南到北均有种植。主要种植区分布在黑龙江、吉林、内蒙古、辽宁、河北、河南、山西、山东 8 个省份。

中国玉米产量逐年增加（图 22-3、图 22-4）。2008 年开始国家在玉米生产区黑龙江、吉林、辽宁及内蒙古四省区实施玉米最低价临时收储政策，促进了这些地区的玉米生产。享受政策的各省区玉米种植面积产量及在全国的占比均有明显上升。2016 年玉米补贴政策改为"市场化收购＋补贴"后种和植面积有所回落。

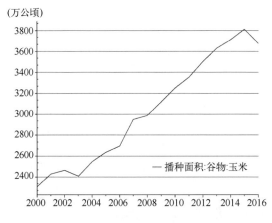

图 22-3 2000—2016 年中国玉米种植面积

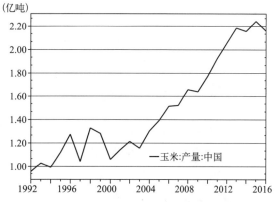

图 22-4 1992—2016 年中国玉米产量

217

第三节 玉米的消费与库存

一、国内玉米消费

1992 年至今国内玉米总消费量持续上升，增速较为稳定（图 22 - 5）。2016 年中国玉米消费量已达 2.25 亿吨。

玉米的主要消费领域为饲料、DDGS（玉米酒糟）、淀粉、酒精、玉米油、生物燃料等（图 22 - 6 至图 22 - 8）。

图 22 - 5 1992—2016 年国内玉米消费量

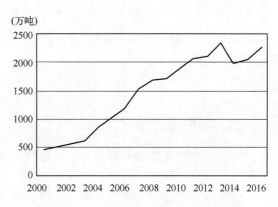

图 22 - 6 2000—2017 年国内淀粉产量

图 22 - 7 1992—2016 年国内饲料消费

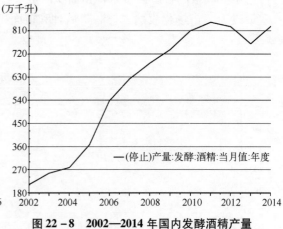

图 22 - 8 2002—2014 年国内发酵酒精产量

二、玉米库存

1992—2008 年，国内玉米库存在 4000 万～8000 万吨之间波动。2008 年，东北玉米主产区实施最低价临时收储政策后，全国玉米产量库存量大幅提升。2016 年末，库存总量超过 2.7 亿吨（图 22 - 9、图 22 - 10）。

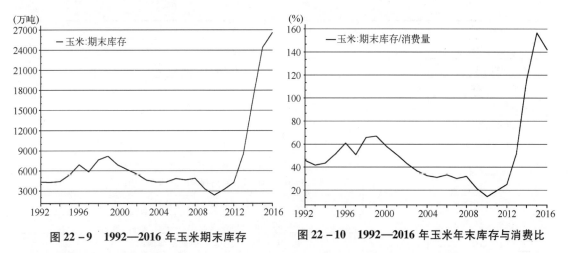

图 22 - 9　1992—2016 年玉米期末库存　　　图 22 - 10　1992—2016 年玉米年末库存与消费比

三、玉米进出口

1996 年以前中国基本无玉米出口；1997—2007 年是玉米出口量较多的一段时间。2003 年达到出口量峰值 1600 多万吨。2008 年之后国内玉米价高于国际市场价，出口量再一次接近于零。

1995 年中国进口量为 490 万吨。1996—2009 年，中国玉米进口数量很少。2009—2015 年，国内外价格倒挂，玉米进口显著增加，受制于 WTO 规则和国家政策的约束，玉米进口量仅有几百万吨。相对于国内产量、消费量而言，玉米进出口微不足道（图 22 - 11、图 22 - 12）。

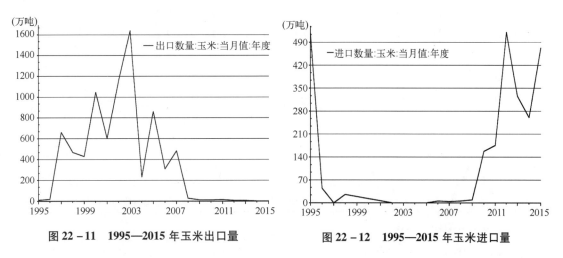

图 22 - 11　1995—2015 年玉米出口量　　　图 22 - 12　1995—2015 年玉米进口量

第四节　玉米期货合约

交易品种	黄玉米
交易单位	10 吨/手
报价单位	元（人民币）/吨
最小变动价位	1 元/吨
每日价格波动限制	上一交易日结算价 ±5%
最低交易保证金	合约价值的 7%
合约交割月份	1—12 月
交易时间	每周一至周五（北京时间 法定节假日除外）上午 9:00—11:30， 下午 1:30—3:00 及交易所规定的其他交易时间
最后交易日	合约交割月份的第 10 个交易日
最后交割日	合约交割月份的第 12 个交易日
交割品级	见《郑州商品交易所期货交割细则》
交割地点	交易所指定交割地点
交割方式	实物交割
交易代码	C
上市交易所	大连商品交易所

第五节　玉米价格的影响因素

一、玉米收储政策与价格

2008 年秋粮上市后，国家在玉米主产区实施临时收购政策，2008—2014 年收购价逐年增加，2015 年相对于 2014 年收购价下跌了 0.2 元/公斤。临储政策实施的 8 年间，玉米价格明显被政策主导。2016 年开始实施新的政策后，价格回归市场（图 22-13）。

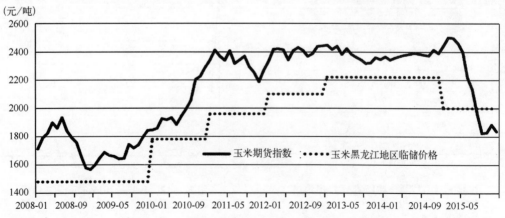

图 22-13　玉米期货指数与黑龙江地区临储价格走势

二、玉米生产成本补贴与市场价格

根据国家统计局统计数据，玉米生产成本亩产（图22－14）。2016年国家补贴农户种植玉米的金额为220元/亩左右。2016年实施新补贴政策前，市场对玉米价格看空气氛过浓、价格超跌，最低跌破1400元/吨。2017年回归正常价格水平（图22－15）。

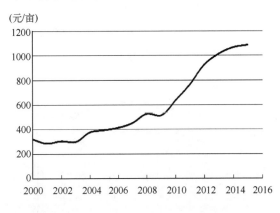

图22－14　2000—2016年玉米生产成本走势图　　图22－15　2016—2017年玉米期货指数走势图

三、玉米期货价格与现货价格

如图22－16所示，近两年来，玉米期货价格与现货价格走势能够很好地吻合，而玉米期货价格的波动更大，说明玉米现货价格对期货价格有很强的引导性。

图22－16　中国玉米期货价格与现货价格走势图

作玉米期货价格与现货价格Granger因果关系检验（取2016年1月4日—2018年3月23日的数据），结果表明在5%的置信水平下，玉米期货价格与现货价格互为Granger因果关系。

用玉米现货价格的滞后一期 CORN（-1）作为解释变量，玉米期货价格 FCORN 作为被解释变量进行线性回归，得到：

$$FCORN = 1545.92 + 0.16CORN(-1)$$

回归结果显著，可以用玉米的现货价格来预报期货价格。

四、玉米价格与饲料价格

如图 22-17 所示，以蛋鸡配合饲料为例，由于玉米是饲料的原料，玉米价格与饲料价格的走势大致相仿，价格变动具有同方向性。作两者的 Granger 因果关系检验。

图 22-17　2000—2017 年玉米月度价格与饲料价格走势

结果表明在5%的置信水平下，玉米价格与饲料价格互为 Granger 因果关系。用饲料价格 FEED 作为被解释变量，玉米价格的滞后一期 CORN（-1）作为解释变量进行线性回归，得到：

$$CORN = 0.9615FEED(-1) - 0.5577$$

五、中国玉米期货价格与美国玉米 CBOT 期货价格

作中国玉米期货价格与美国玉米 CBOT 期货价格的 Granger 因果关系检验（取 2016 年1月4日至 2018 年3月23日的数据），结果表明在5%的置信水平下，中国玉米期货价格与美国玉米 CBOT 期货价格均不是对方的 Granger 因果关系（图 22-18）。

用美国玉米 CBOT 期货价格作为解释变量 X，对中国玉米期货价格 Y 进行线性回归，得到：

$$Y = 1685.88 - 0.24X$$

由于该回归结果不显著，且拟合效果很差，所以美国玉米 CBOT 期货价格对中国玉米期货价格的影响很小。

六、库存与玉米价格

2015 年之前，国家在玉米主产区实施玉米临时收购政策，玉米价格主要由政府决定，玉米库存是国家兜着、对市场的冲击受控；2016 年政策调整，政府出台了玉米新政策——

"市场价收购＋补贴"，玉米价格才由市场主导，跟随市场进行波动，但玉米年末库存量仍超过市场一年的消费量，对玉米价格是一个明显的压力（图 22－19）。

图 22－18　中国玉米期货价格与美国玉米 CBOT 期货价格走势

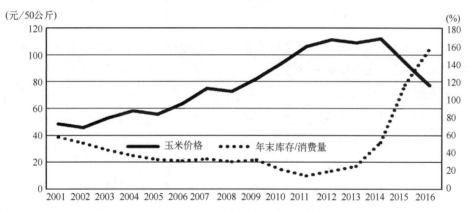

图 22－19　2001—2016 年玉米年末库存／消费量与价格关系

第二十三章　玉米淀粉

第一节　玉米淀粉概述

玉米淀粉（corn starch）俗名六谷粉，白色微带淡黄色的粉末；将玉米用 0.3% 亚硫酸浸渍后，通过破碎、过筛、沉淀、干燥、磨细等工序而制成玉米淀粉；普通玉米淀粉中含有少量脂肪和蛋白质等，吸湿性强。

一、玉米淀粉加工流程

1. 清理

清理玉米的方法，主要采用筛选、风选等。清理设备有振动筛、比重去石机、永磁滚筒和洗麦机等。

2. 浸泡

玉米浸泡方法普遍采用金属罐几只或几十只用管道连接组合起来，用水泵使浸泡水在各罐之间循环流动，逆流浸泡。

3. 玉米粗碎

粗碎可分两次进行。首先把玉米破碎到 4 ~ 6 块，进行胚芽分离；再破碎到 10 块以上，使胚芽全部脱落，进行第二次胚芽分离。

4. 胚芽分离

目前国内胚芽分离主要是使用胚芽分离槽，分离效率一般不超过 85%。

5. 玉米磨碎

经过分离胚芽后的玉米碎块和部分淀粉的混合物，必须进行磨碎，破坏玉米细胞，游离淀粉颗粒，使纤维和麸皮分开。

6. 淀粉筛分

玉米碎块经过磨碎后，得到玉米糊，采用筛分的方法将淀粉和粗细渣分开。

7. 蛋白质分离和淀粉清洗

分离蛋白质一般用离心机分离。分离蛋白质后的粗制淀粉乳必须进行清洗。现代玉米淀粉厂淀粉清洗采用旋液分离器进行清洗，用 9 ~ 14 级旋液分离器处理。

8. 离心分离和干燥

旋液分离器出来的淀粉乳含水分 78%，必须进行脱水处理，经过再干燥后成为淀粉成品。

二、玉米淀粉用途

1. 淀粉糖

淀粉糖是淀粉深加工产量最大的一类产品。主要用作食品添加剂和工业的原料，是葡萄糖、麦芽糖、高果糖浆、山梨醇、氨基酸等产品的上游原料。

2. 氨基酸

以淀粉为原料生产的氨基酸有赖氨酸、味精（谷氨酸钠）、异亮氨酸、精氨酸、结氨酸等，生产的有机酸包括柠檬酸、乳酸、苹果酸、衣康酸、草酸等。

3. 变性淀粉

变性淀粉指利用物理、化学、酶等手段改变天然淀粉性质的淀粉。变性淀粉种类较多，在纺织、造纸、食品、石油等行业有广泛应用。变性淀粉在纺织工业中用量较大，主要用在丝纱上浆、印花糊料上；在石油工业中变性淀粉主要是用于石油钻井液、压裂液和油气生产等多种场合。

4. 医药

淀粉是抗生素工业最重要的原料，抗生素都采用淀粉发酵法生产，如青霉素、头孢菌素、四环素、土霉素、金霉素、链霉素与各种氨基糖苷类抗生素等，都是用淀粉为底物经工业微生物发酵、提取而成。淀粉的另一重要用途是作为药物赋形剂，早期各国药厂生产的片剂绝大多数使用玉米淀粉为填充剂及黏合剂。

5. 食品加工

淀粉作为原料可以直接用于粉丝、粉条、肉制品、冰激凌等食品生产中。

6. 啤酒

用淀粉生产的啤酒糖浆，可直接加到麦芽汁里，简化啤酒生产工艺。

第二节　玉米淀粉的生产

淀粉根据生产原料分有玉米淀粉、木薯淀粉、甘薯淀粉、红薯淀粉、绿豆淀粉、马铃薯淀粉、菱角淀粉、藕淀粉等。玉米淀粉和木薯淀粉分别占淀粉产量的65%和20%左右。

2000年后玉米淀粉年产量总体趋势逐年增加，2016年产量在2250万吨左右（图23-1）。淀粉产量中华北约占55%，东北占35%，其他占10%。2008—2015年东北临储政策使得该地区玉米淀粉产业倒

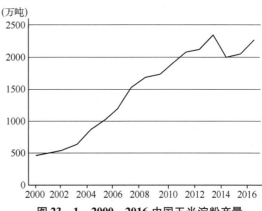

图23-1　2000—2016中国玉米淀粉产量

退，市场份额下降。国内最大的三家商品淀粉生产企业分别是诸城兴贸、中粮和金玉米。山东省淀粉产量全国领先。

第三节 玉米淀粉的消费

一、国内消费格局

中国玉米淀粉下游需求领域较广，包括淀粉糖、啤酒、医药、造纸、化工、食品加工、变性淀粉等七大行业，其中淀粉糖是用量最大的行业，约占玉米淀粉消费总量的55%，其他依次是啤酒（约占10%）、医药（约占8%）、造纸和化工（分别约占7%）、食品加工（约占6%）、变性淀粉（约占5%）。

1989—1999 年间，中国淀粉糖产量一直处于低位。1999—2013 年间，中国淀粉糖产量快速上升，2013 年达峰值 1300 万吨。2014—2015 年，中国淀粉糖的产量有所下降（图 23 - 2）。

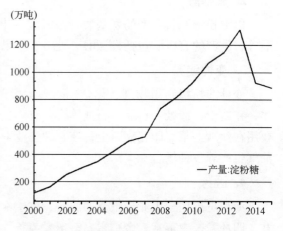

图 23 - 2 2000—2015 年中国淀粉糖产量

二、季节性消费影响

玉米淀粉消费具有较强的周期性特点：下半年明显比上半年的需求要旺盛，其中 6 月、9 月以及 12 月，需求系数处于峰值，2 月是玉米淀粉的销售淡季，需求位于低谷（图 23 - 3）。

三、玉米淀粉进出口

2008—2014 年，中国淀粉出口量总体呈下降趋势，从 2008 年的近 45 万吨下降至近 5 万吨；2016 年和 2017 年产量有所回升（图 23 - 4）。中国玉米进口量很小，国际玉米淀粉价格对国内淀粉价格影响不大。

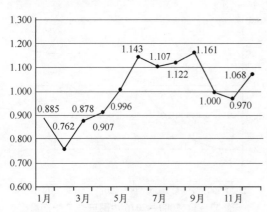

图 23 - 3 近 10 年中国淀粉消费季节性变化

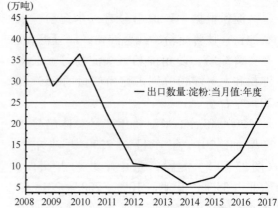

图 23 - 4 2008—2017 年淀粉出口量

第四节　玉米淀粉期货合约

交易品种	玉米淀粉
交易单位	10 吨/手
报价单位	元（人民币）/吨
最小变动价位	1 元/吨
每日价格波动限制	上一交易日结算价 ±5%
最低交易保证金	合约价值的 7%
合约交割月份	1、3、5、7、9、11 月
交易时间	每周一至周五（北京时间 法定节假日除外）上午 9:00—11:30，下午 1:30—3:00
最后交易日	合约交割月份的第 10 个交易日
最后交割日	合约交割月份的第 12 个交易日
交割品级	大连商品交易所玉米淀粉交割质量标准
交割地点	大连商品交易所玉米淀粉指定交割仓库
交割方式	实物交割
交易代码	CS
上市交易所	大连商品交易所

第五节　玉米淀粉价格的影响因素

一、玉米价格与玉米淀粉价格

玉米是玉米淀粉的上游原料。设黄玉米现货价格为 X，玉米淀粉现货价格为 Y，作 Granger 因果关系检验，它们的现货价格走势如图 23-5 所示，期货价格走势如图 23-6 所示。

图 23-5　玉米淀粉现货价格与黄玉米现货价格走势

检验结果表明在 5% 的显著性水平下，黄玉米现货价格与玉米淀粉现货价格互为格兰杰因果关系。

建立线性回归模型，结果如下：

$$Y = 1.9099X - 1083.1698$$

设黄玉米期货价格为 X，玉米淀粉期货价格为 Y，作 Granger 因果关系检验。

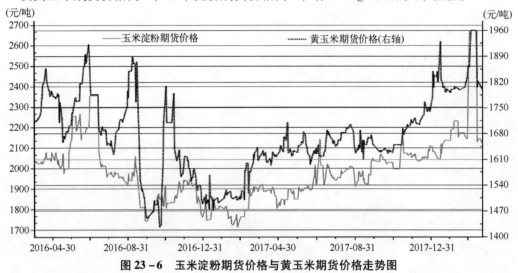

图 23-6 玉米淀粉期货价格与黄玉米期货价格走势图

检验结果表明在 5% 的显著性水平下，黄玉米期货价格是玉米淀粉现期货价格的格兰杰原因。

建立线性回归模型，结果如下：

$$Y = 1.9099X - 1194.6643$$

二、玉米淀粉现货价格与玉米淀粉期货价格

玉米淀粉现货价格与期货价格之间本身存在一定的相关性（图 23-7）。

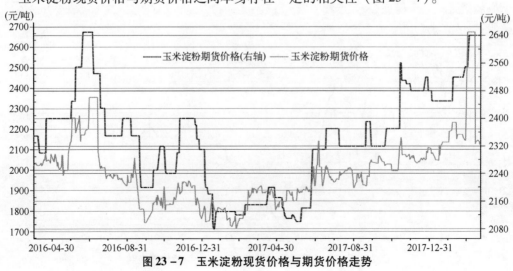

图 23-7 玉米淀粉现货价格与期货价格走势

设玉米淀粉现货价格为 X，期货价格为 Y，建立线性回归模型，结果如下：

$$Y = 1.4963X - 1007.4209$$

三、玉米淀粉价格季节性

玉米淀粉价格具有较强的周期性特点，通过观察从 2014 年 12 月玉米淀粉开始上市以来至今的价格走势可以发现：每年 2 月、3 月、10 月为基本全年的低点，而 6 月则会大概率地出现一年中的最高点（图 23 - 8）。

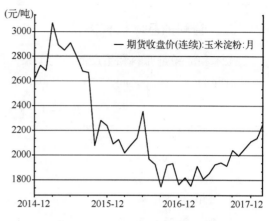

图 23 - 8　玉米淀粉期货价格走势

第六节　玉米与玉米淀粉套利

一、套利的前提

玉米和玉米淀粉都是大连商品交易所交易的期货品种。玉米作为生产淀粉的主要原材料，其价格变动影响淀粉价格。若玉米的价格上涨，玉米淀粉的生产成本就会提高，价格随之上升；反之，价格下跌。2015 年 3 月 27 日玉米价格指数从 2506 元/吨一直下跌到了 2016 年 9 月 29 日的 1393 元/吨，淀粉价格指数则从原来的 3093 元/吨跌到 1634 元/吨。

玉米和淀粉在价格变化走势上存有较好的一致性，如图 23 - 9 所示。通过计量经济学模型的检验，发现玉米和淀粉价格均为一阶单整序列，且存在长期稳定的均衡关系，具有较好的套利基础。

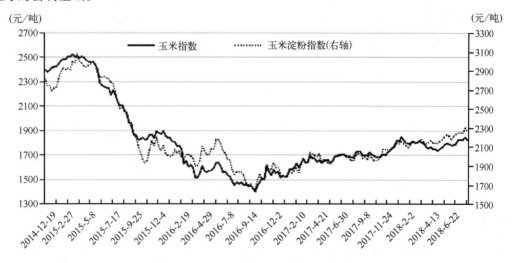

图 23 - 9　玉米指数和玉米淀粉指数走势

二、套利的基本操作方法

玉米和淀粉是原料和生产品间的关系，所以用价比的方法来分析寻找套利的机会。以半年时间为一个统计区间，进行价比均值和标准差统计，结果如表 23 – 1 所示。

表 23 – 1　玉米淀粉与玉米价格比

时间	均值	标准差
2015. 1—2015. 6	1. 2075	0. 0865
2015. 6—2015. 12	1. 1876	0. 0907
2016. 1—2016. 6	1. 2712	0. 1213
2016. 6—2016. 12	1. 2325	0. 0675
2017. 1—2017. 6	1. 1848	0. 0308
2017. 6—2017. 12	1. 1857	0. 0226
2018. 1—2018. 7	1. 214	0. 0329

淀粉指数和玉米指数近 5 年来的价比均值约为 1.2，标准差为 0.03，具有较好的稳定性。当比价偏离均值 2 个标准差时，比价有较高的概率回到均值水平，进行两者的套利操作获得盈利的胜率较大。以玉米淀粉 1809 合约和玉米 1809 合约为例寻找套利机会。

图 23 – 10 中①处，2017 年 10 月 13 日玉米淀粉与玉米价格比值为 1.1846，偏离均值两个标准差以上；此时玉米相对贵玉米淀粉贱。对应①处时间在②处开仓买入玉米淀粉并卖出玉米。2017 年 11 月 10 日两者价格比值回到均值，图③处。对应③处时间在图中④处平仓卖出玉米淀粉，平仓买入玉米。玉米淀粉每吨盈利为 38 元，玉米每吨亏损 2 元，总盈利 36 元/吨（表 23 –2）。

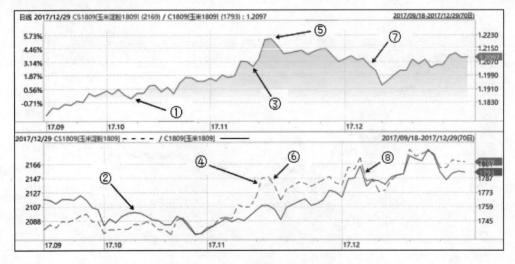

图 23 – 10　玉米淀粉与玉米套利

图 23 – 10 中⑤处，2017 年 11 月 15 日玉米淀粉和玉米价格比值来到 1.2202，偏离均值两个标准差以上；此时玉米淀粉价格被高估；对应⑤处时间在⑥处开仓卖出玉米淀粉，买入玉米；2017 年 12 月 7 日图中⑦处两者价格比值回归均值，选择对应时间在⑧处平仓。玉米淀粉每吨亏损 27 元，玉米每吨盈利 39 元，总盈利 11 元/吨（表 23 – 2）。

表 23 – 2　玉米淀粉与玉米套利盈亏

开平仓日期	玉米淀粉		玉米		总套利盈亏（元/吨）
2017/10/13	买入开仓	价 2083	卖出开仓	价 1753	
2017/11/10	卖出平仓	价 2121	买入平仓	价 1755	
盈亏		2121 – 2083 = 38		1753 – 1755 = – 2	38 – 2 = 36
2017/11/15	卖出开仓	价 2148	买入开仓	价 1760	
2017/12/7	买入平仓	价 2175	卖出平仓	价 1799	
盈亏		2148 – 2175 = – 27		1799 – 170 = 39	39 – 27 = 11

第二十四章 大 豆

第一节 大豆概述

一、大豆概况

大豆属一年生豆科草本植物。

大豆原产地是中国，至今已有5000年的种植史。在东北、华北、陕、川及长江下游地区均有出产，以东北大豆质量最优。1804年引入美国；20世纪中叶，在美国南部及中西部成为重要作物。世界各国栽培的大豆都是直接或间接由中国传播出去的。

大豆性喜暖，种子在10~12℃开始发芽，以15~20℃最适，生长适温20~25℃，开花结荚期适温20~28℃，低温下结荚延迟，低于14℃不能开花，温度过高植株则提前结束生长。

根据种皮的颜色和粒形，大豆可分为黄大豆、青大豆、黑大豆、其他色大豆、饲料豆（秣食豆）五类。黄大豆的种皮为黄色，脐色为黄褐、淡褐、深褐、黑色或其他颜色，粒形一般为圆形、椭圆形或扁圆形。

大豆是一种优质高含量的植物蛋白资源，脂肪、蛋白质、碳水化合物、粗纤维的组成比例非常接近肉类食品。大豆富含不饱和脂肪酸和大豆磷脂，富含皂角苷、蛋白酶抑制剂、异黄酮、钼、硒等抗癌成分，以及蛋白质和纤维，是人体摄取维生素A、维生素C和维生素K，以及维生素B的主要来源食物之一。

大豆营养全面，含量丰富，其中蛋白质的含量比猪肉高2倍，是鸡蛋含量的2.5倍。大豆蛋白质的氨基酸组成和动物蛋白质近似，其中氨基酸比较接近人体需要的比值，所以容易被消化吸收。如果将大豆和肉类食品、蛋类食品搭配吃，营养可以和蛋、奶的营养相比，甚至还超过蛋和奶的营养。

大豆脂肪也具有很高的营养价值，脂肪里含有很多不饱和脂肪酸，容易被人体消化吸收。大豆脂肪可以阻止胆固醇的吸收，对于动脉硬化患者来说，是一种理想的营养品。

豆渣中的膳食纤维对促进消化和排泄固体废物有着举足轻重的作用。膳食纤维具有明显的降低血浆胆固醇、调节胃肠功能及胰岛素水平等功能。

二、大豆的用途

大豆可以加工豆腐、豆浆、腐竹等豆制品，还可以提炼大豆异黄酮。

从大豆中提取人类食用油之后，所剩副产品就是大豆饼粕，是优质的蛋白饲料。

由大豆加工生产的豆油是重要的食用油之一，属半干性油，是一种良好的植物油。

它是人体不饱和脂肪酸的重要来源，能起到降低胆固醇的作用，对高血压、心血管疾病也有辅助治疗功效。大豆油经过精炼形成的精炼大豆油主要供食用。豆油经过深加工，可生产大豆卵磷脂、起酥油和人造奶油、硬脂酸、甘油、油漆汽车喷漆、氧化豆油等。

大豆榨油后的下脚料可提取许多重要产品，如用于食品工业的磷脂以及利用豆甾醇、谷甾醇为医药工业取得廉价的甾醇激素原料。

第二节 大豆的供给

一、全球大豆播种收获面积

全球大豆的收获面积总体呈上升趋势，2016 年已经达到 12074 万公顷（图 24 - 1）。

大豆主要生产国为美国、巴西、阿根廷、印度、中国、巴拉圭。2016 年巴西的大豆播种面积居于世界首位，为 3370 万公顷；美国居于第二位，播种面积为 3360 万公顷；阿根廷居第三位，播种面积为 1945 万公顷（图 24 - 2）。

中国的大豆播种面积自 2005 年后逐渐下降，2016 年中国大豆的播种面积仅为 680 万公顷（图 24 - 3）。

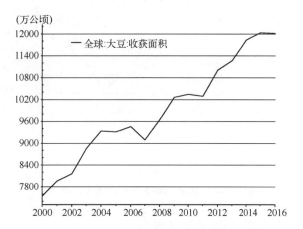

图 24 - 1 2000—2016 全球大豆收获面积

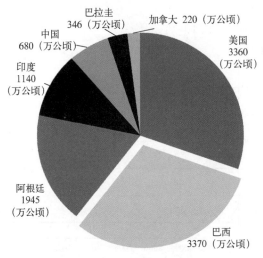

图 24 - 2 2016 年全球大豆播种面积

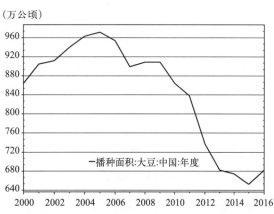

图 24 - 3 2000—2016 年中国大豆播种面积

二、全球大豆产量

世界大豆的产量从 2000 年至今呈现上升趋势，2016 年全球大豆产量约为 3.6 亿吨（图 24 – 4）。

大豆生产的区域结构也发生变化，表现出从北美洲转向南美洲的转移趋势，巴西和阿根廷种植面积产量逐渐增加，在大豆的国际供给中扮演了重要角色。

三、中国大豆产量

中国的大豆产量近年来逐年减少，2004 年为 1740 万吨，2016 年仅有 1051 万吨（图 24 – 5）。

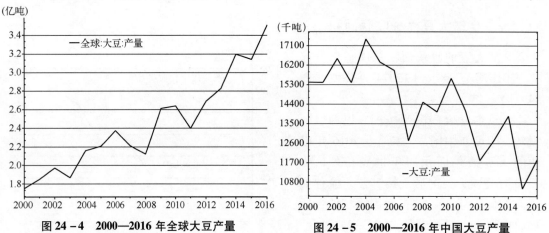

图 24 – 4　2000—2016 年全球大豆产量　　　图 24 – 5　2000—2016 年中国大豆产量

四、全球大豆库存

全球大豆的期末库存总体呈现上升趋势，2016 年全球期末库存已达 9532 万吨（图 24 – 6）。

中国 2016 年大豆期末库存已经达到 2085 万吨（图 24 – 7）。

图 24 – 6　2000—2016 年全球大豆库存　　　图 24 – 7　2000—2016 年中国大豆库存

第三节　大豆消费与进口

一、全球大豆消费

2000—2016 年全球大豆的消费量一直呈现上升趋势，消费量上升的速度一直保持在一个相对稳定的范围内。2016 年全球大豆消费总量为 3.4 亿吨（图 24 - 8）。

二、中国大豆消费

国内大豆的消费量从 2000—2016 年呈现一个不断增长的趋势。2007—2016 年消费量增长的速度加快。2016 年中国大豆消费量超过 1 亿吨（图 24 - 9）。

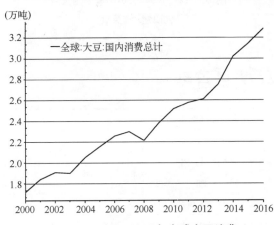

图 24 - 8　2000—2016 年全球大豆消费

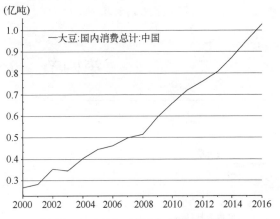

图 24 - 9　2000—2016 年中国大豆消费

1995—2016 年中国大豆的消费占全球大豆消费的比重大体呈现一个上升的趋势，1995 年国内大豆消费量占全球消费量的 11%，2005 年中国的大豆消费占比 21%。2006 年后消费占比再次加速上升，2016 年国内大豆消费量占全球消费量的 30%（图 24 - 10）。

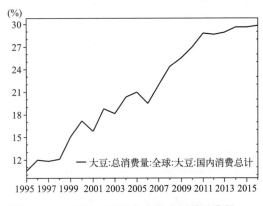

图 24 - 10　1995—2016 年中国大豆的消费量
占全球大豆消费量的比重

三、大豆进口

1996 年前中国的大豆进口量一直处在一个较低水平，1998 年后进口量迅速增加，1999 年中国的大豆进口量已经占国内总消费量的 40%，2016 年中国大豆进口量已经超过 9000 万吨，占国内总消费量的 85%（图 24 - 11、图 24 - 12）。

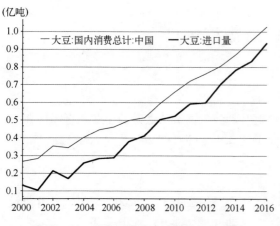

图 24 - 11　2000—2016 年中国大豆进口量
与大豆消费量

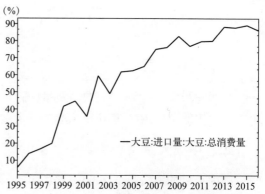

图 24 - 12　1995—2016 年中国大豆
进口量/消费量

第四节　大豆期货合约

交易品种	黄大豆 1 号
交易单位	10 吨/手
报价单位	元（人民币）/吨
最小变动价位	1 元/吨
涨跌停板幅度	上一交易日结算价的 4%
合约交割月份	1、3、5、7、9、11 月
交易时间	每周一至周五上午 9：00—11：30，下午 13：30—15：00，以及交易所公布的其他时间
最后交易日	合约月份第 10 个交易日
最后交割日	最后交易日后第 3 个交易日
交割等级	大连商品交易所黄大豆 1 号交割质量标准（FA/DCE D001—2012）
交割地点	大连商品交易所指定交割仓库
交易保证金	合约价值的 5%
交割方式	实物交割
交易代码	A
上市交易所	大连商品交易所

第五节　大豆价格的影响因素

　　美国和巴西是全球最大的两个大豆供应国，其生产量的变化对世界大豆市场产生较大的影响。中国是国际大豆市场最大的进口国。大豆的进口量和进口价格对国内市场上大豆价格影响非常大。

全球的大豆以南北半球分为两个收获期，南美（巴西、阿根廷）大豆的收获期是每年的 3—5 月；地处北半球的美国和中国大豆的收获期是 9—10 月，因此每隔 6 个月大豆都有集中供应。大豆集中上市时是价格的低洼区。

大豆价格受供求两端的影响。需求端相对稳定，供给端对价格影响大些。

一、大豆收获面积

大豆种植和收获面积对整个年度价格产生较大的影响（图 24 – 13）。对大豆收获面积作回归得到均衡线。均衡线下是供不应求的情况，均衡线上是供过于求的情况。下偏离均衡线较大的年份的次年价格整体上扬，反之，次年价格整体下移。设 S 为全球大豆收获面积，时间为 t，并取 1998 年为 1，回归得：

$$S = 71.12986 + 2.791t$$

二、自然气候条件

虫灾、干旱和洪涝是影响大豆产量的重要因素。2018 年 1—2 月，阿根廷闹干旱大豆预期减产，CBOT 大豆价格从 940 美分/蒲式耳涨到 1067 美分/蒲式耳（图 24 – 14）。美国农业部关于大豆种植生长收获的报告对市场有明显影响。

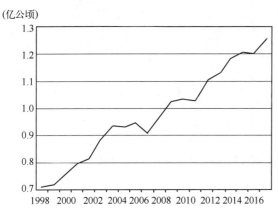

图 24 – 13 1998—2017 年全球大豆收获面积

图 24 – 14 2017—2018 年 CBOT 大豆期货收盘价

三、国家政策与汇率

我国大豆主要靠进口，汇率变动影响离岸价。国家进口政策、税率政策影响大豆价格。

四、全球年末库存

全球年末库存与年度消费量之比反映供求平衡情况。年末库存量高，价格低迷。年末库存量低，价格位置上移（图 24 – 15）。

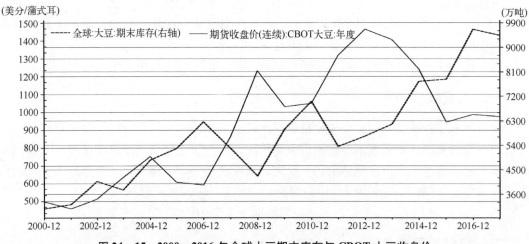

图 24 – 15　2000—2016 年全球大豆期末库存与 CBOT 大豆收盘价

五、大豆的周期与季节性

大豆市场是完全自由竞争市场。价格预期与上年度收益有关，前期价格好，次年种植面积增加，促使价格回落，周而复始，形成大豆约四年的价格周期。如 2000—2004 年、2004—2008 年、2008—2012 年分别为三次大豆价格的涨跌周期（图 24 – 16）。

六、CFTC 非商业多空净持仓

美国期货委员会关于 CBOT 大豆商品非商业多空净持仓反映了市场上投机因素对未来价格的预期，与期货价格波动具有高度关联性，且非商业多空净持仓的变动先于期货价格变动（图 24 – 17）。

图 24 – 16　2000—2016 年 CBOT 大豆收盘价

七、大商所大豆与 CBOT 大豆价格关系

记 CBOT 大豆收盘价（连续）为 CBOT，黄大豆 1 号收盘价（连续）为 CN。大商所大豆期货和 CBOT 大豆期货是全球两大期货交易市场。作 Granger 因果关系检验，结果表明 CBOT 大豆价格是大商所大豆的格兰杰原因，即从统计学意义上看，CBOT 大豆价格对大商所价格有预测作用（图 24 – 18）。

用滞后 1 期的 CBOT 大豆价格对大商所大豆进行回归得到：

图 24－17　2010—2017 年 CBOT 大豆收盘价与非商业多空净持仓

$$CN_t = 1126.404 + 2.554351\, CBOT_{t-1}$$

拟合效果好，参数 t 统计量显著。

图 24－18　2010—2017 年 CBOT 大豆收盘价与大商所大豆收盘价

第二十五章　豆　油

第一节　豆油概述

一、豆油简介

豆油是从大豆中提取出来的，具有一定黏稠度的半透明液体。豆油具有大豆香味，其颜色因大豆种皮及大豆品种不同而从淡黄色至深褐色。豆油的主要成分是甘三酯，还含有微量磷脂、固醇等成分；甘三酯中含有不饱和酸中的油酸（21.3%）、亚油酸（54.5%）、亚麻酸和饱和脂肪酸中的硬脂酸（3.5%）、软脂酸（11.7%）及少量的木酸和花生酸。

豆油消化率高达 98.5%。豆油原料健康天然，含有丰富的亚油酸，有显著的降低血清胆固醇、预防心血管疾病的功效；含有维生素 E、维生素 D 以及丰富的卵磷脂，亦对人体健康有帮助。

二、豆油生产工艺

用压榨法或浸出法处理后得到杂质较多的毛豆油，然后经过精炼得到可食用的精炼大豆油。

压榨法又分为普通压榨法和螺旋压榨法两种。普通压榨法在经过预处理的大豆上加压榨出油脂。螺旋压榨法是在水平的圆筒内安装有螺旋轴，经过预处理的大豆进入圆筒后，在螺旋轴推动下，一边前进一边将油脂挤压出来。

浸出法制油是利用能溶解油脂的溶剂，通过润湿渗透、分子扩散和对流扩散的作用，将料坯中的油脂浸提出来，把溶剂和脂肪所组成的混合油进行分离，回收溶剂而得到毛油。应用最普遍的浸出溶剂有己烷或轻汽油等几种脂肪族碳氢化合物，其中轻汽油是应用最多的一种溶剂。浸出法出油率高达99%。

三、豆油的主要用途

1. 食用用途

烹饪用油是油脂消费的主要方式。世界范围内，豆油用于烹饪的消费量约占豆油总消费的70%。中国烹饪用豆油消费约占豆油消费量的78%，约占所有食用油脂类消费的45%。

豆油可以用来制作多种食用油，如凉拌油、煎炸油、起酥油等，除直接食用外，豆油还可用于食品加工、制造人造奶油、蛋黄酱等食品。中国食品加工用油量约占豆油总消费量的12%。西方国家的这一比例要高于中国，如美国食品加工用油量约占其国内豆油总消费的25%以上。

2. 工业用途

豆油经过深加工，在工业和医药方面的用途也十分广泛。豆油经过加工可制甘油、油墨、合成树脂、涂料、润滑油、绝缘制品和液体燃料等；豆油脂肪酸中硬脂酸可以制造肥皂和蜡烛；豆油与桐油或亚麻油掺和可制成良好的油漆。豆油有降低血液胆固醇、防治心血管病的功效，是制作亚油酸丸、益寿宁的重要原料。

第二节　豆油的生产

豆油在世界植物油生产和消费中占有重要地位。近年来，世界豆油产量和消费量均呈现上升态势。世界豆油产量与棕榈油的产量相当，位居所有植物油的前两位。

一、全球豆油生产情况

美国、巴西、阿根廷、中国是世界主要的大豆生产国，四个主产国的产量超过世界总产量的90%。大豆主产国就是豆油的主要生产国，四国产量之和占世界豆油总产量的绝大部分。欧盟作为一个整体，产量也比较高。

1992—2016年全世界的豆油的总体产量呈一个不断上升走势（图25-1）。2015年突破5000万吨，2016年继续创出新高。

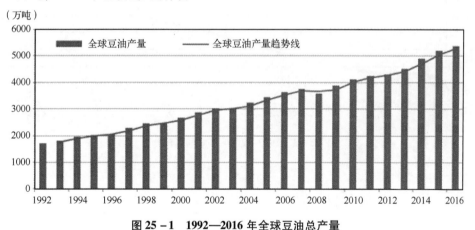

图 25 – 1　1992—2016 年全球豆油总产量

近30年来豆油生产国的产量如图25-2所示，美国、中国、阿根廷、巴西这四个主要豆油生产国2015年的豆油产量分别占到全球的24%、32%、19%和19%。

二、中国豆油生产情况

中国的豆油产量呈现一个曲线走高的形态，并且不断加速。2010年突破1000万吨，2016年产量为1600多万吨。20世纪的绝大部分时间内，中国豆油生产主要集中在黑龙江省等大豆主产区。近年来，南方沿海地区兴建了很多大豆加工厂，它们大多使用进口大豆进行加工，其中江苏、山东、辽宁、广东等四省是榨油能力最集中的区域（图25-3）。

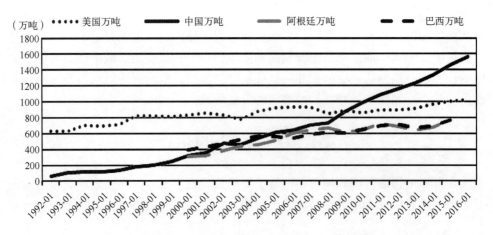

图 25 - 2　1992—2016 年主要豆油生产国产量变化

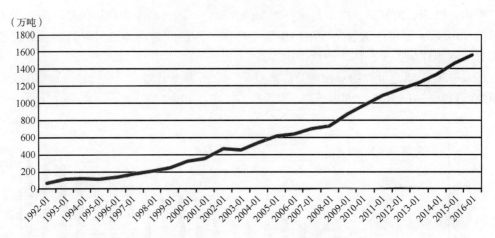

图 25 - 3　1992—2016 年中国豆油产量

第三节　豆油的消费

一、豆油消费情况

全球豆油的整体消费格局呈现一个直线上扬态势，并且有不断走高的倾向（图25 - 4）。2006 年后，中国的消费量超过美国成为世界上第一大豆油消费国（图25 - 5）。

从世界豆油的主要消费国消费量占比来看，中国占到世界消费量百分比大

图 25 - 4　1992—2016 年全球豆油消费量

约为 31%，美国大约占比到 17%，巴西约为 12%（图 25 – 6）。

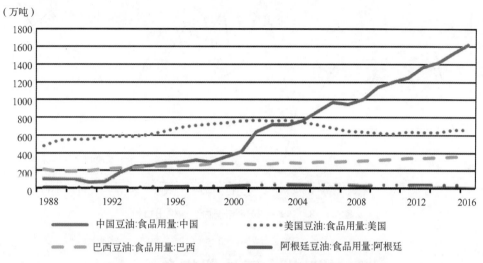

图 25 – 5 1988—2016 年豆油主要消费国食用消费量

中国和美国的豆油食品用量总用量接近全世界的一半。加入世贸组织后，中国的豆油用量呈现持续上涨走势，2016 年豆油消费量超过 1600 万吨（图 25 – 7）。

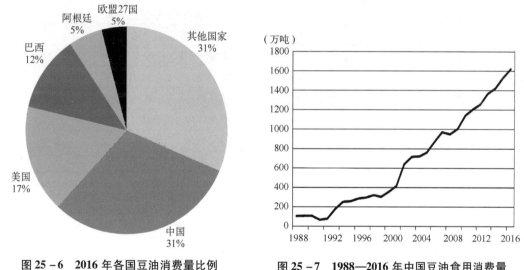

图 25 – 6 2016 年各国豆油消费量比例   图 25 – 7 1988—2016 年中国豆油食用消费量

二、中国进出口情况

2010 年后中国豆油进口量逐年减少，2016 年仅 71 万吨。与进口情况相反，2010 年后中国豆油出口量逐年增加，2016 年已达 12 万吨。尽管如此，进出口量与中国消费总量相比非常小（图 25 – 8）。

图 25 - 8　1992—2016 年国内豆油进出口量

第四节　豆油期货合约

交易品种	大豆原油
交易单位	10 吨/手
报价单位	元（人民币）/吨
最小变动价位	2 元/吨
涨跌停板幅度	上一交易日结算价的 4%
合约月份	1、3、5、7、8、9、11、12 月
交易时间	每周一至周五上午 9:00—11:30，下午 13:30—15:00，以及交易所公布的其他时间
最后交易日	合约月份第 10 个交易日
最后交割日	最后交易日后第 3 个交易日
交割等级	大连商品交易所豆油交割质量标准
交割地点	大连商品交易所指定交割仓库
最低交易保证金	合约价值的 5%
交割方式	实物交割
交易代码	Y
上市交易所	大连商品交易所

第五节　豆油价格的影响因素

　　豆油价格是由豆油供求关系决定的。豆油是大豆的下游产品，我国大豆进口占消费的 80% 以上，豆油价格主要受国际大豆市场和国内油脂消费因素的影响。

一、CBOT 大豆与国内豆油

做 CBOT 大豆期货价格与国内豆油期货价格回归分析和 Granger 因果关系检验（图 25 – 9）。CBOT 大豆期货价格为 SOY，大连豆油期货价格为 OIL。

图 25 – 9　2016—2017 年国内期货豆油价格与 CBOT 大豆期货价格走势

结果表明：在 5% 的置信水平下，CBOT 大豆期货价格与国内豆油期货价格互为 Granger 因果关系。国内豆油价格跟随 CBOT 大豆价格变化，因此用 CBOT 大豆期货价格的滞后一期 SOY（ –1）作为解释变量，大连豆油期货价格 OIL 作为被解释变量进行线性回归，得到：

$$OIL = 3208 + 2.96SOY(-1)$$

回归结果表明，解释变量 SOY（ –1）很显著，CBOT 大豆期货价格对国内豆油期货价格的影响很大，可以用 CBOT 大豆期货价格来预报国内豆油价格。

二、豆油的国内消费

豆油是国内消费的主要食用油，约占食用油消费量的半壁江山。随着人民生活水平的提高，食用油消费偏好在变化，橄榄油、山茶油等小品种油在食用油中的占比不断提高。据国家统计局统计，我国居民食用油脂的水平为 10 公斤/年左右。而我国大豆进口量和国内生产量之和超过了 1 亿吨，豆油产量超过 1600 万吨，人均超过 11 公斤。仅豆油人均产量就超过了人均食用油用量，食用油供大于求的局面一时难以改变（图 25 – 10）。

三、CBOT 豆油与国内豆油价格

作国内豆油期货价格与 CBOT 豆油期货价格的 Granger 因果关系检验（取 2016 年 1 月 4 日至 2017 年 12 月 29 日的数据），CBOT 豆油期货价为 CBOT，大连豆油期货价为 OIL（图 25 – 11）。

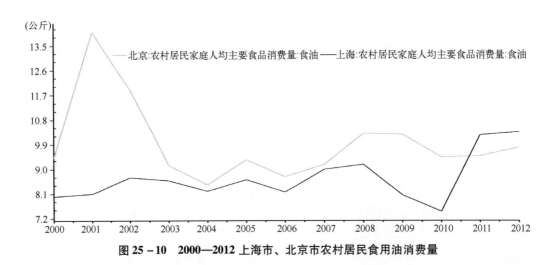

图 25 - 10   2000—2012 上海市、北京市农村居民食用油消费量

图 25 - 11   2016—2017 年国内豆油期货价格与 CBOT 豆油期货价格走势图

在 5% 的置信水平下，CBOT 豆油期货价格是国内豆油期货价格的格兰杰原因，说明 CBOT 豆油期货价格对国内豆油期货价格有很强的引导性。

用 CBOT 豆油期货价格的滞后一期 $CBOT(-1)$ 作为解释变量，国内豆油期货价格 OIL 作为被解释变量，进行线性回归，得到：

$$OIL = 1074.88 + 152.09CBOT(-1)$$

回归结果表明，$CBOT(-1)$ 很显著，CBOT 豆油期货价格对国内豆油期货价格的影响很大，可以用 CBOT 豆油期货价格来预报国内豆油期货价格。

四、菜籽油期货与豆油期货的套利

通过对菜籽油期货与豆油期货指数最近一年的研究发现，菜籽油指数与豆油指数比值的均值为 1.1046，标准差为 0.0253。豆油和菜油都是食用油，互相间有替代关系，存在

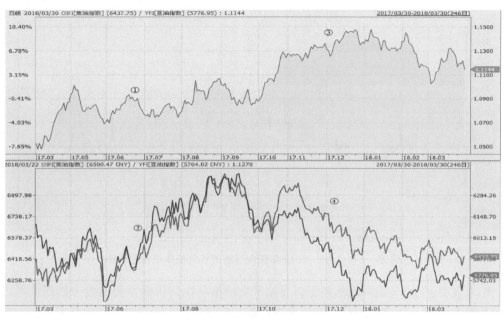

有套利机会。

图 25－12 中，①处菜籽油豆油比值小于均值，所以菜籽油指数被低估，豆油指数被高估，在②出现反弹时做多菜籽油指数，做空豆油指数，待比值回归均值选择平获利仓。③处菜籽油豆油比值大于均值，所以菜籽油被高估，在④向下突破前期上升趋势时做空菜籽油指数，做多豆油指数，待比值回归均值选择平仓获利。

图 25－12　菜籽油期货指数与豆油期货指数套利关系

五、豆油与棕榈油

豆油期货价格与棕榈油期货价格走势如图 25－13 所示。作棕榈油期货价格与豆油期货价格的 Granger 因果关系检验。大连豆油期货价格为 OIL，棕榈油期货价格为 $PALM$。

图 25－13　2016—2017 年国内豆油期货价格与棕榈油期货价格走势图

结果表明，在 5% 的置信水平下，豆油期货价格是棕榈油期货价格的 Granger 原因，因此可用豆油期货价格来预报棕榈油期货价格。

六、豆油现货与期货价格

国内豆油现货与期货价格的走势如图 25 - 14 所示。作豆油现货价格与期货价格的 Granger 因果关系检验，设豆油期货价格为 OIL，豆油现货价格为 SPOT。

图 25 - 14　2016—2017 年国内豆油现货与期货价格走势图

结果表明，在 5% 的置信水平下，豆油现货价格与期货价格互为格兰杰因果关系，且相关系数为 0.82，因此可用豆油现货价格预报其期货价格。用豆油期货价格 OIL 作为被解释变量，现货价格的滞后一期 SPOT（-1）作为解释变量进行线性回归。

$$OIL = 1202 + 0.78SPOT(-1)$$

回归结果表明，解释变量显著，且拟合优度高，所以可用豆油现货价格来预报其期货价格。

第二十六章　菜　油

第一节　菜籽油概况

一、菜籽油概况

菜籽油俗称菜油，由油菜籽压榨所得的透明或半透明状液体，色泽棕黄或棕褐色。油菜籽含油率高，可达35%～45%，其主要用途是榨油。

菜油是最有利于人体健康的食用油之一。饱和脂肪酸含量高易使胆固醇升高，患心脏病的危险增大。不饱和脂肪酸具有降低低密度脂肪蛋白胆固醇、减少心血管疾病的作用。双低菜油的饱和脂肪酸含量只有7%，在所有油脂品种中含量最低。双低菜油单不饱和脂肪酸含量在61%左右，仅次于橄榄油。研究结果表明，食用双低菜油人群的胆固醇含量较常规饮食人群低15%～20%。加拿大每年消费菜油达100万吨，消费动物油仅2.5万吨。美国人以前主要食用大豆油，很少食用菜油，近年来，双低菜油在美国的消费量每年以10%～20%的速度增加。

菜油凝固点在-8～-10℃，远低于其他油脂，是良好的生物柴油原料。欧盟菜油消费中大部分用于转化为生物柴油。中国在菜油的消费上主要是食用，食用占消费量的90%以上。

中国菜油的加工、贸易、储藏和消费以四级油为主，四级菜油贸易量占菜油现货贸易量的80%以上，国家储备和地方储备的菜油也都是四级油。四级菜油既可以直接消费，也可以精炼成一级菜油（原国标色拉油）消费。四级菜油的价格是现货市场菜油的基准价格。

菜粕蛋白质含量高达36%～38%，是良好的精饲料，广泛运用在淡水养殖业中。

二、菜籽种植区域

中国分为冬油菜（9月底种植，5月收获）和春油菜（4月底种植，9月底收获）两大产区。冬油菜面积和产量均占90%以上，主要集中于长江流域。春油菜集中于东北内蒙古海拉尔地区和西北青海、甘肃等地区。一般情况下，冬菜籽收割时间是5月前后，春油菜籽是9月底（图26-1）。

中国油菜籽主要种植省份是湖北、四川、安徽、湖南、河南、江苏、贵州、江西（图26-2、图26-3）。

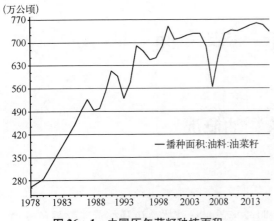

图 26－1　中国历年菜籽种植面积

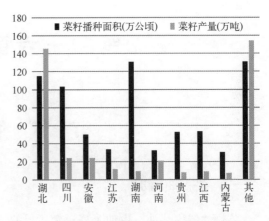

图 26－2　2016 年中国各省菜籽种植面积及产量

三、菜油加工

长江流域既是冬油菜的主产区，也是菜油的加工区和主要消费区域，长江上中下游沿岸各省加工量约占全国总产量的 90％以上，其中长江中下游加工产业最为集中。菜油加工工艺流程（图 26－4）。

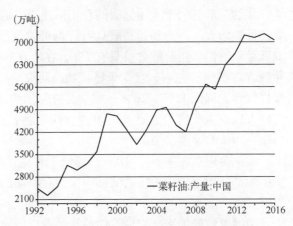

图 26－3　2016 年中国各省油菜籽产量

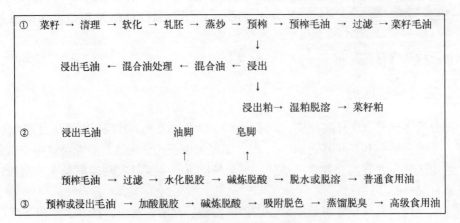

图 26－4　菜油工艺流程图

第二节 菜籽油的生产

一、世界菜籽油生产

菜油产量仅次于棕榈油和豆油,在植物油中居第三位,比重基本保持在 13% ~ 16% 之间(图 26 - 5)。据美国农业部统计数据显示,2017 年度菜油产量为 2876 万吨,占植物油总产量的 15% 左右。

世界菜油产量呈快速增长态势。1994/1995 年度,菜油产量仅有 1001 万吨,2016 年产量超过 2800 万吨(图 26 - 6)。

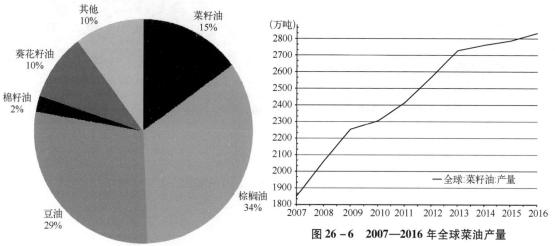

图 26 - 5　2016 年全球植物油产量占比

图 26 - 6　2007—2016 年全球菜油产量

2016 年世界的菜籽油产量主要分布在欧盟 27 国、中国、加拿大这三个国家和地区,这三个地区的产量占全世界总产量 70% 以上,其中欧盟 27 国的产量最高,为 961.5 万吨,占世界总产量的 36%;中国的菜籽油产量居全世界第二,为 655.2 万吨,占全世界总产量的 25%;加拿大产量排名第三,为 363.5 万吨,占全世界总产量的 14%;印度、日本、墨西哥、美国、巴基斯坦、澳大利亚和孟加拉国等六国产量之和占世界总产量的 25%(图 26 - 7)。

2014 年中国的菜籽油产量主要集中在湖北、四川、湖南、安徽、江苏、贵州、江

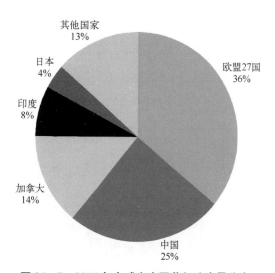

图 26 - 7　2016 年全球主产国菜籽油产量分布

西这 7 个省市，占比已经达到 74%，其他的省市占比为 26%（图 26 - 8、图 26 - 9）。

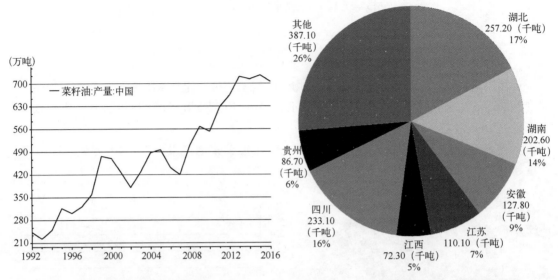

图 26 - 8　1992—2016 年中国菜籽油产量　　　图 26 - 9　2014 年国内菜籽油产量分布格局

二、菜籽及菜油的进出口

中国菜籽生产难以满足需求，进口多于出口；中国菜油也是进口多于出口（图 26 - 10、图 26 - 11）。

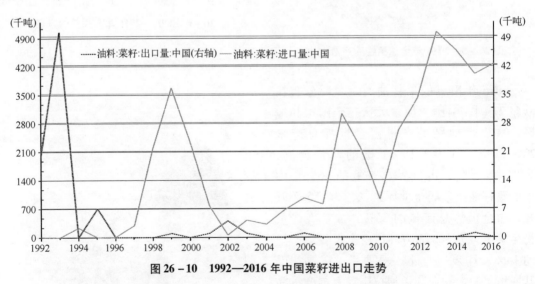

图 26 - 10　1992—2016 年中国菜籽进出口走势

90 年代中期以来中国实行的是植物油进口配额管理，加入 WTO 后实行关税配额，2007 年 1 月 1 日后取消关税配额，征收 9% 的单一进口关税。

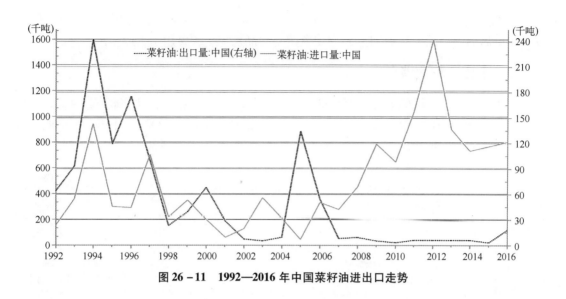

图 26 - 11　1992—2016 年中国菜籽油进出口走势

第三节　菜油的消费

一、世界菜籽油消费情况

从 20 世纪 90 年代中期开始，世界菜油总消费量达到 1000 万吨以上，并保持着逐年上升的趋势，2017 年全球菜籽油消费量达 2900 万吨（图 26 - 12）。近年来，世界菜油用量不断提高的一个重要原因是生物燃料行业的需求增加。

2016 年世界菜籽油的消费量达到 2765 万吨，其中最大的消费国地区是欧盟 27 国，占世界总消费的 35%，第二是中国，占世界总消费的 30%，其次是墨西哥、加拿大等国家，占总消费比的 35%（图 26 - 13）。

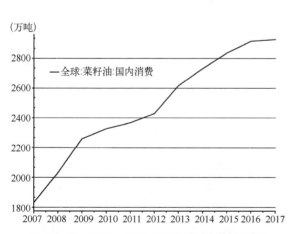

图 26 - 12　2007—2017 年全球菜籽油消费情况

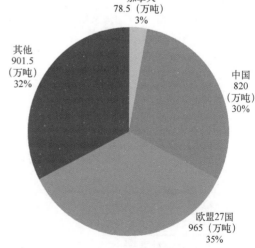

图 26 - 13　2016 年世界菜籽油消费格局

菜籽油的主要用途：一是作为食用油用；二是用于工业生产，主要用于食品领域。2016 年世界的菜籽油消费量 71% 是用于食用与食品加工，29% 用于工业生产。

二、中国菜籽油消费

2007—2016 年中国的菜籽油消费量一直处于稳步上升的趋势，从 2007 年的 445 万吨到 2015 年的 820 万吨，基本以每年 41.7 万吨的速度在稳步增加。2007 年中国菜籽油的消费占全世界消费比重的 24%，2016 年中国菜籽油的消费占比已经达到 30%（图 26 - 14）。

图 26 - 14　2007—2016 年中国菜籽油消费量及占比

第四节　菜籽油期货合约

交易品种	菜籽油（简称"菜油"）
交易单位	10 吨/手
报价单位	元（人民币）/吨
最小变动价位	2 元/吨
每日价格波动限制	上一交易日结算价 ±4% 及《郑州商品交易所期货交易风险控制管理办法》相关规定
最低交易保证金	合约价值的 5%
合约交割月份	1、3、5、7、9、11 月
交易时间	每周一至周五（北京时间　法定节假日除外）上午 9:00—11:30，下午 1:30—3:00
最后交易日	合约交割月份的第 10 个交易日
最后交割日	合约交割月份的第 12 个交易日
交割品级	基准交割品：符合《中华人民共和国国家标准 菜籽油》（GB1536—2004）四级质量指标的菜油　替代品及升贴水见《郑州商品交易所期货交割细则》
交割地点	交易所指定交割仓库
交割方式	实物交割
交易代码	OI
上市交易所	郑州商品交易所

第五节　菜籽油价格的影响因素

一、中国油菜种植面积

油菜种植面积主要受农民种植油菜意愿影响。农民是否愿意种油菜主要看：①上年菜籽收购价格及油菜种植收益；②小麦、棉花等其他争地农产品种植收益。

二、天气状况和单产

在油菜籽种植面积一定的情况下，影响菜籽最终产量的是单产，而单产受天气影响巨大。菜籽在生长过程中，受冻害、干旱、低温、洪涝影响较大，尤其在生长后期和收割、脱粒、整晒期，如果遇到遭遇灾害性天气，将会使菜籽品质降低，单产下降，出油率降低。如 2002 年中国菜籽产量由预期的丰收逆转为减产，主要原因就是在临近收获时，长江流域连续 20 多天阴雨天气影响了最终收成（图 26 – 15）。

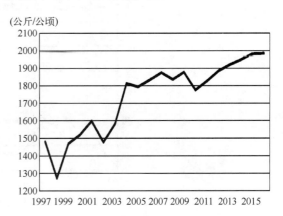

（公斤/公顷）

图 26 – 15　1997—2016 年中国菜籽油
单位面积产量走势

三、菜籽收购价格

菜籽收购价格的高低直接影响菜油的生产成本和压榨效益。如果加工厂的压榨效益一直低迷，那么，一些厂家将会停产，从而减少菜油的市场供应量。每年 6—10 月菜籽收购价格都是市场关注的焦点。

四、食用油消费总量及偏好

豆油、菜籽油、花生油等油脂主要消费市场是食用，各类油脂之间是相互替代的关系，价格也相互影响。我国食用油的年人均消费总量仅为 12 公斤左右，而大豆油的生产量已达年人均 12 公斤左右了，其他油脂的消费量与偏好也相关。

五、进出口量

菜籽的进出口量主要取决于国内外菜籽、菜油的价格。近年来中国菜籽和菜油的进口量一直不高，占国内消费量的比例不到 10%。2005 年以来国内很多厂商密切关注进口菜籽行情，一旦国内外价格合适，菜籽进口将会大幅提高。

六、菜油年末库存与消费量之比

菜油库存是构成供给量的重要部分，库存量的多少体现着供应量的紧张程度。多数情况下，库存短缺则价格上涨，库存充裕则价格下降。由于菜油具有不易长期保存的特点，一旦菜油库存增加，菜油价格往往会走低。年末库存与年消费量之比反映了供给量相对消费量的丰盈（图26－16）。

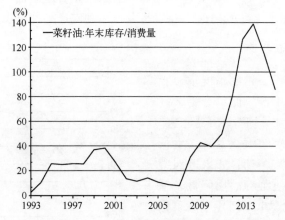

图 26－16 1993—2016 年中国菜籽油年末库存/消费量走势

第二十七章　棕榈油

第一节　棕榈油概况

一、棕榈油简介

棕榈油是从棕榈树上的棕果中榨取出来的油脂。它被人们当成天然食品来使用已超过5000年的历史。棕榈树原产西非，18世纪末传到马来西亚，逐渐在东南亚地区广泛种植。油棕是一种高产的多年生油料植物，一次栽种可收获20年左右，1公顷土地平均每年生产3.5吨棕榈油和0.4吨棕仁油，为大豆油产量的9～10倍。棕榈油是世界上最具价格优势的食用植物油。

二、棕榈油生产过程

通过水煮、碾碎、榨取的过程，可以从棕榈果肉中获得毛棕榈油（CPO）和棕榈粕（PE）；在碾碎的过程中，棕榈的果子（即棕榈仁）被分离出来，再经过碾碎和去掉外壳，剩下的果仁经过榨取得到毛棕榈仁油（CPKO）和棕榈仁粕（PKE）。经过初级榨取之后，毛棕榈油和毛棕榈仁油被送到精炼厂精炼，去除游离脂肪酸、天然色素和气味，成为色拉级的油脂——精炼棕榈油（RBD PO）及棕榈油色拉油（RBD PKO）。经过精炼的棕榈油在液态下接近于无色透明，在固态下近白色。棕榈油还可以经过进一步的分馏、处理，形成棕榈油酸（PFAD）、棕榈液油（简称OLEAN）、棕榈硬脂（简称STEARINE或ST）。棕榈油略带甜味，具有令人愉快的紫罗兰香味；常温下呈半固态，其稠度和熔点在很大程度上取决于游离脂肪酸的含量。

三、棕榈油的主要用途

棕榈油含饱和脂肪酸比较多，稳定性好，不容易发生氧化变质，棕榈油中含有丰富的维生素A（500～700ppm）和维生素E（500～800ppm）。优良的性质，使得棕榈油有着广泛的用途。

1. 棕榈油在餐饮业的应用

棕榈油不饱和度适中，不含亚麻酸，富含天然维生素E及三烯生育酚，是天然的高效抗氧化剂，这使棕榈油与其他油脂相比更适用于煎炸、烧烤食品。

2. 棕榈油的食品工业用途

棕榈油在食品工业上，一般被加工成起酥油、人造奶油、氢化棕榈油、煎炸油脂和专用油脂等。棕榈油容易被消化、吸收，促进健康。棕榈油属性温和，是制造食品的好材料。棕榈油的高固体性质甘油含量让食品避免氢化而保持平稳，并有效地抗拒氧化，是糕点和面包的良好作料。起酥油是100%纯油脂，通常是用来煎炸和烘培食品，如薯条、蛋糕、饼干、夹心饼和面包等。棕榈液油适用于制造液态人造奶油，棕榈硬脂更适合于制造固态人造奶油。由于具有很好的抗氧化性、不容易与酸质聚合、有着益于健康的脂肪酸，在包括中国在内的大部分国家的方便面生产中，用棕榈产品来煎炸面饼。棕榈油和棕仁油都是生产专用油脂的理想原料，用于糖果、巧克力类食品的生产。

3. 棕榈产品的工业用途

棕榈工业产品有"工业味精"之称。工业使用的精炼棕榈油，要求熔点不低于44℃。棕榈产品可以直接用于生产皂类、环氧棕榈油及其多元醇、聚氨酯和聚丙烯酸酯类产品。也能生产脂肪酸、酯、脂肪醇、含氮化合物及甘油，还可以生产出多种衍生产品。

第二节 世界棕榈油的生产

2000—2016年世界棕榈油生产量逐年递增，从2000年的2400万吨左右，增长到2016年近6600万吨的水平（图27-1）。

2016年世界主要棕榈油生产国为印度尼西亚、马来西亚、泰国、印度、巴西，印度尼西亚与马来西亚两个国家的产量已经达到了世界总产量的84%，泰国产量占世界产量约为4%，巴西与印度生产量很少。中国几乎没有生产棕榈油（图27-2）。

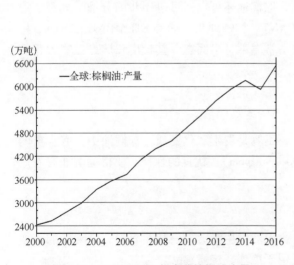

图27-1 2000—2016年全球棕榈油产量

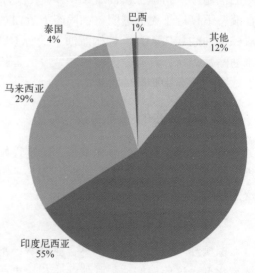

图27-2 2016年世界棕榈油产量分布

第三节　世界棕榈油的消费

世界棕榈油的需求也是逐年上升，2016 年棕榈油的需求量已经接近 6400 万吨（图 28 – 3）。

棕榈油的主要消费国为印度尼西亚、印度、欧盟 27 国、中国。印度消费占比为 17%，印度尼西亚消费占比为 14%，欧盟 27 国消费占比为 10%，中国消费占比为 7%，马来西亚与巴基斯坦的消费量相当，同为 5%，再其次是泰国与美国分别为 4% 和 2%，巴西为 1%（图 27 – 4）。

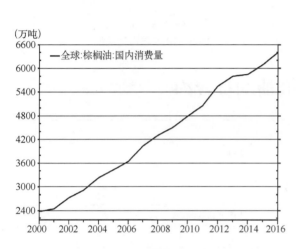

图 27 – 3　2000—2016 年全球棕榈油消费量　　　　图 27 – 4　2016 年全球棕榈油的消费格局

棕榈油主要用在食品加工和工业中。2016 年度棕榈油在食品加工中的消费占比为 73%，在工业上的应用占比为 27%。

2000—2012 年中国国内消费量不断增长，2012 年达到峰值约 640 万吨。2012 年之后呈现下降势头。2001—2005 年中国棕榈油的消费占比不断增加，2005 年之后的消费占比呈现下降趋势（图 27 –5）。

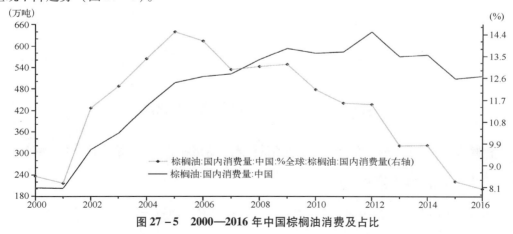

图 27 – 5　2000—2016 年中国棕榈油消费及占比

中国的棕榈油主要也是用于食品加工和工业中。2016 年中国棕榈油的食品用量占总消费量的 60%，工业用量占 40%。

2000—2016 年中国进口量总体呈上升趋势，2012 年达到历史的最高值 658.9 万吨，2012 年后进口量整体呈现阶梯下降趋势（图 27 – 6）。

图 27 – 6　2000—2016 年中国棕榈进口量

第四节　棕榈油期货合约

交易品种	棕榈油
交易单位	10 吨/手
报价单位	元（人民币）/吨
最小变动价位	2 元/吨
涨跌停板幅度	上一交易日结算价的 4%
合约月份	1—12 月
交易时间	每周一至周五上午 9:00—11:30，下午 13:30—15:00，以及交易所公布的其他时间
最后交易日	合约月份第 10 个交易日
最后交割日	最后交易日后第 3 个交易日
交割等级	大连商品交易所棕榈油交割质量标准
交割地点	大连商品交易所棕榈油指定交割仓库
最低交易保证金	合约价值的 5%
交割方式	实物交割
交易代码	P
上市交易所	大连商品交易所

第五节　棕榈油价格的影响

棕榈油价格受供求两端的影响。棕榈油价格需求端相对稳定，供给端对价格影响大些。

一、全球棕榈油产量

2000—2016 年世界棕榈油的产量总体逐年递增。马来西亚产量位居世界第二，一定程度上可以代表全球的产量。对马来西亚月度产量作回归得到均衡线。均衡线下是供不应求的情况，均衡线上是供过于求的情况。下偏离均衡线的月份价格整体上扬，反之，价格整体下移（图27-7）。

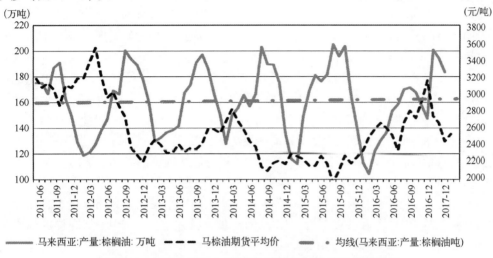

图 27-7　2011—2017 年马来西亚棕榈油月产量和期货价格

二、全球年末库存

期末库存量是反映供需相抵之后的结果，年末库存量高，说明供大于求，价格低迷。年末库存量低，说明供小于求，价格位置上移（图27-8）。

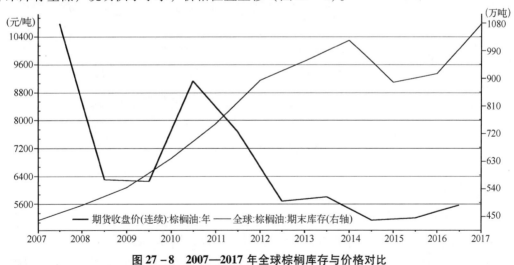

图 27-8　2007—2017 年全球棕榈库存与价格对比

三、国家政策与汇率

我国棕榈油主要依靠进口，汇率变动影响离岸价。国家进口政策、税率政策影响国内棕榈油价格。

四、棕榈油的周期与气候季节性

马来西亚棕榈油产量存在明显的季节性波动，其主要的规律是正常年份每年的2—9月产量都会有明显的提升，而10月之后到次年1月都是处于一个下降趋势。小的调整方面，每年的5—8月产量都会有小的回调，回调过后就会上升至一年的最高点。一般最高点出现在每年的8、9月。棕榈果的产量受到气候影响较大，如拉尼娜现象或厄尔尼诺现象，2014年是一个很典型的拉尼娜年，夏末出现的拉尼娜给东南亚地区带来了丰沛的降水，适宜的水热条件直接将2014年7—8月的棕榈油产量推向了一个峰值，而从9月开始由于过多的降水导致了马来西亚大部分地区发生了洪涝灾害，导致产量发生断崖式下跌，年度产量最低值跌落至2007年的水平。受2014年拉尼娜现象的影响，2015年年初马来西亚棕榈油产量很低，相当于2005年的水平。随着拉尼娜消散，产量上涨十分明显，并在9、10月出现了两个历史最高峰值。2015年初冬产生的厄尔尼诺现象带来的少雨干旱，棕榈油的产量又从10月峰值直接下滑，12月的产量直接跌落至与2014年同样的异常值点（图27-9）。

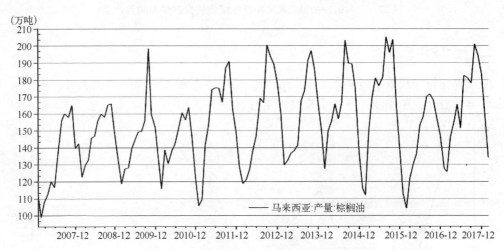

图27-9 2007—2017年马来西亚棕榈油月产量

五、大连棕榈油与马来西亚棕榈油

大连棕榈油期货价格与马来西亚棕榈油期货价格走势如图27-10所示。设大连棕榈油期货收盘价为 CN，马来西亚棕榈油期货收盘价为 MY，作 Granger 检验。

检验结果说明，棕榈油外盘期货的收盘价是国内期货收盘价的格兰杰原因，外盘期货价格对国内期货价格具有预测作用。

用滞后4期的马来西亚棕榈油期货价格回归得到：

$$CNt = -566.8196 + 2.508330MY_{t-4}$$

拟合效果良好。

图 27 – 10 2011—2017 年马来西亚与大连棕榈油期货收盘价

六、棕榈油与豆油、菜籽油价格关系

棕榈油、菜油和豆油互为替代品，当一种商品的价格过高时人们就会转向去消费其替代品，替代品的需求增加导致其价格也上升。三种食用油总体上同向变化（图 27 – 11）。

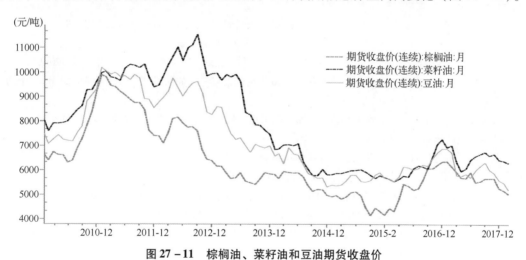

图 27 – 11 棕榈油、菜籽油和豆油期货收盘价

参考文献

[1] 约翰·墨菲著，丁圣元译. 期货市场技术分析[M]. 北京：地震出版社，1994.

[2] 约翰·墨菲著，丁圣元译. 金融市场技术分析[M]. 北京：地震出版社，2010.6.

[3] 达摩达尔 N.古扎拉蒂，唐 C.波特. 计量经济学基础[M]. 北京：中国人民大学出版社，2011.6.

[4] 庞皓. 计量经济学(第三版)[M]. 北京：科学出版社，2014.6.

[5] 中国期货协会. 国债期货[M]. 北京：中国财政经济出版社，2013.6.

[6] 弗朗西斯 X.迪博尔德著，杜江，李恒等译. 经济预测基础教程(原书第四版)[M]. 北京：机械工业出版社，2012.5.

[7] 约翰 C.赫尔著，郭宁，汪涛，韩瑾译. 期货与期权市场导论(第七版)[M]. 北京：中国人民大学出版社，2014.4.

[8] 约翰 C.赫尔著，张陶伟译. 期货期权入门(第三版)[M]. 北京：中国人民大学出版社，2001.4.

[9] 李一智主编，罗孝玲，杨艳军编著. 期货与期权教程(第四版)[M]. 北京：清华大学出版社，2010.5.

[10] 威廉 D.江恩著，何君译. 江恩趋势预测法(第二版)[M]. 北京：地震出版社，2014.8.

[11] 罗孝玲. 期货与期权(第三版)[M]. 北京：高等教育出版社，2016.11.

[12] 于俊年. 计量经济学软件 – Eviews 的使用(第二版)[M]. 北京：对外经济贸易大学出版社，2012.8.

[13] 理查德·托托里罗著，李洪成，许文星译. 量化投资策略——如何实现超额收益 Alpha[M]. 上海：上海交通大学出版社，2013.4.

[14] 理查德 J.特维莱斯，弗兰克 J.琼斯著，本·沃里克编辑，蒋少华，潘婷，朱荣华译. 期货游戏[M]. 北京：地震出版社，2014.9.

[15] 周志华. 机器学习[M]. 北京：清华大学出版社，2016.1.

[16] 卡罗琳·伯罗登. 菲波纳奇交易法[M]. 北京：地震出版社，2016.10.

[17] 孙建明. 基于能繁母猪存栏量和猪粮价比的猪肉价格预报[J]. 农业工程学报，2013，13：1 – 6.

[18] 孙建明. 上证指数回调反弹幅度实证分析[J]. 浙江统计. 2006，09：20 – 22.

[19] 孙建明. 股市价格指数成交量的单位根及因果关系检验[J]. 华中科技大学学报(自然科学版)，2003，10：106 – 108.

[20] 孙建明. 证券指数与成交量增量的因果关系分析[J]. 统计与决策. 2003，09：14.

[21] 孙建明，张伟楠，张华. 玉米与淀粉跨产品套利研究——基于价格协整关系的讨论[J]. 价格理论与实践. 2017，07：137 – 140.

[22] 张贺泉，孙建明. 中外食糖价格传递关系研究[J]. 统计与决策，2013，17：143 – 146.

[23] 汪媛，孙建明. 铜铝期货跨商品套利分析与研究[J]. 湖北经济学院学报(人文社会科学版)，2013，01：45 – 47.

[24] 王钰棋，王芳，孙建明. 天然橡胶价格波动因素的实证研究[J]. 林业经济问题，2012，04：373 – 376.

[25] 叶雪婷，孙建明. 汽柴油经营商的规避风险与套期保值研究[J]. 经济研究导论，2015，02：153 – 155.